MEDIA ANALYSIS
INTERPRETING THE MYTH OF
COMMUNICATION TECHNOLOGIES

(second edition)

J&C 未名社科·新闻与传播研究丛书

媒介分析
传播技术神话的解读
（第二版）

张咏华 著

北京大学出版社
PEKING UNIVERSITY PRESS

图书在版编目(CIP)数据

媒介分析:传播技术神话的解读/张咏华著.—2版.—北京:北京大学出版社,2017.10
(未名社科·新闻与传播研究丛书)
ISBN 978-7-301-28059-1

Ⅰ.①媒… Ⅱ.①张… Ⅲ.①传播媒介—研究 Ⅳ.①G206.2

中国版本图书馆 CIP 数据核字(2017)第 024704 号

书　　　名	媒介分析:传播技术神话的解读(第二版) MEIJIE FENXI: CHUANBO JISHU SHENHUA DE JIEDU
著作责任者	张咏华　著
责任编辑	郑　嬿　周丽锦
标准书号	ISBN 978-7-301-28059-1
出版发行	北京大学出版社
地　　　址	北京市海淀区成府路 205 号　100871
网　　　址	http://www.pup.cn　新浪微博 @北京大学出版社
电子信箱	ss@pup.pku.edu.cn
电　　　话	邮购部 62752015　发行部 62750672　编辑部 62765016
印　刷　者	北京大学印刷厂
经　销　者	新华书店
	965 毫米×1300 毫米　16 开本　19.5 印张　280 千字 2002 年 12 月第 1 版 2017 年 10 月第 2 版　2019 年 1 月第 2 次印刷
定　　　价	60.00 元

未经许可,不得以任何方式复制或抄袭本书之部分或全部内容。
版权所有,侵权必究

举报电话:010-62752024　电子信箱:fd@pup.pku.edu.cn
图书如有印装质量问题,请与出版部联系,电话:010-62756370

目录

绪论 /1
  研究的缘由 /1
  媒介分析的意义 /3
  研究思路和方法 /5

第一章 媒介技术、媒介分析与传播学 /8
  第一节 传播技术的重大突破、现代大众传媒业的诞生与信息传播重要性的凸显 /8
  第二节 从传播学的正式确立到麦克卢汉媒介理论的问世 /16
  第三节 信息传播新技术、新媒介和社会学家贝尔等人关于信息化社会的理论 /26
  第四节 "互联网星系"的横空出世与新形势下的媒介分析 /34

第二章 麦克卢汉和英尼斯的媒介理论 /51
  第一节 英尼斯的理论简析 /52
  第二节 麦克卢汉的媒介理论及其同英尼斯理论的联系 /59
  第三节 麦、英两氏的理论对传播学的贡献及二者的局限性 /70

第三章 威廉斯的媒介观 /80
  第一节 作为文化研究重要组成部分的大众传媒研究 /80

第二节　对于科技发展与社会意向的关系之研究　/90
　　第三节　威廉斯的媒介观的长处和局限性探析　/98

第四章　梅罗维兹的媒介理论——麦克卢汉之后的媒介研究　/108
　　第一节　梅罗维兹的媒介理论的渊源与要点　/109
　　第二节　梅、麦理论之比较及梅罗维兹对媒介理论的贡献　/122

第五章　电脑与互联网技术盛行早期国外学者的媒介研究　/134
　　第一节　贝尼格的"控制革命"论　/135
　　第二节　桑德拉·鲍尔-洛基奇等学者论新、老传媒的特点　/155

第六章　世纪之交的媒介研究：希勒的数字资本主义论和卡斯特尔
　　　　 的网络社会理论　/170
　　第一节　希勒的"数字资本主义"论　/170
　　第二节　卡斯特尔社会学视野下的社会、经济新形态　/179
　　第三节　卡斯特尔笔下的传媒转型及其对社会认同的
　　　　　　影响　/191
　　第四节　卡斯特尔的数字化新媒体研究的若干特点　/206

第七章　中国的媒介分析　/213
　　第一节　概况透视　/214
　　第二节　特点和趋势分析　/230

第八章　我国媒介新发展中数字化技术与社会背景的互动　/240
　　第一节　我国传媒业新近发展概况介绍　/241
　　第二节　我国传媒业面对的数字化带来的挑战和机遇　/255
　　第三节　讨论：传媒转型的推动因素和转型的复杂性分析　/271

结束语　网络化—移动化背景下的传媒转型：进一步深入研究
　　　　 的迫切性　/287

主要参考文献　/292

索引　/300

后记　/305

绪 论

作为传媒研究者,我在这里套用狄更斯小说中的一句名言的句式——20世纪90年代以来的岁月可说是传媒研究最好的岁月,同时又是挑战最多的岁月。这绝非玩文字游戏,而是作为亲历20世纪90年代以来社会传播现象的变化者有感而发的肺腑之言。之所以说当下是传媒研究最好的岁月,是因为这是传媒领域发生重大变化的岁月,层出不穷的社会传播创新实践,为研究者提供了源源不断的鲜活的新材料。之所以说当下是挑战最多的岁月,是因为变化之快、创新事物出现之多,使许多现象处于不断变化之中而尚未定型,这给学术研究所需要的分析和判断带来很大的困难。

研究的缘由

上述状况既给学术研究带来了很大的开拓空间,又为之带来了巨大的挑战。但身为学界的一分子,迎难而上是应有的态度和素质,也是义不容辞的职责。

正因为如此,笔者在信息传播技术日新月异、全球范围"建设信息高速公路"的喊声此起彼伏的20世纪90年代后期,开始聚焦于对媒介分析的梳理研究,并在2002年出版了凝聚着研究体会的专著《媒介分析:传播技术神话的解读》。光阴荏苒,弹指已过十余年。这十余年间,信息传播新技术革命蓬勃发展的态势有增无减。正如美国学者小威尔逊·迪扎德早在互联网开始走上商业化民用之路、在世界范围内蓬勃发展的初期就指出的,在信息社会,我们始终处于进化的过程中。① 《媒介分析:传播技术神话的解读》初版问世后的十余年间,学界面对传媒领域基于信息传播新技术的物质基础发生的新变化、新动态,又进行了大量研究,发表了大量研究成果。据此,笔者深深感到,延续过往的研究,更新那本专著的内容,很有必要。

当下,放眼全球,伴随着以电脑、电脑联网技术和移动通信技术为代表的信息传播新技术的日新月异,横空出世的互联网在世界范围内迅速普及且功能不断拓展,移动终端上网现象异军突起,种种数字化传播新形式在电脑互联网络平台上和移动互联网络平台上不断涌现,人们的传播行为、交往互动方式乃至整个生活方式都发生了巨大的变化。就像西方新马克思主义学派城市社会学代表人物卡斯特尔(Manuel Castells,一译卡斯特)在《信息时代三部曲:经济、社会与文化》中所指出的,20世纪末人们经历了历史上少有的几次时代间隔——历史上的稳定状况"被急剧发生的重大事件打断",这些重大事件帮助建立起下一个时代。20世纪末的历史间隔的特征是:"围绕着信息技术而组织的新的技术范式改变了我们的'物质文化'";信息技术革命是个重大事件,"贯穿于人类活动的全部领域,不是作为外源的冲击,而是作为编织此类活动的'质地'";当下这场技术革命中人们经历的变迁之核心,是"信息处理和传播的技术"。② 这是一个动态的过程,如果说它的展开及其特征在20世纪末已经较为明显地呈现,那么在进入新世纪十多个年头以后的今天,其展开及其特征已经更加清晰地凸显于当下的社会生活中。这种现实,使得国际互联网的问世和发展、万维网的出现、移动技术与互联网技术的结合带来的移动终端上网现象呈后来居上之势等事件,以及与此相伴随的人们的传播行为、交往互动方式乃至整个生活方式的巨变,成为各个学科竞相研究的对象,传播学、传媒研究当然也当仁不让。在这样的背景下,追踪学界的有关研

---

① Wilson P. Dizard, Jr., *The Coming Information Age: An Overview of Technology, Economics, and Politics*, New York: Longman, 1989, p. 103.
② Manuel Castells, *The Information Age: Economy, Society and Culture*, Vol. 1, *The Rise of the Network Society*, Oxford, UK: Wiley-Blackwell, 2010, pp. 28-30.

究和动态、在梳理的基础上增添新的内容成为《媒介分析:传播技术神话的解读》的新版的主旨。

媒介分析的意义

在传播学领域,媒介分析作为一个大的研究部类,主要指的是对如下内容的研究:媒介技术的产生和发展,各种媒介技术的特征及作用,媒介技术及其发展史同人类社会变迁、文明发展史的关系等。本书中所说的媒介分析,即是指这一研究部类。传播学界有深远影响的一系列媒介分析理论,如开媒介分析先河的哈罗德·英尼斯(Harold Innis)的传媒时空偏向理论、促使媒介分析在传播学研究中真正登堂入室的麦克卢汉(Marshall McLuhan)的以"媒介即讯息"为中心论点的传媒理论等,都特别注意阐述媒介技术及其发展史同人类社会变迁和文明发展史的关系。可以说,具有重大的创新意义的媒介分析理论研究,往往都高度关注这种关系。

在传播学的发展史上,传播技术与媒介作为信息传递和接收的手段、载体,并非总是研究的重点。在西方传播学兴起的初期,传播学者的注意力,主要倾注在大众传播媒介所传递的讯息内容及其所产生的效果上。比起学者们反复挖掘、成果极为丰富的传媒效果研究,或在许多重大而影响深远的传播学研究中都占据重要位置的传媒内容分析来,以媒介技术本身为焦点的媒介分析,在传播学发展史上算不上是一个显赫的研究范畴。然而,20世纪90年代以来信息传播新技术革命的浪潮席卷全球的社会现实,却使媒介分析的现实意义清晰地凸显,也使梳理媒介分析范畴中已有成果的理论意义的价值倍增。20世纪的最后十年,是科技日新月异、经济发展变化迭起、信息更新日益加速的时期。在传播领域,数码技术、光纤卫星通信技术、电子计算机技术(电脑技术)、网络技术等信息传播新技术大放异彩,在这些新技术相结合的基础上,全球性的因特网迅速崛起,成为崭新一代的媒介。这是一种与传统的大众传媒截然不同的新型媒介,是一种世界范围的信息传播系统,打破了地域和国家疆界;它不但能统一处理文字、声音、图形、影像等各种符号形式,而且能包容从人际传播到群体及组织传播再到大众传播的各种层次、类型,并涉及各个领域的传播活动。因此,以因特网为代表,信息传播新技术的应用范围已渗入社会的各个领域,其影响的触角,也伸向了人类社会生活的各个方面,伸向了世界各地。这一切,悄然改变了人们习以为常的传媒环境。不但文字、声音、图形、影像等符号形式已可聚合在一起,而且,由于因特网的出现,电子传媒与印刷传媒之间的泾渭分明的界限日益变得模糊不清;传媒业、电脑业、电信业等之间的壁垒森严的行业界限,也呈现出模糊化的趋势。

进入 21 世纪以来,信息传播新技术革命又掀新浪潮,最为突出的表现可以概括为:(1) 互联网技术和移动通信技术的结合,带来了新一代的互联网——移动互联网,并使互联网连接可以持续不断、无处不在;(2) 上述模糊化趋势,不但愈演愈烈,而且逐渐愈来愈具体地在最新问世的网(包括移动互联网)上传播新形式中得到体现。以社交媒体之一微信为例,它不仅可以用于个人之间的人际传播——单人接收的微信,而且可以用作群体传播——朋友圈的交流群聊,还可以用于微信公号——面向所有关注该微信公号的用户公开发布信息,从而可以说也具有大众传播的功能而又不同于传统意义上的大众传播而属于众人皆可向大家公开发布信息的"大众自传播"(mass self-communication,卡斯特尔在《信息时代三部曲》中的用语)。此外,通过微信,用户还可以发布不同符号形式的信息——文字、图形、视频均可,这显然典型地展示出符号形式边界模糊化或者说符号形式的融合。媒介领域的新发展,逐渐清楚地展示出传媒转型过程的正在进行时。

对于传媒界而言,这些令人激动的变化中包含着新的挑战和机遇。对于传播学研究界而言,这些变化构成推动媒介分析研究的动力:一方面,要对信息传播新技术、新媒介、新环境、新实践做出深刻的分析和解释,离不开传播学理论的指导;另一方面,传播领域层出不穷的新变化,将一系列有关信息传播高新技术同社会发展的关系的崭新的传播研究课题,摆在了学术界面前。将传播学理论研究和应用研究相结合,将梳理已有传播学理论同探索传播实践提出的新课题相结合,从前人的成果中获得启示,而又追求联系实际充实传播学理论,这是时代赋予传播学界的双重任务。媒介分析作为以媒介技术为焦点、以媒介技术及其发展同人类社会变迁的关系为核心的研究部类,正可为这样的双重研究提供极好的切入点。

研究思路和方法

笔者在十余年前推出《媒介分析:传播技术神话的解读》初版时,给此书的定位是:以媒介分析这一传播学研究的大部类为切入点,为完成时代赋予传播学界的上述双重任务略尽绵薄之力。此次修订,宗旨不变。因而,笔者的研究思路是进一步梳理和分析媒介分析领域的成果,尤其是最新的理论成果,并在此基础上结合传播实践提出的新课题,进行探讨。

鉴于本书的目的是梳理和分析作为传播学研究一大部类的媒介分析领域的成果,尤其是新成果,而并非仅对人称"媒介理论家"或"媒介生态学"(media ecology,一译"媒介环境学")派的麦克卢汉一派学者的成果进行梳理,因而笔者选择了对若干不同时期该领域中自成一家之言的学者(且不论该学者是专注于这一领域还是研究范畴更为宽广但的确在该领域有深刻见识)的理论成果展开梳理和分析。此次修订,依然秉承这一宗旨。按照这一目的,在梳理和分析自成一家之言的学者的成果中,最主要的内容更新是增添了对于卡斯特尔的有关理论的探讨,将其作为"世纪之交的媒介研究"一章的重头戏。这是因为,现执教于加州大学与南加州大学的卡斯特尔,是以宽广的社会理论视野来分析当代社会的"互联网星系"(卡斯特尔本人的用语)的杰出代表,他以其《信息时代三部曲:经济、社会与文化》等网络社会研究在国际上产生了重大影响。他于2012年获得一年一度的挪威霍尔堡国际纪念奖(Holberg International Memorial Prize)[①]。霍尔堡奖学术委员会的颁奖词如此评价卡斯特尔的网络社会等研究:"卡斯特尔是城市研究、新信息技术和新媒体技术研究领域的重要社会学家,他的思想和著作对我们理解网络社会中城市经济与全球经济的政治机制

---

① 霍尔堡国际纪念奖由成立于2003年的霍尔堡纪念基金董事会根据由人文、社科、法学和神学领域的优秀学者组成的委员会的推荐颁发。

具有形塑作用。"①对于这样一位影响深远的国际学者的新媒体相关研究,本书作为聚焦于梳理和探讨媒介分析领域的成果,并在此基础上结合传播实践提出的新课题进行探讨的专著,显然不应漏掉。而初版之时之所以未能将对其相关理论的研究包含在内,仅是因为初版出版于2002年而写作完成于20世纪末,而卡斯特尔的《信息时代三部曲:经济、社会与文化》英文版首版问世于20世纪末,中译本则出现得更晚。笔者当年撰写《媒介分析:传播技术神话的解读》时,尚未接触到卡斯特尔的这部著作和其他新媒体研究相关著述。

此外,此次修订,也根据我本人现在的理解,适当对初版时有关几位学术大家的理论成果的探讨,进行了更新,但是,这仅限于我目前的认识确有超越初版时的情况,因为如果仅是资料上有新补充,在当下接入各种信息源远远比十余年前(本书初版时)更方便、更快捷的条件下,似乎就显得必要性不充分。

根据本书的研究目的与思路,本书采用的研究方法是思辨与实证相结合。具体说来,主要就是文献研究,即对媒介分析领域的重要研究成果进行深耕细读,在此基础上与读者分享笔者的感悟心得,同时对于重要学术刊物和学术会议的内容进行梳理,对相关深度访谈进行讨论、分析。

需要说明的是,为了使此次修订既延续初版的思路又反映媒介分析研究领域的新发展、新动态,在对重要的学术刊物和学术会议的内容进行梳理时,笔者将采用分两部分——保留当年的梳理,并添上对最新几本刊物的内容的梳理——的方法。

此外,需要说明的是,在此次修订中,在新添部分对媒介分析领域的大家的梳理和分析比十余年前更加注重对第一手资料,即对他们本人的著述尤其是外文原版著述的解读,而淡化了对第二手资料中出现的对之解读的解读。希冀这样的做法,可以留给读者更多的解读空间。但对于初版时已阐述的部分,此次修订还是还原了当初的阐述方法。如果由此而造成全书各章的风格不统一,那么,笔者在对此深表歉意的同时,却认为这也可以多少让学界了解一个书生这些年在读书

---

① 转引自《文汇报》2012年4月9日的报道《本年度霍尔堡国际纪念奖颁奖》。

方面的心路历程。

在下文中,让我们沿着聚焦于传媒沿革及其同人类社会发展的关系之研究这一切入口,进入媒介分析理论之库做一番漫游,从中吸取理论滋养,让那些在媒介分析理论中各成一家之言的著名学者的睿智与洞察力,启发我们的研究思路。也让我们沿着这一切入口,进入联系我国的传媒新实践进行探讨的广阔天地,去探究那些没有现成答案的新课题。即使由于基于电脑网络技术与移动通信技术的传播创新事物依然处于迅速变动之中,我们可能无法对与之相关的新课题做出结论性的论述,但探究本身即是对学术积累的贡献。

第一章 媒介技术、媒介分析与传播学

　　从传播学发展史来看,媒介分析作为一个研究范畴,在几大部类传播学研究中似乎颇显特殊:以作为信息传递和接收的手段、载体的媒介技术为焦点的媒介分析,似乎称不上是一个显赫的研究范畴;但是,如果做进一步深入的探究,我们又不难发现,从传播学的孕育和诞生之日起,媒介技术的发展与更新,又和这门学科的成长,始终有着不解之缘。传播学的兴起与发展,与大众传播事业息息相关,而后者,又与信息传播技术的发展形影不离。本章将就此关系,展开讨论。

第一节 传播技术的重大突破、现代大众传媒业的诞生与信息传播重要性的凸显

　　传播学科同其研究对象——人类传播现象之间的关系,存在着一种非常特殊的现象,即巨大的时间差:人类传播活动自古就有,人类传播的发展史与人类历史同步,而研究它的传播学却是一门很年轻的学科。古往今来,信息传播始终是渗透人类一切社会活动的现象。传播的重要性,实在是由来已久。但研究它的传播学这门学科,却直到 19 世纪末 20 世纪初至 20 世纪 30 年代,才经历了孕育过程,至于其开始确立,还要等到 20 世纪 40 年代。沿着历史的通道逆行向后回溯,就能发现,这一学科的诞生如此姗姗来迟的原因之一就在于:直到这段时间,传播技术的重大突破、以此为技术基础的大众传播业的诞生,及

其与其他一系列社会因素、过程的复杂互动，才令信息传播的重要性凸显。

一、符号层面的重大突破

作为以人类传播现象为研究对象的传播学科，从学科与其研究对象的关系来看，的确因这一巨大的时间差而显得姗姗来迟。这就值得探究：作为一门学科，它当然不可能诞生于人类社会生产力发展水平极为低下、人类对事物的认识水平也远没有达到形成分门别类的知识境界的远古时代，但是，到了生产力有了较大发展、传授一系列分门别类的知识的大学已在一些国家出现的近代社会，传播学为什么也还没有形成？甚至到了系统化的学科知识迅速发展的现代社会，传播学的问世为何还是落在其他学科之后？从人类传播活动本身来看，从19世纪末20世纪初至20世纪30年代，再到20世纪40年代，这段时间究竟有何特殊之处，令传播终于成为系统、科学的研究的对象，并令传播研究上升为具有自身理论的学科？

沿着历史的轨迹追溯，不难发现，人类传播活动发展的特点之一就是：人类在其赖以存在的最基本的活动——生产劳动过程中不断发明和更新传播手段、技术，从而不断延伸传播的时空距离并扩大传播的规模。人类社会一经诞生，其生存和发展就须臾离不开信息传播活动。但是，远古时代的人类传播，同今日人类走向知识社会时的传播活动，其频度、规模、手段的多样性等，都不可同日而语。正是因为如此，在人类历史上很长的时期中，对于渗透到人类一切社会活动中因而具有行为伴随性特点的传播活动，人们通常并未将其当作独立的活动予以研究。这种局面，在现代大众传媒业兴起并成为突出社会现象时，才得到改变。19世纪末20世纪初至20世纪30年代，正是现代传媒手段相继登场的时期。

古往今来，人类社会的生存，离不开个体之间的有效合作。为实现个体之间的有效合作，人们必须通过交流信息、思想感情和经验，相互了解。这就需要不断进行传播活动。进行传播活动需要通过一定的方式、手段、工具。在人类诞生后的漫长时期内，人类只能依靠原始而古老的传播方式，如表情、动作等。方式的简单，限制着复杂的信息传递,也限制着信息传递的范围等。因而,出于在生产劳动中和生活中更有效地进行传播的需要,人类先是形成了使自己彻底完成"从猿到人"的转变的传播工具——(口头)语言,后又创造了使信息得以离开人脑的记忆储存下来从而使大规模的文化有效积累成为可能的传播工具——文字。(口头)语言的诞生,大约发生在距今 2 万—2.5 万年前。由于(口头)语言能系统、抽象地表达声音和客观事物、行为等的联系,人类把声音同它们所指的对象分离开来,所以它有助于人类更有效地利用信息,从事信息传播活动。于是,(口头)语言很快成为占主导地位的传播手段。然而(口头)语言转瞬即逝,其传递的信息无法离开人的记忆而被保存下来,而且(口头)语言将传播距离局限在声音所及的距离之内,将传播范围局限于能听得见声音的若干人。虽然口语传播有可能通过"接力赛"式的办法,使信息通过一道一道的传递而扩大传播范围,但是采取这一方法不但难以大规模地扩大传播范围,而且必然涉及"走样"的问题,因为每"接力"一道,就可能出现因为记忆有误等原因而造成的"走样"。也就是说,口头传播的时空局限性仍然很大。随着生产力水平的提高和社会组织规模的扩大,人类交往的频繁程度也大大提高,进一步克服传播活动的时空局限性势在必行。

于是,文字作为抽象化、规范化的符号系统,又于约 6000 年前应运而生。人类发明了文字和书写工具后,就能把信息记录下来、保存下来。这为把信息传给远方、传给较多的人、传给后世奠定了重要的基础,同时为文化的世代传承和大规模的社会管理控制,提供了可能性。语言和文字的诞生,是人类传播手段、技术进化中的里程碑。二者都是符号系统,因此,它们的出现,同属符号层面的重大革命。但是,虽然同为符号系统,语言和文字之间仍然存在很大的差异:(口头)语言依赖的"工具"是人体的发音器官,声音无法同发出声音的人分离;而文字用于传播离不开记载文字的工具(如早期的小刀是刻字的工具),也离不开承载文字符号的材料载体(如石头、兽骨、竹片、木片等都曾是早期的承载文字的载体)。因此,文字的发明便呼唤着媒介技术层面的革命。

二、从近代印刷术的诞生和推广到印刷传媒向大众化进军

出于文字传播的需要,人类渐渐发明了书写文字的笔墨纸砚。但是,刀刻、书写的耗时费事,极大地限制了记载、复制(抄写)信息的速度和规模,仅凭这些手段,显然无法实现真正意义上的大规模的迅捷的社会传播。从这个意义上来说,传播史上更重大的突破,有赖于能迅速地、大规模地复制信息的技术手段的出现与应用,即负载符号的载体——媒介技术层面的重大突破。这种突破,一般认为于15世纪中叶拉开了序幕,其标志是较先进的金属活字印刷术和金属活字印刷机的问世,以及以此为技术基础的近代印刷媒介中最早的媒介——近代印刷书籍的诞生。需要指出的是,这并非最早发明的印刷术。事实上,中国古代四大发明中就包括印刷术。中国在隋唐时就发明了雕版印刷,后来又相继发明了胶泥活字印刷、木活字印刷等。遗憾的是,由于种种原因,中国古代的这些技术发明未能随即转化为较大规模生产印刷品的技术应用。

发明了世界上第一台手摇金属活字印刷机、将机械技术运用于印刷术的,是德国人谷登堡(J. Gutenberg)。媒介层面的这一重大突破,出现于封建主义的生产关系同资本主义的生产关系激烈冲突、中世纪文化同近代文化剧烈碰撞的时期,当时社会对信息传播活动的需要空前增加,印刷媒介的诞生,顺应了这种迫切的社会需要。随着印刷媒介的诞生,机器插入了人类传播过程并被用来大量复制信息,从而极大地提升了人们分享信息的能力,使快速而大规模的信息传递成为可能。因此,西方学者常常把1450年谷登堡发明世界上第一台手摇金属活字印刷机和1456年他运用这种印刷机印制了200份《圣经》这两个事件,视为人类传播活动开始进入大众传播时代的标志。①

当然,一些西方学者对于雕版印刷在中国出现于隋唐时代,比欧洲的金属活字印刷机的发明早四个多世纪,也许并不知晓。我国发明的印刷术通过各国之间的交流逐渐传向亚洲其他国家和西方这一事

---

① 〔美〕威尔伯·施拉姆等:《传播学概论》,李启等译,北京:新华出版社1984年版,第15页。

实,时而被忽略。

应当承认,由于一系列社会条件的作用,发明后较快被转化为相对较大规模地生产印刷品的技术应用的,是金属活字印刷机。从这个意义上来说,将其同近现代大众传媒中最早的印刷媒介的问世及大众传播活动的出现联系起来,有其理由。

同今天的情况相比,早期的印刷媒介的受众面还是很小的。这是由多种社会因素造成的。其中,既有文化尚未普及、交通运输尚不发达等方面的原因,也由于印刷技术本身尚需不断完善。从更严格的意义上来说,迈向大众传播的飞跃,需要一个长期的过程。以我们今天的眼光来看,就印刷技术本身而论,谷登堡所发明的印刷机是手摇的,即它依然没有解决动力问题,这一点限制了复制能力的进一步提高。因此,要使文字信息的传递真正大规模地深入到社会公众,尤其是下层民众,撇开文化的普及等其他因素不谈,从技术的角度来说,尚需要解决驱动印刷机的动力设备的问题。这项任务后来在工业革命背景下通过动力工业的发展得以完成。在工业革命中,人类发明了蒸汽机,运用蒸汽动力,极大地提高了生产速率。于是,19世纪初,以蒸汽机为动力的一种滚筒式印刷机(人称 Koenig 蒸汽印刷机,以发明者 Fredrich Koenig 的名字命名)问世了,它使印刷品的印制速率出现了飞跃,每小时的印数由此前的 200 多页增加到 1100 页。19 世纪 30 年代初,这种印刷机又进一步得到改进,从而使每小时的印数进一步增加到几千页。19 世纪 40 年代,轮转式印刷机(一种双滚筒印刷机,人称霍氏印刷机,以发明者的名字命名)问世,使印刷速率一跃而达每小时双面 18000 张。

正是 19 世纪的一系列印刷技术革新,为印刷媒介真正向大众化进军提供了技术条件。加上工业革命带来的其他有关社会条件的改善,真正大规模发行的报刊得以诞生。于是,1833 年,在工业革命中后来居上的美国,成为面向大众的廉价报最早的诞生地:是年,第一张成功的价格低廉的便士报(廉价报)《太阳报》在纽约创刊。这是一张面向平民百姓的报纸,采用商业经营手法。在技术上,它注意采用先进的印刷技术,从 1837 年起采用改进了的、当时最先进的滚筒印刷机,每小时印报 4000 份,从而为报纸的大量发行提供了技术保证。该报创刊3年后,发行量就达30000份。① 以《太阳报》的问世为标志,美国报业开始了向大众化、现代化进军的过程。随后,纽约又出现了《先驱报》(1835年)、《论坛报》(1841年)、《纽约时报》(1951年)等价格低廉、发行量大、在美国社会产生广泛影响的著名报纸。美国当时已在大众传媒业处于领先地位,因此,这在当时也代表着其他西方国家印刷报业发展的趋势。

三、现代大众传媒业的全面问世和(大众)传播学的孕育

鉴于廉价报的大众化倾向,可以说在严格的意义上,第一张成功的廉价报纽约《太阳报》的问世,才是真正的大众传播时代来临的标志。但是,在廉价报初兴时,在美国报坛占主导地位的,不是这种以平民百姓为传播对象的、以大众化为导向的报纸,而是政党报刊。其他西方国家的情况,也大同小异。廉价报的诞生拉开了报业大众化、现代化的序幕,然而报业大众化、现代化的整体实现,尚需一个过程。在美国,这个过程延续了几十年,它是面向大众的商业性报刊在报业中逐渐取代政党报刊的主导地位的过程,也是美国报业逐渐扩大传播规模、凸显其在社会公众中的影响的过程。这个过程,与美国社会其他方面的发展同步,其中包括:工业总产量从南北战争结束到1900年增长了7倍,跃居世界第一;城市人口增长了两倍,达到美国总人口的1/3;交通、邮电事业迅速发展,初等教育基本普及,教育事业进步显著。从技术的角度来说,印刷技术也在继续进步,一些相关科技的发展,也为19世纪中叶后报纸的进一步发展提供了帮助。卷筒纸轮转铅印机、高速报刊印卷机等先后被发明并投入应用。1875年,《费城时报》开始采用高速报刊印卷机,该机印制报纸的速度达每分钟400张4页纸(400×4)。② 1888年,整行铸排机技术投入使用。所有这一切,都构成了推动美国报业大众化、现代化进程的力量。从1870年至1900年,美国报刊的数目和销售量增长显著。此外,报刊经营全面走上商

---

① 参见张允若主编:《外国新闻事业史》,武汉:武汉大学出版社2000年版;程曼丽:《外国新闻传播史导论》(第二版),上海:复旦大学出版社2009年版;等等。

② James R. Beniger, *The Control Revolution: Technological and Economic Origins of the Information Society*, Massachusetts: Harvard University Press, 1986, p. 273.

业化轨道,从而形成一条"90年代的分水岭"。① 至此,美国报业迈向现代化阶段的进程得以完成。

普利策(Joseph Pulitzer)于1883年买下了纽约《世界报》,以现代化的办报方针、经营管理方法,将它办成了美国第一张严格意义上的现代报纸,报社逐渐成为资金雄厚、职工人数逾千、每年赢利百万的资本主义大企业。普利策也由此确立了其作为美国现代报业奠基人的地位。美国报业进入现代化阶段后,发展迅速,报纸的发行覆盖整个社会。在报纸迈向现代化的过程中,同是印刷传媒的杂志、书籍也在朝同一方向努力,同样成功地扩大了读者群,增加了社会影响。

自报业进入现代化阶段起,大众传媒业在全社会的影响日益凸显。因而,现代报业开始形成的19世纪90年代,开始成为人类传播活动发展中一段熠熠生辉的时期。而随后声像媒介尤其是靠电波传送信号的电子媒介——广播电视的诞生,则是这段时间传播领域意义更为重大的突破。印刷传播虽然在克服时空限制方面比口语传播和书写文字传播更优越,但还是有一定的局限性。印刷传播所必经的实物(报纸、期刊、书籍)运输环节,使传播速度受到限制,也使信息的跨越空间受到束缚。此外,文字代码的相对复杂性使识字少的人和文盲无法成为传媒的受众;既没有声音也没有活动图像/影像使印刷传播不够生动、亲切。这些缺陷,为随后诞生的声像媒介所克服。

声像媒介的问世,也是以一系列传播科技发明为技术基础的。1844年,美国人莫尔斯(S. Morse)成功地发送了第一个电报信号,揭开了电信时代的序幕。1865年和1873年,英国科学家麦克斯韦尔(Maxwell)在其著述中从理论上预言了电磁波的存在。1873年,英国科学家约瑟夫·梅(Joseph May)发现了化学元素硒的"光电作用",这预示了把光变成电信号发射出去的可能性。1876年,美国人贝尔(A. G. Bell)发明了电话。1884年,德国科学家尼普科夫(Nipkow)发明了光电机械扫描圆盘。1888年,赫兹(Hertz)发表了有关电磁波发生和接收的实验论文,以实验证实了电磁波的存在。1895年,法国的卢米

---

① 转引自张允若主编:《外国新闻事业史》,武汉:武汉大学出版社2000年版,第109页。

埃尔兄弟(the Lumiere Brothers)发明了电影摄影机,由此实现了图像信息从静止向活动的飞跃,标志着电影的诞生。同年,意大利科学家马可尼(G. Marconi)和俄国电气工程师波波夫(Popov)分别发明了无线电报技术。1901年,马可尼成功地进行了横越大西洋的远距离无线电信号传递。1906年,美国科学家德福雷斯特(Lee DeForest)研制成了真空三极管,使无线电技术获得了重大进展,无线电广播成为可能。同年,他和美国匹兹堡大学教授费森登(Fessenden)在实验用无线电波传送人声方面,都获得了成功。1920年,世界上第一家广播电台美国匹兹堡的KDKA电台成立开播,标志着无线电广播的诞生。1923年,俄裔美国科学家兹沃里金(Zworykin)发明了电子扫描装置光电摄像管,奠定了现代电视摄像的基础。1925年,英国发明家贝尔德(Baird)实验播送和接收画面获得成功。1936年,英国广播公司(BBC)在伦敦市郊建立了世界上第一家电视台,正式进行电视广播,开创了电视时代。继英国之后,法国(1938年)、美国(1939年)、苏联(1939年)等相继开办了电视台,进行电视广播。

与印刷传媒相比,电子传媒在克服时空限制方面,又实现了一次飞跃。利用电波传递信号不但使传播速度瞬息万里,而且使传播范围空前扩大。这样,从19世纪末到20世纪30年代,就成了现代大众传媒业(尤其是狭义的大众传媒业,即新闻传媒业)迅速发展的一个重要时期。报业实现了现代化,面貌焕然一新,广播和电视作为当时的新兴媒介先后诞生并且初显威力与潜能,进一步向人类显示了面向公众的信息传播的广阔前景。我们有理由这么说:正是在这段时间,现代大众传媒业(主要指新闻传媒业)形成了基本格局,人类社会传播全面进入了现代大众传播时代。职业化的大众传媒的全面登台,使信息传播对人类社会的作用和影响空前凸显。尤其是在处于大众传媒业领先地位的美国,大众传播对其社会政治、经济、文化等各方面产生的巨大影响,更是非常突出。

这一切,令人们不得不对信息传播刮目相看并给予高度重视,学者们也开始认真地审视传播尤其是大众传播的重要性。与此同时,人们又开始担心传媒尤其是电子传媒可能被滥用,从而引发一时难以预料的不良后果。这种担心,促使人们对大众传媒倍加关注,促使学者致力于大众传播研究。一些不同学科背景的学者,开始不约而同地对传媒与大众传播现象进行讨论,从而使这段时间(19世纪末20世纪初至20世纪30年代)成为(大众)传播学的孕育期。在现代传媒业问世、发展较早的一些西方国家,从19世纪末起,许多知识分子围绕着大众传播媒介,尤其是电子传播媒介,以及与之相关的大众文化的社会影响,纷纷形成自己的观点、态度。其中,有的以乐观的态度赞叹大众传媒在提供信息和娱乐等方面的力量,赞叹它们在报道观点、促使意见流通和促进大众文化素质的提高方面的作用;有的则以悲观的眼光看待它们可能对社会造成的不良影响,悲叹大众传媒大量制造娱乐性的媒介产品,扼杀人类的原创力,以消遣取代文化,悲叹大众传媒体系受政治权威的操纵和控制,被运用于宣传政治主张等。这些探讨,显示了传播问题已开始在哲学、社会学等领域受到很大关注。以美国为例,著名实用主义哲学家杜威(John Dewey)、社会学家库利(C. H. Cooley)和帕克(Robert E. Park)等人都从19世纪90年代起,"开始将现代传播的整体作为社会进步的一种力量"加以探讨。[①]

第二节　从传播学的正式确立到麦克卢汉媒介理论的问世

在传播学的孕育时期,一些相关的著述开始出现。在众多研究的基础上,被传播学界奉为奠基人的拉斯韦尔(H. Lasswell)、拉扎斯菲尔德(Paul Lazarsfeld)、卢因(Kurt Lewin)、霍夫兰(Carl Hovland)和施拉姆(Wilbur Schramm)等人在20世纪40年代发表了一系列奠定传播学基本理论的经典著述,从而使传播学研究开始成为一门独立的学科。

一、传播学的诞生

20世纪20年代,"在哲学中,'传播'/'交往'已成为一个主要

[①]〔美〕丹尼尔·杰·切特罗姆:《传播媒介与美国人的思想》,曹静生等译,北京:中国广播电视出版社1991年版,第98页。

概念"①。(在哲学领域,"communication"一词通常被译为"交往"。)在人文、社会学科的其他一些领域,大规模的传播也已成为一批学者的研究主题,一些著名学者的重要著述都涉及和探讨了有关大众传播的问题。例如,美国著名报纸专栏作家李普曼(W. Lippmann)根据对社会舆论这一与大众传播有密切关系的社会现象的研究,于1922年发表了《舆论学》,论述了现代社会中大众传播在舆论形成过程中的重要性。欧洲马克思主义理论家卢卡奇(G. Lukács)于1923年发表了《历史与阶级觉悟》,认为革命的过程同无产阶级阶级觉悟的形成分不开,因而这一过程涉及选择正确的口号和发出团结战斗的号召。传播被视为将民众团结起来进行革命的一股力量。英国文艺批评家奥格登(C. K. Ogden)和理查兹(I. A. Richards)1923年发表了《意义之意义》,将传播视为"意识的精确的分享"。他们认为,人类交流中出现的许多麻烦都是由于人们将语言的象征功能和情感(表达)功能相混淆,"用相同的语词既进行陈述又激发态度"②。美国哲学家杜威1925年发表了《经验与自然》,1927年发表了《公众及其问题》,注意到在工业化社会中由于直接社区中将人们黏合在一起的结合力的松散而造成的问题,注意到大众消遣问题,讨论了传播/交往与消遣的关系,也讨论了经验、参与、意义等问题。杜威指出:"无人知道有多少生活的泡沫式的激动、多少运动的癫狂、多少烦躁的焦虑、多少渴求艺术刺激的需要,都是如下这种狂热追求的表达:狂热地追求填补由那些直接的经验社区中将人们黏合在一起的结合力的松散而造成的空白。"③杜威将传播/交往视为社区生活中的实用主义的权宜之计,感到由于传播科技的进步,通过赋予大规模的传播/交往以新的活力能弥补直接的经验社区的缺失。在杜威看来,宇宙不仅仅是由物质和精神两个世界组成的,它也是在人们之间展现的世界,杜威将后者称为"经验(的世界)",他认为:传播/交往在由共享的符号和实践交织而成的公共经验世界中发生,传播即参与,即参与创造一个集体的世界。他还认为,意

---

① John Durham Peters, *Speaking into the Air: The History of the Idea of Communication*, Chicago: The University of Chicago Press, 1999, p. 10.
② 转引自 Ibid., pp. 12 – 14。
③ 转引自 Ibid., pp. 17 – 18。

义并非私人财产,而是一个"参与的社区"、一种"行动的方法",以及"可能的互动"的手段。[①] 杜威强调传播/交往的功能是使个人自由和社会责任相协调。[②] 美国政治学家、传播学奠基人之一拉斯韦尔1927年发表了他的博士论文《世界大战期间的宣传技术》,分析了世界大战时各交战国的宣传,分析了大众传播的宣传作用。德国著名哲学家、存在主义创始人海德格尔(Martin Heidegger)1927年发表了《存在与时间》,书中也体现出一种独具一格的传播观。在他看来,"传播从来也不是将经验如意见、愿望等从一个主体的内部运送到另一个主体的内部",而是我们"被抛入"包含着他人的世界的解释性表达。海德格尔认为,与他人在一起对于我们的存在而言是十分重要的,人是语言的、社会的,人在其举止行为中应倾听他人的不同意见,这就需要传播。[③]

到了20世纪30年代,大众传播和大众文化更是成为一批学者的理论思考和实证性研究的主题。"西方马克思主义"的重要流派之一法兰克福学派的早期核心人物霍克海默(M. Horkheimer)在30年代后期探讨了西方社会中的文化工业(产业)和大众传播媒介。他在其论文《艺术和大众文化》中,将个人精神生活的崩溃,与作为传统社会结构中主要社会团体的家庭的瓦解,以及大众传播媒介提供的消遣娱乐产品,联系起来进行探讨。他论述道,"家庭的瓦解,个人生活进入闲暇的转变,闲暇进入管理细节的常规程序的转变,闲暇成为棒球场和电影、畅销书和收音机消遣的转变,会导致人们内心精神生活的崩溃。很久以前,文化就被这些驾轻就熟的乐趣取而代之。因此,它已呈现出一个逃避现实者的特点"[④]。法兰克福学派对西方资本主义社会文化产业的作用、大众传媒的精神麻醉剂功能的哲学思辨式的思考,具有明显的批判性的取向。

---

　　① John Durham Peters, *Speaking into the Air*: *The History of the Idea of Communication*, Chicago: The University of Chicago Press, 1999, pp. 18 - 19.
　　② 〔美〕丹尼尔·杰·切特罗姆:《传播媒介与美国人的思想》,曹静生等译,北京:中国广播电视出版社1991年版,第99页。
　　③ John Durham Peters, *Speaking into the Air*: *The History of the Idea of Communication*, Chicago: The University of Chicago Press, 1999, p.16.
　　④ 〔德〕麦克斯·霍克海默:《批判理论》,李小兵等译,重庆:重庆出版社1989年版,第258—275页。

在美国,象征互动论创立者米德(George Herbert Mead)的学生在米德去世后的第三年,即1934年,整理出版了他的讲义《精神、自我和社会》,书中表达了他对个人的社会化过程以及传播在其中的作用的观点。米德强调指出,"自我"是从社会行为中产生的,而所有社会行为都牵涉到传播。米德认为,"自我"由"主体我"(I)和"客体我"(Me)组成,"主体我"体现个人本能的、独特的"自然"特性,而"客体我"则是社会环境要求的内在化,其形成需要一个长时期的社会化过程。[1] 在米德看来,个人的社会化过程,离不开使用社会所共享的语言符号进行的与他人的象征互动,即离不开传播过程。20世纪30年代,美国还出现了一批报告(运用了数据统计等方法)实证性研究项目——"佩恩基金研究项目"的发现的著述,其中包括米德的学生之一、美国社会学家布鲁默(Herbert Blumer)的《电影与行为》(1933年)和《电影、青少年犯罪与犯罪》[与菲利普·豪泽(Philip M. Hauser)合著,1933年]。佩恩基金研究项目是关于电影对于青少年的影响的大型研究项目,是美国十余项被称为"大众传播研究中的里程碑"的大规模项目之一,起始于20世纪20年代末,历时三年,到1932年完成。佩恩基金会研究由美国电影研究委员会提议,一家私人基金会——佩恩基金会资助,由一系列子项目(本身就是大型的研究项目)组成。布鲁默等的两本书总结的两项研究即为其中的重要组成部分。前一书以布鲁默进行的一项有关电影的几种社会影响的大规模调研(运用请调查对象写自传的研究方法)为基础。这项研究涉及的内容包括:电影如何影响调查对象的情绪和情感,如何影响他们对爱情的解释,如何影响他们的志向和抱负,如何影响他们仿效成年人的行为,等等。后一书总结了布鲁默和他的合作者对于电影内容对青少年的不良影响的一项大规模研究的发现。这项研究运用了一系列调查方法,除了问卷调查外,他们还研究了具有犯罪倾向的青少年的案例史和这些青少年的生活经历。佩恩基金会研究项目对美国的大众传播研究产生了重大影响。

经过一批学者的努力,传播学作为一门独立的学科,终于在20世

---

[1] David Miller, *George Herbert Mead: Self, Language and the World*, Chicago: The University of Chicago Press, 1980, pp. 46–47.

纪40年代首先在大众传媒业最为发达的美国正式确立,其标志是一些传播学基本理论的问世。拉斯韦尔和另一学者合作编著的《宣传、传播和舆论》一书于1946年问世,书中首次明确地使用了"大众传播学"的概念。1948年拉斯韦尔发表了论文《社会传播的结构与功能》,提出了著名的将传播过程和结构分解为若干要素、环节的拉斯韦尔模式或5W模式,还探讨了传播的三个实用性社会功能,即监测环境、协调社会和传承文化。原籍奥地利的美国社会学家拉扎斯菲尔德于40年代根据他和哥伦比亚大学应用社会研究所的一些同事对1940年和1944年美国总统竞选中媒介宣传对人们的投票意向和行为的影响的实证性研究,出版了《人民的选举和投票》一书,提出大众传媒是通过"意见领袖"这些中介人物对公众产生影响的,这一理论被称为"二级传播论"。也是在20世纪40年代,原籍德国的美国社会心理学家卢因经过对于群体对个人的影响的长期研究,以及对于大众传播中群体的强大制约机能的长期研究,尤其是在第二次世界大战期间带领学生对当时美国政府鼓励公众食用动物内脏的宣传及其效果的研究,率先提出了信息传播中的"把关人"和"把关行为"的概念,并对这些概念予以阐述。同样是在40年代,美国社会心理学家霍夫兰带领一个专家小组,以实验法开展了验证传播的劝服效果的一些重要研究,其成果发表在《美国士兵:关于大众传播的实验》(1949年)中,后又在进一步研究的基础上成为《传播与劝服》(1953年)一书的内容。1948年,美国数学家香农(C. Shannon)发表了《信息论的传播理论》,提出了传播学的信息论模式。1949年,美国传播学研究的集大成者施拉姆编辑出版了《大众传播学》一书,整合了此前传播研究(尤其是大众传播研究)的主要成果。

事实证明,以现代信息传播技术装备起来的现代大众传媒业的兴起与发展,构成了促使传播学诞生的直接推动力。由此可见,传播学这门学科历来就与信息传播科技的发展有着不解之缘。当然,一门学科的确立,也离不开学术背景方面的条件。只是,学术背景方面的条件,并非我们此处的主要关注点。

二、电视业的蓬勃发展及其对大众传播研究的推动

技术先进的电视业问世后,以其在传递信息的迅捷性、生动性等方面的优势,逐渐后来居上,成为笑傲大众传媒业领域的后起之秀。虽然第二次世界大战期间电视业的发展严重受阻,但战后这一新传媒发展极为迅速。20世纪五六十年代堪称电视在全世界蓬勃发展的时期,其时,电视的社会影响日益突出,备受传播研究者的瞩目。就像当年现代传媒业的全面问世曾触发许多关于大众传媒业对现代生活的意义的探索——描述性的、预测性的或道德意义上的探索一样,电视业的蓬勃发展和电视观看行为成为人们日常行为的组成部分,激发了许多关于电视的社会影响的探索。

20世纪五六十年代电视在全世界的蓬勃发展,从一个方面来说,体现为电视机数量的激增和应用电视技术、开办电视业的国家大量增多以及电视台的急剧增加。有关数据表明,由于第二次世界大战严重影响了电视的发展,在进入1950年之前,世界上有电视的国家寥寥无几,全世界的电视机总数还不到500万台。进入20世纪50年代后,情况迅速改变。至1955年,拥有电视的国家增加到20个。进入1970年时,世界上已有127个国家和地区开办了电视业。电视台的数目,在1955年为600座,1958年增加到1330座。到1970年,全世界电视台的数目已达6122座。电视机的数目更是激增。进入1970年时,世界上电视机的总数已突破2.5亿台。表1.1显示了那段时间世界电视业的发展:[1]

表 1.1 世界电视业的发展

年度	开办电视业的国家(和地区)数	电视台数	电视机总数
1955 年	20	600	4100 万
1958 年	50	1330	7100 万
1963 年	70	2380	13000 万
1970 年	127	6122	25485 万

---

[1] 张昆编著:《简明世界新闻通史》,武汉:武汉大学出版社1994年版,第274页。

美国、英国等发达国家在进入20世纪50年代后电视普及率迅速提高。美国在20世纪50年代初共有电视台108家,1960年增长到617家,1970年增至872家;电视机在20世纪50年代末已普及多数家庭。① 在英国,政府在战后积极推进电视发展计划,在各主要城市建立电视发射台,至1957年年底初步形成全国电视网,覆盖总人口的90%;居民拥有电视机的数目在1950年为34.4万台,1956年增至574万台。② 发展中国家电视业起步较晚,其中最早开办电视台的是墨西哥(1950年)。在20世纪五六十年代,越来越多的发展中国家开始采用电视技术,创办电视业,而且多数发展相当迅速。20世纪50年代相继创办电视业的发展中国家包括阿根廷、巴西、泰国、印度尼西亚、黎巴嫩和尼日利亚等。中国也是从20世纪50年代起创办电视业的。1958年,中国建成了第一座电视台——北京电视台(中央电视台的前身)并正式开播。还有许多发展中国家于20世纪60年代开始创办电视业,其中包括:埃及、赞比亚、新加坡、马来西亚、刚果、加蓬、象牙海岸、上沃尔特(1984年改名为布基纳法索)等。③

随着技术的进步与更新,电视传播样式开始朝多样化发展,这是20世纪五六十年代电视在全世界大发展的又一方面。20世纪50年代开始出现彩色电视广播,美国在这方面领先一步,在1954年即正式开始播送彩电节目,采用的是NTSC彩电制式。以后,日本、苏联、英国、法国等也相继开办了彩色电视。在彩色电视播出的发展过程中,彩电制式又出现了SECAM、PAL制式,从而形成了三种彩电制式并存的局面。20世纪60年代,随着通信卫星技术的发展,电视的发展中出现了卫星传播新样式。1962年7月,美国成功地发射了"电星一号"通信卫星,并且进行了同欧洲之间的越洋电视节目传送,从而开创了电视发展史上通信卫星传送电视节目的新纪元。1963年2月,美国发射了世界上第一颗同步通信卫星"辛康(姆)一号"。1965年4月,国际

---

① 张允若、高宁远:《外国新闻事业史新编》,成都:四川人民出版社1996年版,第345页。
② 同上书,第353页。
③ 梁洪浩编著:《外国新闻事业百题问答》,北京:中国新闻出版社1988年版,第136—138页。

通信卫星组织发射了第一颗国际商用同步通信卫星"晨鸟",它于 6 月正式启用,为北美和欧洲之间传递电话、电报、传真和广播电视节目。① 也是在 1965 年 4 月,苏联成功发射了"闪电一号"通信卫星。同年 10 月,"闪电二号"又发射到空中。通信卫星问世后介入了电视节目传送,卫星电视很快在世界上一些重大事件发生时显示出自己在跨越空间方面的优势。例如,1963 年 11 月 22 日,美国总统肯尼迪遇刺,这一消息便是通过通信卫星传播到日本与欧洲各国的。1964 年 4 月,世界奥林匹克运动会在日本东京举行。大会开幕式的现场实况,通过"辛康(姆)三号"通信卫星传送到美国、加拿大、墨西哥和欧洲各国。② 随着空间技术的发展,1969 年 7 月 20 日,美国宇航员乘"阿波罗"号宇航飞船登上月球,"他们在月球表面装上电视摄像机,进行实况播映"③。地球与月球距离 38 万多公里,但是运用通信卫星,这次世界上距离最远的电视实况广播图像非常清晰,声像传递仅需 1.3 秒。据估计,当时世界上的观众人数达 7.23 亿,分布在 47 个国家和地区。④

随着电视在全世界的大发展,随着电视的影响日益渗透到人类日常生活之中,有关电视社会影响的研究,成为大众传播中的显要话题。著名传播学家麦奎尔(D. McQuail)1961 年出版了(与另一学者合著的)《电视与政治形象》一书,研究了电视传播对政治形象塑造的影响。在美国,20 世纪五六十年代出现了许多联系电视内容分析电视影响的实证研究项目,其中包括一些规模很大、由不少子项目组成的调研项目。1958 年至 1960 年,美国传播学大师施拉姆带领的一个课题研究组展开了"儿童生活中的电视"大型课题研究,他们在美国和加拿大的 10 个社区中进行调查,探究电视,尤其是电视的幻想类内容(fantasy content)和现实类内容(reality content)对儿童的影响。20 世纪 60 年代后期,分别由美国暴力原因及预防全国委员会以及美国卫生局局长

---

① 梁洪浩编著:《外国新闻事业百题问答》,北京:中国新闻出版社 1988 年版,第 122—123 页。
② 张昆编著:《简明世界新闻通史》,武汉:武汉大学出版社 1994 年版,第 276 页。
③ 梁洪浩编著:《外国新闻事业百题问答》,北京:中国新闻出版社 1988 年版,第 123 页。
④ 同上。

电视与社会行为顾问委员会主持的两项大规模研究项目,都是主要探讨电视暴力内容的社会影响的。这几项大规模的研究项目,均被列入美国大众传播学研究的十大"里程碑"。

三、麦克卢汉媒介理论的问世

在相当长的时期中,传播学者有关电视的研究,许多都遵循行为主义的、实证性的研究模式,从分析电视内容入手或从调查受众对电视内容的接触入手,研究电视对社会生活的影响。其中,尤以电视中的暴力内容对青少年的不良影响为热门话题。但是,电视作为新传媒的蓬勃发展,也触发了学者对于这一媒介本身的特征乃至各种媒介的特征的理论思考,媒介技术本身被当作其社会影响之源头来探索。这种探索,可说是对于以媒介传递的信息内容对受众的影响为中心的传播研究传统之挑战。这种思考的杰出代表,是加拿大文学批评家出身的传播学者麦克卢汉。

麦克卢汉在20世纪60年代出版了三本传播学方面的重要专著——《谷登堡群英:印刷文人的诞生》(1962年)、《理解媒介:人体的延伸》(1964年)和《媒介即讯息》(1967年)。这些著作一反传播学界的老套思路,不但把大众传播的媒介技术本身当作大众传播的影响效果的源头,而且把媒介技术及其发展看作社会变迁和文化发展中的重要动力,提出了以"媒介即讯息"著称的媒介理论。这种理论不但对各种媒介的特点进行了深刻的分析,而且将对媒介特征的分析,同对社会的文化特征的分析联系起来,也同对人类感官之间的相互作用及知觉过程的分析联系起来,把社会中占主导地位的媒介技术,视为划分文明历史时期的标志,认为在每一时期,媒介技术都影响了社会,影响了人类感官之间的相互作用以及思维方式的特点。

在各种媒介中,最受麦克卢汉重视的是电子媒介,尤其是当时正在蓬勃发展的电视。以麦克卢汉的《理解媒介:人体的延伸》一书为例,在书中探讨各种媒介的诸章中,探讨电视的那一章所占的篇幅,远远超过探讨其他媒介的各章的篇幅(麦克卢汉是一位泛媒介论者,他笔下的媒介,不仅仅指通常意义上的传播媒介,而且泛指许多不同种类的技术性工具、发明,如电灯、车轮、时钟、飞机等)。麦克卢汉将 26

页的篇幅,用于阐述电视,而讨论其他媒介的各章,大多数仅有几页,长的那几章也都不到15页。此外,在有关其他媒介的分析中,此书也频频提到电视,或以电视为比照。在提出其媒介理论的一系列著述中,麦克卢汉对电视媒介的作用大加赞美,认为电视使人类恢复了自文字印刷传播兴起后已长期失落的接受信息刺激时五官并用的本能,恢复了人类感官的平衡,使人类能像在生活中那样立体地认识问题。麦克卢汉的著述还欢呼电视的出现改变了将文盲、小孩排斥在媒介门外的局面。此外,麦克卢汉对"电视一代"与"书本一代"的差异,对"电视一代"的思维方式与传统的重视书本的教育方式的冲突等,都很关注。这一切,说明对于电视的研究,在麦克卢汉的媒介理论中占据了极其重要的位置。这可说是当时电视业在全世界蓬勃发展的媒介背景在麦克卢汉的研究中留下的烙印(对于麦克卢汉的媒介理论的具体讨论,将在第二章中展开)。因此,我们有理由认为,代表当时最新、最先进的传播技术的电视媒介的兴旺,对于麦克卢汉关于媒介技术本身同社会变迁的关系的理论思考深有影响。

麦克卢汉的媒介理论在美国等西方国家反响强烈。在美国,不但学术界对此展开了热烈的讨论,传媒对麦克卢汉及其观点也频频报道,从而使之在公众中名声大噪。在美国校园中,麦克卢汉更是一度成为师生为之倾倒的人物。在当初这样一个电视时代,麦克卢汉对"电视一代"、电子媒介"开创的新环境"等紧密联系实际的热点问题的关注,对电视的正面影响的欢呼呐喊,对电视将世界连成"地球村"(global village)的预言等,构成了他的理论魅力。

从(大众)传播学初兴时起,大众传播的社会影响与作用,始终是传播学领域经久不衰的核心课题。麦克卢汉的与众不同之处在于,他没有追随传播学界以内容为焦点、透过传媒内容看传媒影响与作用的思维定式,而是将焦点放在媒介技术及其特征上,试图揭示各种媒介的出现本身带给人类社会的影响,揭示媒介本身(而不是媒介内容)的作用。他的媒介理论所产生的广泛、深远的影响,对于媒介分析这一研究范畴在传播学领域真正登堂入室,可说产生了关键性的作用。虽然在他之前,被他赞为"发现变化进程的第一人"的加拿大学者英尼斯,就曾对传播媒介及其发展变化的社会作用进行了历史的、跨文化的研究,而且麦克卢汉的媒介理论,借鉴英尼斯的研究成果之处甚多,但是,由于种种原因,英尼斯在这方面的研究成果发表后并未很快引起学术界的注意。直到麦克卢汉成名后,人们才注意到英尼斯的媒介研究(关于英尼斯的媒介思想,我们也将在第二章中展开讨论)。因此,麦克卢汉媒介理论的问世,在媒介分析的发展中,具有特殊的意义。

第三节 信息传播新技术、新媒介和社会学家贝尔等人关于信息化社会的理论

还在电视作为传媒领域的最新成员备受青睐之时,信息传播中新的变化,就在悄然发生。以电脑技术为核心的数字化信息传播新技术、新媒介的兴起和发展,是半个多世纪以来人类传播中媒介层面的新突破。

一、传播新技术、新媒介

目前已在全球范围的信息传播中显示出其独特优势的计算机技术(电子计算机技术),自1946年第一台计算机诞生以来,即开始了其从主要用于数据处理及信息的储存和检索到用于包括各种层次的传播活动在内的信息处理工作的发展历程。尽管最早的计算机是一个操作复杂、不易搬动的庞然大物,尽管在20世纪50年代早期,计算机的电子记忆及其处理储存数据的程序编制,"还是科学的奇迹",但是计算机作为能帮助人脑工作的数字化机器,很快实现了微型化,并达到了能够全方位进行信息的存储、处理、检索、发送和接收等的境界。除了计算机技术外,有线电视于20世纪50年代初期开始兴起,不但解决了偏僻的山区等地区电视信号接收中的困难问题,还给电视增添了非传统的发展新途径,促成了大量以特定受众群体为对象的频道的出现,也促成了设计成双向的有线电视系统的出现,推动了电视传播中的对象化和受众本位化。与此同时,诞生后很快就被运用于电视传播的卫星技术,也在不断发展。此外,1970年,适合于长距离传播的光纤也问世了。光纤技术的应用使信息传输的速度和容量都发生了惊人

的变化。除此之外,近半个世纪以来还涌现出了录像、多媒体、电脑网络等信息传播新技术、新媒介。

在迅速发展的信息传播新技术、新媒介中,电脑技术、卫星技术、光纤技术等的发展,对世界性的信息传播来说,意义尤为重大,而电脑技术尤其起着核心的、主导的作用。伴随着以电脑为核心的信息传播高新技术的迅速发展,信息产业一跃而成为社会中发展最为显著的产业,知识、信息成为生产力发展的基本要素和主要资源,人类社会中出现了信息化动向。在经济最发达的工业国家美国,1956年首次出现了白领工人的人数超过蓝领工人的人数之现象,而白领工人是以从事信息处理工作为主的。社会的信息化走势,劳动力结构的重大变化,很快引起了一些思想、观察敏锐的社会科学理论家的注意,成为他们讨论的主要课题。

二、贝尔的理论

首先提出系统的有关信息社会的理论的,是以面向未来的研究著称的美国社会学家贝尔(Daniel Bell)。只是,贝尔并未使用"信息社会"的提法,而是使用了"后工业社会"的提法,来指称新的社会发展阶段,因为贝尔并不认为信息化是美国社会正在进入的新时代的唯一特征。在贝尔看来,"后工业社会"这一名称更能反映社会发展新阶段的全貌。贝尔从20世纪50年代初起研究美国社会劳动力结构的变化,正是这方面的研究,为贝尔提出"后工业社会"的理论奠定了基础。他于1959年首次使用了"后工业社会"的名称,但其"后工业社会"理论的初步形成及产生影响,则发生在三年之后。1962年,贝尔在题为《后工业社会:推测1985年以后的美国》的长篇论文中,探讨了社会的急剧变化以及在其中起决定性作用的智力技术和科学技术,提出了将社会发展划分为"前工业社会""工业社会"和"后工业社会"三阶段的论点。这篇论文迅速引起了广泛注意,论文所阐述的思想,很快在美国和一些欧洲国家得到传播,并在学术界关于现代社会发展预测的研究中产生了广泛影响。1973年,贝尔出版了重要著作《后工业社会的到来:社会预测初探》,系统地阐述了其"后工业社会"的理论和社会发展阶段划分的思想。贝尔提出,后工业社会这一概念包括五个方面,即五个要素：经济部门、职业分布、轴心原则、未来方向和决策。贝尔认为，在所有这些方面，后工业社会都有其截然不同于以往社会发展阶段的特征。

根据贝尔的观点，后工业社会的第一个，也是最显著的特征，是经济形态从商品生产经济形态向服务性经济形态的转变。他按照柯林·克拉克（Colin Clark）有关经济可以划分为三大部类的思想（第一类以农业为主，第二类为制造业，即工业，第三类是服务业），指出由工业社会进入后工业社会的第一个标志，是这三者的组合比例发生了显而易见的变化。在后工业社会，服务业成了占主导地位的经济部门，服务业在劳动力结构中和国民生产总值中，都占有远远压倒农业和制造业的比重：服务业在国民生产总值中的百分比，超过了农业和制造业两者的百分比的总和；服务业占总劳动力的百分比，超过了农业和制造业两者在总劳动力中所占的百分比之和。贝尔依据各国经济形态的有关数据，指出美国当时是世界上服务业部类就业超过总就业半数并且其产值超过国民生产总值半数的唯一国家。[①] 他由此认为，美国率先完成了从商品生产向服务性经济形态的转变。

在贝尔看来，后工业社会的第二个特征，是在职业分布中，专业和技术阶级占首位。在后工业社会，伴随着服务性经济的扩展，不但就业结构中出现了白领工人的数量稳步上升的现象，而且专业和技术领域的就业增长率遥遥领先，专业和技术阶级上升为占主导地位的阶级。其中，被贝尔称为后工业社会的关键团队的科学家和工程师的增长率，尤为惊人。根据贝尔的研究，在美国，在从1940年起的三十多年间，专业/技术人员总体的增长率是劳动力平均增长率的两倍，而科学家和工程师的增长率是劳动人口增长率的三倍。

贝尔感到对于观察社会系统和结构来说，轴心原则极为重要；在任何社会中，必有一事物居于中心地位。他的理论认为，在轴心原则方面，后工业社会的特征是社会活动从以经济增长为中心转变为以系统的理论知识为中心，社会对理论知识的依赖性日益增强，理论知识

---

① 〔美〕丹尼尔·贝尔：《后工业社会》（简明本），彭强编译，北京：科学普及出版社1985年版，第3页。

日益成为社会的战略资源,在社会中发挥越来越大的作用。贝尔写道,"工业社会是机器与人协作生产商品的社会,后工业社会则是围绕知识组织起来的,目的是管理社会、指导创新与变化,这转而又导致了必须施以政治管理的新的关系和新的社会结构的出现"①。当然,任何社会的运作都需要利用知识,但是,贝尔指出,后工业社会中知识扮演的角色不同于以往的社会,在形成社会决策和指导变化中居于中心地位的,是理论知识而不再是经验或实验摸索,它通过被编成抽象的符号系统,可以用来说明各种不同领域的经验,发挥如同各种公理系统的作用。②

贝尔认为,对技术进行规划和控制,是后工业社会的又一重要特征。这一特征事关技术发展的未来方向。技术和技术创新对于生产力的发展、生活水平的提升和经济的增长,无疑是重要的,但是技术的进步中也隐伏着有害的副作用。因此,驾驭技术最终必然要求对技术的发展进行科学的规划并实施合理的控制,把握技术发展的未来方向。在后工业社会,伴随着技术预测手段和技术评估手段的开发和应用,人类对技术的驾驭达到了新的水平:有能力对其发展和未来进行科学的规划,并对其合理性进行衡量、评估,以合理地控制技术的发展。

在决策方面,后工业社会的特征是新的"智力技术"的兴起及其成为制定决策的新型工具。在贝尔的笔下,技术指的是:运用科学知识以可复制的方式来解决问题;智力技术是这样一类技术:它们用规则系统代替直观判断来解决问题。贝尔认为,后工业社会主要的智力和社会问题,是"有组织的复杂性"问题,即大规模系统的管理问题,这种系统拥有众多相互作用的变量。为了达到特定目标,必须使这些为数众多的相互作用的变量协调一致。大规模系统的管理问题的复杂性,使决策的形成必须利用规则系统——统计技术和逻辑技术。这些规则系统可能包含在自动化装置中、电脑程序中以及依据统计或数学公

---

① 〔美〕丹尼尔·贝尔:《后工业社会》(简明本),彭强编译,北京:科学普及出版社1985年版,第4—8页。
② 同上。

式编写的指令中。新的智力技术的特点是,能够确定符合理性的行动,并能够识别实现这种行动的手段。在后工业社会,计算机已成为智力技术的工具,该工具所具有的可同时分解大量方程式的能力,使之能在系统分析中发挥重要作用。①

虽然贝尔是以"后工业社会"而不是"信息社会"来指称新的发展阶段的,但是,贝尔描述的后工业社会的五个特征,无一不同信息、信息处理工作、信息技术相联系。他在论及后工业社会同信息、知识的关系时,曾谈到社会正在转变为一个信息社会或知识社会。正是在这一意义上,我们认为贝尔的理论是一种关于信息社会的理论。

三、未来学家托夫勒和奈斯比特等的理论

继贝尔提出其有关信息社会的理论后,美国未来学家托夫勒(Alvin Toffler)和奈斯比特(John Naisbitt)等,也就社会的信息化动向著书立说。托夫勒在20世纪70年代初期出版了《未来的冲击》一书,论述了社会在包括组织机构和信息在内的五个领域出现的急剧变化,这种变化导致了持久性的灭亡和短暂性、新奇性、多样性的兴起。日益加剧的变化带给社会强烈的冲击,托夫勒将之称为"未来的冲击"。② 他指出,造成"未来的冲击"的一个条件是信息超载:"我们在加速社会中变化的普遍速度。我们在迫使人们适应新的生活步调,日益经常地面对新的形势并控制它们。我们在迫使他们在迅速倍增的选择可能性中做出抉择。换言之,我们是在迫使人们以一种远远快于缓慢演变的社会所必需的速度,来处理信息。我们正在使他们中的至少某些人经受认知上的过度刺激,这一点几乎是无疑的。"③《未来的冲击》很快在西方国家引起轰动。1980年,托夫勒的又一本关于信息社会的力作——《第三次浪潮》问世。他用三次浪潮来概括人类社会在经济形

---

① 〔美〕丹尼尔·贝尔:《后工业社会》(简明本),彭强编译,北京:科学普及出版社1985年版,第10—13页;秦麟征:《后工业社会理论和信息社会》,沈阳:辽宁人民出版社1986年版,第185—188页。

② 秦麟征:《后工业社会理论和信息社会》,沈阳:辽宁人民出版社1986年版,第226页。

③ 转引自 Wilbur Schramm and William E. Porter, *Men, Women, Messages and Media*, New York: Harper & Row Publishers, Inc., 1982, pp. 262-263。

态方面的三次转变：第一次浪潮指的是随着农业的兴起，社会由采集、狩猎向农业社会的转变；第二次浪潮是工业革命和社会从农业社会迈向工业社会；第三次浪潮指的是由工业化向信息化的过渡，即向以信息为基础的高度电子化的社会（托夫勒称之为"超工业社会"）的转变。托夫勒认为，第三次浪潮文明在能源上将依靠可以再生的能源基础，在技术上依靠多样化的技术基础，它来自生物、遗传、电子和材料等科学部门，在原料方面其产业的基本材料就是信息加上想象力。信息领域的革命和以电脑技术为核心的智能环境的出现，是第三次浪潮的重要标志。根据托夫勒的观点，在第三次浪潮中，信息变得格外重要，"新的文明将改组教育，重新调整科学研究的方向，更重要的是还要改组传播手段"[①]。他感到传统的大众传媒，不论是印刷还是电子传媒，都不能承担信息化社会的传播重任，也不能提供信息化社会生存所需的多种文化。因此，他极为重视非群体化的传播媒介。他观察到在包括电视在内的整个传媒领域，传媒业正在向非群体化转化，如细分读者市场的小型报刊的盛行、广播的专业分台、电视传播中的双向有线电视系统、电视游戏机、电视录像、利用卫星传输技术的小型专门节目电视网等，都具有将受众分散为很多受众群体的共同特点。[②]

另一位以预测社会未来著称的美国学者约翰·奈斯比特1982年出版了《大趋势：改变我们生活的10个新方向》。奈斯比特强调指出，从工业社会转变为信息社会，是美国社会变化的十大趋势中最重要的变化。关于信息社会的起始，奈斯比特认为1956年和1957年出现了两个标志性的事实。1956年美国白领工人的人数超过蓝领工人的人数，被认为是第一个标志，这意味着信息社会在美国的来临。第二个标志是苏联的人造卫星上天，它开创了全球卫星通信的时代。在奈斯比特看来，技术知识成为新的财富，信息成为最重要的资源，是美国从工业社会走向信息社会的过程中发生的一个重大变化。他指出，发明电脑微处理机的英特尔公司的崛起和美国许多信息公司的巨大成功，

---

① 〔美〕阿尔文·托夫勒：《第三次浪潮》，朱志焱等译，北京：新华出版社1996年版，第392页。
② 同上书，第182页，第391—392页。

都说明了信息资源的重要性。在信息社会中,人们所从事的工作,就是使知识的生产系统化,并且不断开发智力。信息社会"就像过去的社会大量生产汽车那样,正在大量生产信息"①。奈斯比特感到,所谓服务性经济主要是信息经济或知识经济,绝大多数服务业工作者从事的都是创造、处理和分配信息的工作,正在进入的新的社会并非不生产商品只提供服务,而是在生产什么这一问题上不同于以往的社会。信息是新的社会的最重要的产品,知识产业已成为最主要的产业,它向经济提供生产所需要的重要的中心资源。②

奈斯比特还指出,由工业社会向信息社会过渡,也意味着时间倾向性的变化。在工业社会,人们集中关注的是眼前和现在。在信息社会,由于变化极快,人们强调面向未来。作为佐证,奈斯比特列举了如下事实:未来研究成为专门的研究;专业的未来研究人员队伍成长壮大;研究未来的专门学会获得发展;有关未来研究的图书刊物大量增多。奈斯比特认为,在社会走向信息化的过程中,生活目标也发生了变化:在人类历史上,农业社会的生活目标是人与大自然的斗争;工业社会的生活目标是人与人造自然(技术环境)的斗争;在正在进入的信息社会,生活目标转变为人与人之间的竞争。

奈斯比特探讨了由工业社会向信息社会过渡的过程中的五个重要问题③:信息社会究竟是一种真实的经济存在还是仅仅是一种抽象的思想的问题;有关信息流动的问题(包括信息泛滥成灾的问题);技术的发明阶段问题;教育与科学技术发展脱节的问题;高技术和高情感/高感觉/高思维④的关系问题。其中,尤以最后一个问题成为他长期探索的问题。奈斯比特认为,新的信息时代的技术并不是绝对成功的,其成功与否取决于高技术和高情感/高感觉/高思维(人们对新技

---

① 秦麟征:《后工业社会理论和信息社会》,沈阳:辽宁人民出版社1986年版,第241页。
② 同上书,第241页。
③ 同上书,第243—249页。
④ 英文原著中为high touch。touch一词含有"接触""触觉""精神感觉""感受"等意,目前我国国内翻译、介绍奈斯比特著述的译著、著作中使用的中文词先后有"高精神""高思维"等。

术所表现出来的情感反应)之间的平衡。① 1999年,在以电脑技术为核心的信息高新科技的发展把全球联入共享信息的巨网——因特(互联)网的新形势下,奈斯比特又出版了新作 *High Tech, High Touch: Technology and Our Search for Meaning*——(该书中译本已于2000年5月由新华出版社出版,书名译为《高科技·高思维:科技与人性意义的追寻》),对这一问题做了新的思考。对此,我们将在下一节中予以介绍。

托夫勒和奈斯比特的理论显然都深受贝尔的理论的影响。虽然三人在论及社会发展阶段划分时所用的提法/术语不同,但其基本思路却颇为相似。

有关信息社会的研究与理论,当然并非美国学者的专利。现实社会中的信息化动向,已构成传播学的一大领域,并且吸引了世界各国传播学界和相关学科学术界大批学者参与研究。研究成果的发表自然也不仅限于美国学术界。例如,日本学者梅棹忠夫1963年发表了题为《信息产业论》的论文,把社会组织从农业社会经由工业社会向信息社会的发展以及相应的产业的发展(农林渔牧→制造、建筑、交通→通信、大众传媒、教育、文化)同动物组织从内胚层器官(例如阿米巴类)到中胚层器官(例如哺乳类)再到外胚层器官(例如人类)的进化做了比较,认为两者有惊人的相似之处。② 又如,20世纪80年代,法国学者围绕"信息社会"(信息时代)这一课题进行了深入探索。20世纪80年代以来,日本东京大学新闻研究所(后改名为东京大学社会信息研究所)在信息化研究中投入了大量精力,成果累累。近年来,我国学者对社会的信息化动向也予以很大关注。新闻传播教育界和研究界已有不少将"信息"一词包括在名称之内的机构。这方面研究成果的发表也达到了颇大的数量。正是世界各国学者的共同努力,使传播学研究中形成了有关信息化社会的许多课题和观点。贝尔、托夫勒和奈斯比特的有关理论,是其中颇具代表性、影响甚为广泛的观点。

---

① 秦麟征:《后工业社会理论和信息社会》,沈阳:辽宁人民出版社1986年版,第248页。
② 张国良:《现代大众传播学》,成都:四川人民出版社1998年版,第106—107页。

第四节 "互联网星系"的横空出世
与新形势下的媒介分析

自麦克卢汉的媒介理论问世以来,转眼五十多个年头过去了。当年风靡一时的"麦克卢汉热"已成为历史。电视也已不再是传播媒介中最引人瞩目的最新成员。20世纪八九十年代以来,更新的传播媒介——被比喻为"信息高速公路"的电脑互联网络已经随着生产力的发展、科技的进步而迅速崛起,并引发了且正继续引发人类社会信息产业及社会生活的一系列新变化。基于数字化技术的因特(互联)网已被称为继报刊、广播和电视这三大新闻媒体后的"第四媒体"。"互联网星系"一词已被执教于南加州大学和加州大学的著名西班牙裔学者卡斯特尔用来指称基于信息传播高新技术的崭新的传播系统。

自20世纪90年代起,学术界对传播新科技及基于此的传媒新变迁的关注热情,一再被激活:先是信息高速公路建设热,后是Web 2.0技术及基于此的社交媒体的风靡全球等,更有移动终端上网的异军突起。凡此种种,无不激发了研究界的关注。世界范围的信息高速公路建设热,可说是20世纪90年代信息传播媒介技术发展的核心所在。继1993年9月美国克林顿政府宣布"国家信息基础设施计划"并将建设"信息高速公路"当作重大的跨世纪工程推行后,世界各国相继做出积极响应,纷纷提出自身建立"信息高速公路"的计划。学术界对传播新技术、传媒新变迁的关注热情,在这种世界各国竞相建设"信息高速公路"的新形势下再度进入高潮。再后来,Web 2.0和Web 3.0技术及基于此的一系列网上传播新现象,尤其是社交媒体的风靡全球,再度增加了对基于数字化信息传播高新科技的传播新变迁的学术关注。而进入21世纪以来,因特网在全球普及之势有增无减,移动通信技术与互联网技术的结合结出了新的果实——移动互联网异军突起,一个又一个数字化传播新形式在互联网络平台上和移动互联网络平台上被推出,为数字化时代的媒体研究增添了新的活力。可以说,自20世纪90年代中后期以来,紧密联系传播新技术及基于此的对传播新现象的研究,已成为国际、国内传播学界的一个新动态。举例而言,在国际上,坐落在美国的国际传播学协会的专题分会(当前为25个)中,早已包含"传播与技术"分会,每年年会中均有这一专题的分组会议。在国内,中国新闻史学会下于2009年起设立了中国网络传播学会,现每年召开年会。而"中国网络传播论坛"则于2002年起,即在中华全国新闻工作者协会的建议下,由全国数十家新闻传媒网站共同发起举办。本节主要探讨上述新动态,并且将简单讨论奈斯比特对高科技力量不断增强的社会中科技与文化的关系的新探索。

一、国际传播学界的传播新技术、新媒体研究热:基于学术刊物和会议的透视

学术会议往往是人们观察学术界最新动态的一个窗口。1995年5月,国际传播学协会在美国新墨西哥州的首府阿尔伯克基市召开了第45届年会。笔者正是通过参加这一学术会议,首次直接感受到国外传播学界高度关注传播高新技术及传媒新变迁的研究动态。此次会议分19个专题讨论小组宣读论文,会上,来自不同国家、地区的学者宣读了700多篇论文。此外,会议期间还按同样的专题分类,展出了200多篇论文,"传播与技术"即是讨论和展出的专题之一。在为期4天的分组、并组会议中,共有14次分组与并组会议涉及"传播与技术"专题,其中有8次会议的全部论文均围绕"信息高速公路""电脑空间""以电脑为媒介的传播"以及"电脑技术(在医学、商业等领域)的应用"这几个课题展开。在这14次分组和并组会议上,学者们共宣读了56篇有关"传播与技术"这一专题的论文,约占会议期间所宣读的论文总数(715篇)的7.8%,显著超过各专题小组的论文数在总数中占的平均比例。实际上,除了这14次讨论外,其他专题小组宣读的论文中,也有不少探讨传播新技术的。例如,在"组织/团体传播"专题小组的讨论中,有的论文探索了妇女在国际电脑互联网(Internet)中的地位,有的论文阐述了妇女、社区和以电脑为媒介的传播之间的关系……会议期间,当然也不乏学者们在会后、饭前三五成群地闲聊并相互交换电子邮件和通信地址的场面。在这些场合也可一再听到关于传播新技术的谈笑。这一切都反映出,面对传播新技术的浪潮和"信息高速公路"建设的迅速发展,当初国外传播学界正以传播新技术为研究热点,力求在理论上对新技术的发展及由此引发的人类社会生活中的新变化做出阐述。

七年以后,国际传播学协会的第 52 届年会(2002 年年会)于 7 月中旬在韩国汉城召开。在为期 5 天的年会上,举行了共计约 280 场分组会议、专题研讨、全体会议等各类会议。其中,"传播与技术"分会的小组会议有 26 场,其中绝大多数与分析信息传播新技术的社会应用、新传媒,尤其是因特网有关。"传播与技术"专题小组的讨论主题有:"数字化差异/鸿沟的性质""在网络传播研究中融入'文化'研究""因特网在世界上的扩散、使用和影响""研究印刷版和网络版报纸""理解万维网上的受众活动""网络时代社会的、政治的和传播的议题""亚洲的国际网络传播和国家政策"等。此外,"信息系统"分会的 10 场分组讨论会,也大多涉及信息传播新技术的社会应用及以此为基础建立的新的信息系统。被评为"传播与技术"分会最佳论文的三篇论文,篇篇同电脑技术和网络技术的社会应用有关,题目分别为:《试析电子商务的阻碍因素》《网络使用的满足和网瘾的满足》和《美国家庭视频游戏业的结构和竞争》。被评为该分会最佳学生论文的四篇论文,也都聚焦于网络传播等信息传播新手段,其题目分别为:《互动对于网上小组的影响测试》《网络传播背景下的社会行动和设计》《社会背景和因特网连接性》和《并联的电脑声音是否能显示多个人类信息源》。被评为"信息系统"分会最佳论文的四篇论文中,也有两篇是直接关于新传媒的,题目分别为:《为网络广告的反应和记忆定向》和《新传媒时代的逼真性的效果》。还有不少涉及网络传播的论文,被安排在其他小组会议、专题会议以及全体会议上宣讲。不难看出,传播学界在继续关注关于新传媒尤其是因特网的各种研究课题。

那么,最近这几年来的情况又如何呢?让我们透过国际传播学协会最近的年会,即 2013 年在伦敦召开的年会的议程来对此进行考察。

在伦敦召开的 2013 年国际传播学协会年会的规模与盛况,远超过上面梳理的 2002 年的情况(2002 年是本书初版之年)。在 2013 年国际传播学协会上宣读的论文,达 2300 篇以上。在这届年会上,媒介分析范畴的课题广受关注。根据荷兰学者彼得·克尔诺夫(Peter Kerkhof)在会议召开前一周对该届年会议事日程的研究,论文宣讲和各场会议的题目中,仅是"提到诸如'社交媒体''脸谱网''推特网'、博客和'YouTube'之类语汇的",就有180多个。① 可见传播学术界对社交媒体等数字化媒体新现象的关注度之高。

我们在该届年会后对其议事日程进行了梳理,发现"传播与技术"专题分会共召开了46次分组与并组会议,学者共宣读了193篇论文,论文的主题自然无不属于涉及传播新技术的社会应用、新的传媒环境、媒介转型等的媒介分析领域,社交媒体、移动通信技术的应用和移动媒体等纷纷被纳入论文的研究范畴。例如,有一场题为"传播与技术"的分组专题会议围绕着"社交网络、社会资本与动机"展开,会上的几篇论文篇篇涉及社交媒体的使用,分别为:《社交媒体和高中学生的大学志向:一种社会资本的视角》《召集所有"脸谱网"朋友:关于脸谱网上传播的动员之探索》《以移动电话为中介的社会互动之动机及其社会资本结果》以及《荷兰学生及教师对脸谱网特色文章的使用:动力效应与代(generation)》。

此外,2013年国际传播学协会年会上其他专题小组专场会议的论文中,也有不少与之相关。根据我们的梳理,"大众传播"的分组专场会议中共有180篇论文,其中有13篇涉及本书中所说的媒介分析,约占此专题分组会议论文总量的7.2%;社交媒体、移动通信技术和移动媒体等的应用及社会影响尤其受到关注。例如,有一场"大众传播"专题的分组专场会议围绕"新媒介扩散研究"的主题展开,会上的论文有:《对几代媒介的概念化思考:印刷、网络和个体化媒介》《成功扩散的神经先兆:运用神经想象与情绪分析考察高度热情的观点分享》《"江南Style":论社交与数字化媒体时代的病毒式宣传》和《中国的数字化不平等:关于因特网使用的社会统计学特征的调研》。

"新闻学研究"分会的分组会议共宣读了139篇论文,其中有20篇和传播新技术的社会应用、新的传媒环境、媒介转型等相关,约占此专题数量的14.4%。而其中一些专场会议的主题本身就直接与之相关。例如,有一场名为"新闻学研究"的分组专场会议以"新闻编辑室中的

---

① P. Kerkhof, "Social Media and International Communication Research," 2013, http://acsm-vu.nl/? p=613.

新实践"为主题,会上的5篇论文篇篇涉及我们所说的媒介分析,分别是:《新闻编辑室2.0:数字化时代一家日报的组织文化和管理的变迁》《半岛电视台英文在线》《看不见的巨人出现:社交媒体与全球通讯社中的职业文化》《移动电话与新闻:对于移动电话在英国广电生产与呈现中的使用之研究》和《论参与式新闻网站的分类》。

名为"政治传播"的分组专场会议共宣读了153篇论文,其中有22篇和我们所说的媒介分析相关,约占此专题分组专场会议论文总数的14.4%。例如,有一场"政治传播"的分组专场会议以"变迁中的媒介环境,变迁中的媒介使用型式(patterns)①"为主题,论文包括《数字化时代的媒介使用与信息灵通的公众》。又如,另一场分组专场会议以"新媒介环境中的议程设置"为主题,论文包括《你富有吗——数字化媒介环境中的传媒选择及议程设置》。

名为"全球传播与社会变迁"的分组专场会议共宣读了104篇论文,其中有23篇和"传播与技术"相关,约占此专题的分组会议论文数量的22.1%。举例而言,该专题的分组会议有一专场以"媒介行动主义图景"为主题,论文有:《社会运动网络与因特网:韩国反G20运动组织的网站分析》《由抗议者和媒体之间的共生关系产生的集体意向》和《穆斯林媒体监督:媒介行动主义和穆斯林社会变迁舞谱(choreographies)》。

……

甚至在名为"(传播)哲学、理论与评论"的分组会议论文(93篇)中,也有十来篇涉及我们所说的媒介分析,其中包括:《数字化忏悔、性别与宗教》《论数字化宗教雄辩术》等。

2013年国际传播学协会年会按照惯例还有一系列主题式专题会议(themed sessions),其中有一场尤其值得我们在此处关注。该场会议直面当下传媒转型、融合现实对传播与媒介研究中核心概念的挑

---

① 英文中的pattern一词是多义的,有"图案、花样""模式、型式""模型、样式""典范""形式"等义。选择哪条义项来翻译此词较贴切颇费思量。从pattern一词在梅罗维兹著作中出现的语境来看,"形式"或"模式"似乎均不够贴切,笔者决定译为"型式",一来因为多年前曾经见到《读书》杂志上有此译法,二来因为《牛津袖珍英汉双解词典》(新版)中也包含这一条释义。

战,围绕"挑战传播与媒介研究中的核心概念"这一主题展开讨论。国际传播学协会2013年年会的议程对该场会议的描述将40年前的传媒现实(当时的媒体在民族国家的框架内向全国的大众受众传播)同当下的传媒现实("老媒介"同40年前不存在的大量新媒体共生共存)相比较,指出:在新老传媒互动的今天,它们均对当代时间范围内公共领域的结构转型起到了促成作用,并均促成了社会认同政治的再配置(reconfiguring)。在传播领域不断变迁的情况下,认同的意义、公共生活的性质以及全球连接性的影响始终是传播领域持续的关注点。该场专题会议对学术界以往对这些问题的看法、当下的看法以及未来可能的看法进行了讨论。

值得一提的还有,在2013年国际传播学协会年会上还有大量分组的专场"正式会前会议"(pre-conference sessions),均为由发起方赞助的会议(sponsored sessions),正式年会期间也有若干此类会议。此类会议共举办了87场次,宣读了156篇论文。与传播新技术的社会应用、新的传媒环境、媒介转型等媒介分析论题相关的论文有32篇,约占20.5%,其中有27篇在会前会议上宣读,其余5篇在正式年会期间宣读。

学术刊物也是展示学术界最新动态的窗口。在撰写本书初版时,笔者浏览了1997年下半年至2005年年底国际传播学协会的核心刊物之一《传播学刊》(*Journal of Communication*)(Vol. 47, No. 3—Vol. 55, No. 4)的内容后发现,在这34期刊物中,除去讨论媒体解读能力(media literacy)教育的专辑,讨论不确定性、评估和传播的专辑以及讨论语言传播和非语言传播的关系的专辑这三期专辑,其余31期中,除了1997年第3期、2000年第1期、2001年第4期、2003年第6期和2004年第4期外,其余均刊有关于信息高新技术、网络传播的论文。在这26期每期刊登文章总数(不包括书评)为7—13篇不等的《传播学刊》上,此类文章分别为1—4篇不等。"传播高新技术"及基于此的"网络传播"研究在世纪之交的岁月中在该刊物中的受关注程度,由此可见一斑。而该刊作为国际传播学协会的核心刊物之一的地位,使我们有理由相信,其关注点在国际传播学界具有代表性。

此次本书修订,笔者刻意选择在2013年最后一月更新这部分内容,为的是透过该刊当年全年的内容,考察国际学术界对此类研究的关注度。通过对2013年《传播学刊》全年6期的内容梳理发现,这6期中,第一期为聚焦于"减少健康差异的传播策略"(Communication Strategies to Reduce Health Disparities)的专辑,其余5期中,每期刊登学术文章8—10篇不等(不包括书评);每期中有关数字化新媒体(尤其是社交媒体)、数字化高新传播技术新应用的文章分别为2、2、3、4、3篇。而甚至在关于"减少健康差异的传播策略"的专辑中,也有一篇同基于互联网的电子健康介入相关的文章。不难看出,国际学术界对相关研究的关注有增无减。

二、当下传播新技术、新媒体、传媒转型等问题的研究特点

从麦克卢汉引起的媒介研究热,到当前国外传播学界的"传播高新技术"、传媒转型、数字化新媒体及相关论题研究热,约五十年间传播学科的建设已有不少发展。因此,当前国际传播学界关于传播新技术、新媒体、传媒转型及相关问题的研究,很自然地并非对"媒介即讯息"论指导下的媒介研究的简单回归,而是在新起点上的新研究,它具有如下特点:

1. 重视人类社会对于传播新技术的运用、管理,不是一味强调传播新技术本身的性质特点和夸大它们的社会影响。当年麦克卢汉以及深受他影响的学者的媒介研究,是以将焦点放在媒介本身的性质、特点上而著称的。麦克卢汉倾向于过分强调传播媒介的作用,而对社会环境对媒介应用的影响缺乏深入讨论。当今传播学界对传播新技术的研究,则大多着眼于社会及其成员如何将这些传播技术转化为传播系统,如电脑联网系统、电子邮件系统、视传系统等,以及社会及其成员对这些传播系统的运用与管理如何引发社会的变化。这从1995年国际传播学协会年会上宣读、展出的"传播与技术"专题论文的内容中,可见一斑。例如,此类论文中有一大部分着重关注社会传播系统的规划和建设的方针、策略,对传播新资源的利用,对传播新方式的管理,计算机联网服务业的形成与社会传播方针之间的关系等一系列牵涉社会因素的问题。此外,这批论文的题目中出现频率最高的词汇,是有关传播系统建设的"信息基础结构"(information infrastructure),

而不是任何描述传播新技术本身的词汇。又如,在 2002 年国际传播学协会年会上,"传播与技术"小组讨论的主题有:"数字化差异/数字化鸿沟的性质""在网络传播研究中融入'文化'研究""因特网在世界上的扩散、使用和影响""印刷版和网络版报纸研究""理解万维网上的受众活动""网络时代的社会的、政治的和传播的议题""亚洲国家的网络传播和国家政策"等。这些主题显示出传播学术界运用了宽广的社会视角考察传播科技与社会其他方面的关系,而不是仅限于关注传播高新技术的作用。再如,在 2013 年国际传播学协会年会上,"传播与技术"分会的分组专场会议研讨的主题包括:"不平等与数字鸿沟""媒介素养与互联网使用""大数据和传播学研究:前景、危险、联盟和影响""社交网络、社会资本与动机"等,宽广的社会视角同样得以凸显。

2. 研究者在提出概括性结论、预言时态度审慎。麦克卢汉在其媒介研究中,语出惊人地提出了一系列概括性的观点,除了"媒介即讯息"外,还有"媒介是人体的延伸"、媒介分为"冷媒介与热媒介"、电子传播媒介使世界变成了"地球村"等。受他影响的其他学者,也曾提出"电子传播媒介的迅速普及将使人类社会变得类似古代渔猎社会"、人们在社会角色方面将实现"平均主义""电视将取代原有的传播媒介"等预言。而当前国外传播学界大量有关传播新技术的研究,却以描述性研究为主,并且重视实证研究提供的证据。例如,在探讨电子邮件时,美国传播学者中一再有人提出,虽然现在办公室自动化设备日益增多,但是纸张的消费仍在继续增加。据 T. 福斯特的研究,在美国商业界,大约 95% 的商业信息仍印刷在纸张上。① 从 20 世纪最后 25 年起,传播学界已逐渐观察到由于传播新技术的渗透,大众传媒业中发生了一系列变化:兼具电子与印刷媒介特点的网上电子版报纸、杂志(网络报纸、网络杂志)的发行;具有大容量、高速度,查询检索功能强,集文字、图形、图像、声音于一身的 CD 式电子读物的问世及后来 Kindle 等电纸书的崛起;观众可以参与节目选择与编排的互动式电视的

---

① 转引自 Kenneth L. Hacker, and Blaine Goss, "Electronic Mail Management: Issues of Policy Formation for Organizations," (Presented at the 45th Annual Conference of the International Communication Association, Albuquerue, New Mexico, 1995)。

开发;不同种类的社交媒体的迅速流行并凭借电脑互联网平台和移动互联网平台迅速扩张等。然而,他们却并未像当年有人预言电视将取代原有的传播媒介那样轻易地对新一轮的媒介转型下斩钉截铁的断言,而是审慎地提出了一些理论性概述。例如,著名美国传播学家桑德拉·鲍尔-洛基奇等人提出,以多媒体电脑为核心的一系列传播新技术的问世与发展,使人类社会增添了一种新的传播方式,它兼具人类社会两种现存的最基本的传播方式——人际传播与大众传播的一系列特点,却又并非简单地等同于两者之和或两者的延伸;在这种新型的传播方式中,信息流通的形式是"电子对话式"。这种形式将和"对话式"(人际传播中信息流通的典型形式)、"独白式"(大众传播中信息流通的主要形式)并列成为人类社会传播活动中信息流通的三种基本形式(对相关观点的讨论将在本书第五章中具体展开)。① 又如,尽管随着互联网的应用日益渗透到新闻传媒领域,数字化、网络化新媒体对传统传媒业构成越来越严峻的挑战,社交媒体的大行其道更是如此,业界对"日报"等印刷媒体的"江河日下"之悲叹声常常可闻,但是国际学术界在阐述这一问题时依然较为审慎。以研究媒体领域的垄断现象著称的美国学者本·巴格迪基安(Ben H. Badgikian)在其著作《新媒体垄断》的新版(2004年版)中,在概括了报业在互联网诞生和迅猛发展后遇到的种种挑战和关于城市日报"终结"的"前赴后继"的"断言"后,依然指出"报纸还没有消失,在最近的将来也不大可能消失"②,并且在美国的社会语境下分析了原因,尤其是其中重要的社会性因素,即报纸同其他媒介竞争者相比在社会功能方面的独特性——"它对美国当地市民的生活意义重大,而这一点,又是美国政治体系中具有独特性的一部分"③。再如,当下,移动终端上网异军突起,国际学术界并没有就移动互联网对电脑互联网的挑战轻易下断言式的预测,而

---

① Sandra Ball-Rokeach and Kathleen Reardon, "Monologue, Dialogue, and Telelog: Comparing an Emergent Form of Communication with Traditional Forms," in Robert P. Hawkins et al. (eds.), *Advancing Communication Science: Merging Mass and Interpersonal Processes*, Newbury Park, California: Sage, 1998, pp. 135–161.

② 〔美〕巴格迪基安:《新媒体垄断》,邓建国等译,北京:清华大学出版社2013年版,第81页。

③ 同上书,第82页。

是正在对这两种平台上的传播现象进行大量研究。

3. 研究较为多样化,大量研究课题具体、细致,但也不乏在宏大叙事式的框架下展开的研究。当年麦克卢汉的媒介研究,是从跨文化的、历史的角度出发的,泛泛而谈各种媒介的特点、分类等,而且对一些概念如"冷媒介""热媒介"等缺乏科学的界定(当然,也许拥有文学专业学科背景的麦克卢汉,本就更擅长于以比喻等修辞手段阐述心中所思,更热衷于语出惊人,而不是把新颖的语汇当作需要下科学定义的术语)。然而,20世纪90年代以来许多关于传播新技术、新媒体的研究,尤其是学术会议和学术刊物的文章,针对的都是某种具体的传播新技术手段、新方式、新现象,如录音传送(voice mail)系统、视传(videotext)系统、电脑网络上的讨论小组、网络版报纸、网络社区、电子邮件系统、某种社交媒体如"脸谱网"等,或某种(些)传播新技术的某方面的社会影响以及网络传播的某一方面等。以对电子邮件系统的研究为例,传播学界就细致地分析和探讨了许多具体问题,如电子邮件系统的发展过程、电子邮件系统的独特作用、电子邮件系统的长处和局限性、电子邮件系统的管理方针制订中应考虑的主要问题等。与此同时,视野开阔、宏大叙事式框架下的研究同样引人注目。例如,在2013年国际传播学协会年会上的论文中,就有《澳大利亚、加拿大、法国、芬兰、德国、瑞典、英国和美国新闻工作者对社交媒体的采用》《网上隐私和社交满足:关于社交网站隐私管理的跨文化研究》等将多个国家的情况相比较的论文。当然,论文与著作在篇幅上的巨大差异不可避免地会同研究问题的范围大小相关联。从这个意义上来说,大量的论文研究课题具体、细致是自然而然的。就著作而言,20世纪90年代以来在新媒体的发展等媒介分析领域的不少著作,相对麦克卢汉当年的著作而言要具体得多。例如,近年来问世的著作中有针对"自媒体"的《自媒体:民治、民享的基层新闻业》(*We the Media : Grassroots Journalism by the People, for the People*)(Gillmor, Dan, 2006),有针对影像伦理在数字化传播新技术时代受到的挑战的《数字化时代的影像伦理学》(*Image Ethics in the Digital Age*)(Gross, Lary P., et. al., 2003),有针对社交媒体的不同方面的著作,其中包括《社交媒体市场销售书》(*The Social Media Marketing Book*)(Zerrella, Dan,

2009），《以社交媒体教育教育工作者》(*Educating Educators with Social Media*)(Wankel, Charles, ed., 2011)，《国际博客：认同、政治和网络化的公众》(*International Blogging: Identity, Politics and Networked Publics*)(Russell, Adrienne, et al. eds., 2009)……即使是典型的宏观研究的著作——卡斯特尔的《信息时代三部曲：经济、社会与文化》，也在各分卷中包含了大量阐述具体实例、分析数据的资料和文字。

三、面对数字化技术的挑战传播学界正在开拓的新研究课题

因特网的迅速发展以及因特网技术与移动通信技术的结合带来的移动互联网的异军突起，可说是人类信息传播发展史上的一个新里程碑。人类传播活动的面貌正再次焕然一新。面对这种新的传播现实，传播学界正在积极开拓和准备开拓一系列与媒介分析有关的新课题，具体包括以下几类：

1. 对社会传播系统的格局的新变化和不同传播方式的特点之再认识。信息传播高新技术的运用和推广，导致新的传播媒介不断出现，改变了社会传播系统的结构。伴随着以因特网为代表的新的媒介技术的突飞猛进，社会的传播结构究竟会在传统传媒和新型传媒之间的激烈竞争中，重新形成一种什么样的格局？20世纪90年代以来，传播学界对此议论纷纷。已经提出的预测性观点有：传统的大众传媒消失、让位于网络说，新、旧媒介长期共存说，新、旧传媒互补说等。从传播活动中信息流通的方式这一角度来看，互联网络的兴起及其应用，被拓展至包括大众传播在内的各个不同层次的传播活动，正在改变传统的大众传播与人际传播的一些特点。以往传播学界关于人际传播乃"点"对"点"的传播、大众传播乃"点"对"面"的传播的定论，关于大众传播中的"把关人"现象的定论，正逐渐显得不符合变动中的传播现实。网络传播模糊了点对点传播和点对面传播的界限，并使传播参与者可以不断变换传、受角色，这就要求传播学界更新对各种传播方式、传播媒介的认识，发展传播学理论，使之跟上传播实践的发展。

2. 媒介转型与社会转型。这可以说是学术界对电脑互联网的社会影响的思考和研究的进一步发展。当年，因特网初显咄咄逼人的崛

起态势时,传播学界即开始对互联网技术带给社会的挑战和影响,展开思考和研究。在当时的语境下,学术界较多考虑的是互联网的特点及其对既有的传播格局的挑战,以及其社会应用的开拓及与之相应的各个社会领域所受到的或将受到的影响。如下这些议题,即被纳入了学术界的思考范畴:在传播领域异军突起的电脑互联网络,尤其是全球性的因特网,究竟会给人类社会的经济、政治、文化和日常生活带来哪些影响? 网上虚拟环境与社会现实环境的并存,将对人类的认知方式产生什么影响? 传播学界对诸如以下的问题展开了热烈的讨论:可通过网络进行的电子商务及其所涉及的信息安全问题、网络文化中英语的语言主导地位及其对发展中国家保持其文化独特性的挑战、上网成瘾对于陷入此瘾的人的日常生活的影响等。而今,随着数字化信息传播高新技术的不断发展、因特网普及率的不断提高、网上传播新方式的不断推出及日益深入人们的生活,移动通信技术与互联网技术的融合带来了"连续不断的连接性"[①],学术界进一步真切感受到了媒介日益转型为以"互联网星系"(借用卡斯特尔所使用的语汇)为主导(形形色色的网上传播方式日益扩展,互联网和移动互联网日益融入传统大众传媒的传播活动与运作)的社会现实,以及因"以信息技术为中心的技术革命开始以加快了的速率重新塑造社会的物质基础"[②]而带来的社会转型。传播学界关注互联网传播的社会影响的新努力进一步体现为对与媒介转型及社会转型相关的课题的开拓与研究,如:亦真亦幻的网上虚拟环境对人类认知环境的影响,电子商务如火如荼的发展对实体店的交易活动的影响,社交媒体迅速流行语境下的舆情,等等。

3. 社会的整个经济运作方式及社会的信息传播政策对网络的发展进程的影响。在市场经济下,网上的商机和庞大的数字化市场吸引了不同领域、行业的大小公司、机构营建网站。毋庸讳言,深信网络在创造经济利益方面的巨大潜力,是进入商业化运作的互联网络背后的

---

① Manuel Castells, *The Information Age: Economy, Society and Culture*, Vol. 1, *The Rise of the Network Society*, Oxford, UK: Wiley-Blackwell, 2010, p. xxvi, p. xxx.
② Ibid., p. 1.

主要驱动力之一。为此,许多公司纷纷以大量的风险投资作支撑建设网站。但是,这种支撑能维持多长时间?网络热中有哪些"泡沫"成分?投资收回时间如果遥遥无期,会令多少经济实力较弱的公司无奈退出网上竞争?网络与广告业的关系同传统传媒与广告业的关系有何异同?商业化的驱动迄今已对互联网业的发展产生了哪些影响?网络的发展方向、进程受到哪些社会决策的影响?……这一切,都构成探讨的话题。

4. 传播高新技术与传媒业的社会管理。自因特网崛起为崭新一代的传媒以来,网上信息流通的空前自由度备受褒扬,被视为因特网技术的特征之一。将网络与信息在世界范围内自由自在的流通联系在一起,这似乎已成为讨论网络的思维定式。然而,人类传播发展史显示:传播媒介同一切文明对空间领域和时间跨度的控制息息相关;现代大众传媒业的发展史则进一步显示,对于涉及职业传播者同社会的其他部门、其他成员的关系并且对社会的政治、经济、文化具有巨大影响力的大众传播活动,任何社会都不可能完全放任自流而不加任何约束、控制。不论人们是否喜欢,传媒技术与传媒业似乎历来与"控制"有一定的联系。互联网络是明显地不同于传统的大众传播媒介的崭新媒介,其帮助人类超越传播中的时空限制的能力,远远超过传统的大众传媒,但与此同时在被运用失当的情况下造成的负面影响也可能是空前的。网络色情、"垃圾"电子邮件、网上侵权、网上侵犯隐私权、"黑客"、网上诈骗、网上话语暴力、网络谣言等,都显示了对传播新技术、新手段进行适当的社会管理的必要性和迫切性。那么,究竟如何才能有效管理?人类社会应如何合理地运用传播新技术和新的信息传播资源——网络空间,使传播新技术发挥正功能,形成正能量,避免负功能,避免负能量?这类课题正成为传播学界需要大力研究的重要课题。

四、未来学家奈斯比特的新思考

在20世纪90年代高新科技大放异彩的新形势下,在传播学界对一系列有关传播高新技术与大众传播乃至整个社会的关系的课题进行探讨的同时,未来学家、社会学家也在对高新科技的力量迅速扩张的社会的未来走向,进行推测、分析。当然,后者对科技的关注,范围更宽泛。未来学家不是局限于信息传播科技,而是聚焦于对未来的预测。美国著名未来学者奈斯比特1999年与另两位作者合作推出的新著《高科技·高思维:科技与人性意义的追寻》,就集中探讨了高新科技突飞猛进的世界中科技与文化的关系问题。

该书讨论的主题,奈斯比特在1982年即在《大趋势》一书中略有涉及。然而,1982年他所觉察到的,是高科技与高思维/高情感/高感觉相对应的关系正初露端倪。因此,当初他对高科技和高思维/高情感/高感觉的关系的构想可被简单地归结为"平衡","即求得物质奇观与人性精神需求的平衡"。当初,他仅将高思维/高情感/高感觉(艺术、宗教、另类疗法)视为对高科技(电脑、电信科技)的反应,认为美国社会正同时朝高科技和高思维两个方向前进,"科技越多地被引入我们的生活,我们就越想寻求高思维的平衡,寻求人性的稳定"。而到了20世纪90年代末,他觉得高科技与高思维/高情感/高感觉二者相对应的关系已有所发展,"现在它代表着科技与文化的结合,而不仅仅是两股独立冲量的平衡"[①]。《高科技·高思维:科技与人性意义的追寻》一书审视了先进的科技对人们生活的影响,尤其是批判地考察了美国的文化和许多人沉迷于科技的"科技上瘾"现象。奈斯比特及其合作者将美国社会视为"科技上瘾区",并列举了科技上瘾的六种症状:

(1)"从宗教到营养,我们都宁取简易方案,速战速决。"在美国,人们针对一些基本问题向信息科技如电视、报刊、(提供自助指导的)实用书籍、录像带等寻求快速解决方案,如"如何找对象""如何示爱""如何在8分钟内快乐起来""如何与圈外人约会"等。而这些媒介中充斥着的通俗文化,也对介绍对付各种问题的快速解决法乐此不疲,"立即治愈35种症状""两分钟健康检查",诸如此类的说法,在美国媒介中比比皆是。

(2)"我们恐惧科技,崇拜科技。"对于科技的力量,深怀恐惧者有之。在这些人看来,科技似乎是一种无法控制的力量,能给人类带来

[①] 〔美〕约翰·奈斯比特、娜娜·奈斯比特、道戈拉斯·菲利普:《高科技·高思维:科技与人性意义的追寻》,尹萍译,北京:新华出版社2000年版《中文版序》,第1—2页。

大难甚至毁灭人类(例如深恐"千年虫",担心电脑出错导致飞机坠地、导弹失控、全球经济崩溃、大量机械失灵等);深深崇拜者也有之,这些人视科技为人类的福音,相信科技可以解决人类社会的种种问题,并拯救人类(例如深信人人上网能带来世界和平、保障人类前途、维持世界经济发展)。

(3)"我们不太能分辨真实与虚幻。"虚拟技术的出现和发展,带来亦真亦幻的虚拟景象。奈斯比特指出,"在这个科技能制造代理、代用、虚拟、假象的时代,我们愈来愈弄不清楚何者为真、何者为假"。他觉得最能说明这种真幻难辨的困惑的,莫过于美国人与各种各样的"显示屏"——电视、电脑、电子笔记本、游戏机、电影、寻呼机——的关系。在奈斯比特看来,无所不在的显示屏为美国人提供指导、信息、娱乐,在不知不觉间塑造了他们。在真幻难辨的困惑中,投射在显示屏上的故事、暴力内容,被说成"虚拟",轻轻带过,将显示屏显示的内容当作幻象、虚拟从而认为其无害,但后果"非常真实""祸害甚大"。

(4)"我们视暴力为正常现象。"这同第三条症状紧密相连。美国的影视节目和电子游戏中充斥着暴力内容,许多人以为故事非真是幻,漫不经心,其结果是久而久之,对此见怪不怪,习以为常。

(5)"我们把科技当玩具玩儿。"奈斯比特等人指出美国的文化已被消费科技主宰,电视、电子游戏机、各种高新科技玩具比比皆是,许多人对科技玩具着迷,甚至玩电子玩具上瘾。

(6)"我们的生活疏离、冷淡。"电子通信技术和电脑联网技术的发展,尤其是因特网的崛起,使个人有可能独坐一室而"联络全世界",其副作用是亲身与人接触、与自然接触的必要性由此削弱。奈斯比特等感到"科技确实已在使人疏离人、疏离自然、疏离自我。科技会造成实质与情感上的距离,把人剥离出自己的生活"[①]。

《高科技·高思维:科技与人性意义的追寻》分两个部分阐述和预测了高新科技对美国人的生活和人性的影响。第一部分集中讲述消费科技的影响,认为其极其深远地改变了人们与时间的关系,并警告

[①] 〔美〕约翰·奈斯比特、娜娜·奈斯比特、道戈拉斯·菲利普:《高科技·高思维:科技与人性意义的追寻》,尹萍译,北京:新华出版社2000年版,第5—28页。

说在美国人对媒介暴力和社会暴力之间的关系熟视无睹之时，人们正在越来越多地接受暴力。第二部分关注正在发展中的基因技术，认为这种技术在生理上和精神上冲击着人的变化中的感知。①奈斯比特等人指出，他们的研究所看到的科技与人类之间正在展现出来的关系之情形，既令人振奋又令人担忧。"科技充斥于美国社会，它给人们送来神奇的创新，也带来了具有潜在毁灭性的后果。"②因此，作者呼吁，应从人性的角度来思考科技，讨论科技，对科技形成清醒的认识。他（她）们强调对现存科技的价值的评估与对新科技的影响的预测之重要性：评估帮助人们与科技建立正确的关系，预测提醒人们针对新科技"谨慎行事，避免漫不经心或愚昧行事"③。

从奈斯比特等人所列举的科技上瘾的六种症状中可以看出，虽然《高科技·高思维：科技与人性意义的追寻》一书对于高新科技的关注是宽泛的而不仅限于信息传播科技，但信息传播高新科技显然在该书作者的研究中占有重要地位，这也符合世纪之交的社会现实。美国作为全世界科技最先进的国家，在以因特网为代表的信息传播高新科技领域的领先地位十分显著，诚如书中形象地指出的那样，"科技与我们的经济并驾齐驱，我们则只能插上插头、上网、浏览、剪贴，把零碎信息拼凑起来。我们觉得有点儿不对劲，但没法下达指令修改。上瘾区令人精神空虚、不满而充满危险，可是人无力脱离，除非先明白自己置身此区之内"④。在这方面，此书可说是提出了一种警告，提供了一种分析的角度，那就是以人性的角度去思索："我们是谁？我们想成为什么样的人？我们该怎样去实现这种目标？"⑤这显然是一种人文的视角，这样的观点似乎很难说是奈斯比特及其合作者独创或首创的，但这本书以生动活泼的语言和充分的例证，强有力地突出了这一主题。

奈斯比特和合作者的这本著作，是基于内容分析法和访谈法进行

---

① 〔美〕约翰·奈斯比特、娜娜·奈斯比特、道戈拉斯·菲利普：《高科技·高思维：科技与人性意义的追寻》，尹萍译，北京：新华出版社2000年版，《中文版序》，第3页。
② 同上书，《中文版序》，第2页。
③ 同上书，《中文版序》，第2页，《导论》，第4—5页。
④ 同上书，《导论》，第3页。
⑤ 同上书，《中文版序》，第2页。

的研究,研究方法的实证性色彩使本书的讨论具有扎实的资料基础。与此显然不无关联的是,书中在对媒介暴力对下一代的冲击、应用基因技术时存在的一系列伦理问题等进行讨论时,介绍、分析了正反两方面的意见,而并不多做定论。如果说正反两方面的意见大约是从对电影、电视、网络和报刊进行内容分析所得的资料中归纳得出,那么,不多做定论则使此书的讨论带上相对审慎的色彩,这正与其内容(预测未来)的探索性特征相符,又同传播学界在有关信息传播高新技术的许多研究中对结论的审慎态度相一致。可见,在信息技术革命的热浪席卷全球的当下,国际传播学界和(社会学中的)未来学界都在积极而又审慎地展开研究。

对科技与文化的关系的探索也是著名西班牙裔社会学家、新媒体研究专家、现执教于加州大学与南加州大学的卡斯特尔在其《信息时代三部曲:经济、社会与文化》中着力探索的主要论题之一。卡斯特尔从多个方面分析了当下网络社会的文化模式之特征。对内容极为丰富且在国际上产生重大影响的卡斯特尔的新媒体研究成果,我们将用一整章另行阐述,本节中不作专门介绍。

第二章 麦克卢汉和英尼斯的媒介理论

　　提到媒介理论,不少人首先想到的,往往是以"媒介即讯息"这一论断著称的麦克卢汉的理论。确实,麦氏的理论,以将媒介技术同人类文明发展史联系起来为特点,在20世纪60年代风靡欧美各国,形成了轰动一时的"麦克卢汉现象"。即使在那一场"麦克卢汉热"早已消失后,他当年的一些脍炙人口的新颖提法,如"地球村""部落化再现"等,至今仍为许多人引用。而且,20世纪90年代以来,新一轮信息传播技术革命浪潮的来袭又使其媒介理论被罩上了新的光环,再度引发学术界的瞩目。但是,最早系统地对传播媒介及其发展变化的社会作用进行历史的、跨文化的研究的,却并非麦克卢汉,而是另有其人。他就是被麦克卢汉称为良师益友的加拿大经济史学家、政治经济学家英尼斯。英尼斯于20世纪50年代初期在其重要专著《帝国与传播》(1950年)和《传播系统的偏向性》(1951年)及论文集《变动中的时间观》和《现代国家的政治经济学》中,广泛分析了人类传播的各种形式、各种技术手段,提出了一种把传播技术及其发展同人类社会变迁、文明发展史联系起来考察的媒介理论。比起麦克卢汉的媒介理论来,英尼斯的媒介理论早问世了十多年。可以说,正是英尼斯的媒介理论,为日后麦克卢汉脍炙人口的媒介理论,提供了理论脉络。因而,本章将把这两位著名加拿大学者的媒介理论联系起来探讨,并且首先讨论英尼斯的理论。

第一节 英尼斯的理论简析

作为加拿大著名的经济史学家与政治经济学家,英尼斯毕生致力于研究人类社会经济的发展及人们的经济关系的发展。他对传播研究的兴趣,产生于他对经济史的关注,起始于他对经济史中的两个重要问题的探索,这两个重要问题分别是社会体制变迁的原因和社会经济生活稳定的条件。他于20世纪二三十年代对原材料市场、价格体制等经济学领域的重要问题做了深入研究。最早促使他开始在传播领域开拓的,是他对影响价格体制的历史性变化的探索,对影响这些体制在不同国家形成差异的因素之探索。正是在这一探索的过程中,英尼斯开始觉察到"价格体制的穿透力"正是"传播的穿透力的一个方面"。[①] 于是,他开始将其研究兴趣拓展到传播媒介。从20世纪40年代初起,在生命的最后十来个年头中,他更是把传播置于人类历史运转的轴心位置进行探索,孜孜不倦地致力于对各种传播形式及传播发展史的研究,并在此基础上形成了他的媒介理论。这种理论认为,一切文明都有赖于对空间领域和时间跨度的控制,与之相关的是传播媒介的时、空倾向性,因而文明的兴起与衰落同占支配地位的传播媒介息息相关。

一、传播媒介的偏向性

作为著名经济史学家和政治经济学家,英尼斯对于传播媒介的研究之核心主题,是国家的活力和持久力同占主导地位的传播方式之间的相互关联。"传播媒介的偏向性"是英尼斯的媒介理论的中心论点,而这一中心论点又和其对媒介同权力机构的关系的论述融合在一起。英尼斯认为,任何传播媒介都具有时间偏向或空间偏向:传播媒介或具有易于长久保存但难以运输的倾向性,或具有易于远距离运送但长久保存性差的倾向性。前者便于对时间跨度的控制,英尼斯将它们称

---

① 〔美〕丹尼尔·杰·切特罗姆:《传播媒介与美国人的思想》,曹静生等译,北京:中国广播电视出版社1991年版,第164页。

为"偏向时间的媒介";后者便于对空间的控制,因而被称为"偏向空间的媒介"。重型材料羊皮纸、黏土和石头都属于"偏向时间的媒介",而轻便的莎草纸和纸张都属于"偏向空间的媒介"。根据英氏的观点,就这两类媒介同权力结构的关系而言,"偏向时间的媒介"有助于树立权威,从而有利于形成等级森严的社会体制;"偏向空间的媒介"则有助于远距离管理和广阔地域中的贸易,有助于帝国的领土扩张,从而有利于形成中央集权但等级性不强的社会体制。①

英尼斯洞察到媒介的性质与知识的垄断紧密相关,而后者又和权威与权力相连。因而,在他的媒介理论中,寻求新媒介的竞争被描述成社会竞争中的一根主轴线:新的传播媒介的出现改变了社会体制的形态,它不但开创了人们交往的新形式,发展了新的知识结构,而且常常转移权力中心;社会权力的竞争离不开寻求新的传播技术形式的竞争。英尼斯把控制媒介视为行使社会和政治权力的一种手段,例如僧侣阶层控制一种复杂的文字系统即是教会行使权力的一种手段。他还认为,每种传播媒介都倾向于造成对知识的垄断,而新的媒介的出现可以打破旧的垄断。例如,印刷机的出现打破了中世纪西方国家中教会垄断宗教信息的局面,越过教会抄写员,使《圣经》及其他宗教材料成为人们可普遍获得的印刷品。这就削弱了教会的势力,使权力中心向国家政权转移。②

英尼斯列举和对比了埃及文化和罗马文化等的特点,以此来论证占支配地位的媒介的偏向性对社会发展史的影响。他指出,在古代埃及文化中,在石板上写字有利于维持小区域中的社会结构,但是,对沿着尼罗河流域扩展的一体化的埃及社会来说,其维持却离不开莎草纸的发明与船只这一交通工具的运用。在罗马文化中,如果没有文字传播和公路系统,罗马人便无法长期维持这一大陆帝国。③

---

① 〔美〕丹尼尔·杰·切特罗姆:《传播媒介与美国人的思想》,曹静生等译,北京:中国广播电视出版社1991年版,第167页。
② 参见 William Melody, et al., *Culture, Communication, and Dependency*, New Jersey: Ablex Publishing Corporation, 1982, pp. 1 – 11.
③ 参见 Ibid., pp. 235 – 245;张咏华编著:《大众传播学》,上海:上海外语教育出版社1992年版,第244页。

从广义上来说,社会体制机制不仅包含社会的经济和政治制度,也包含社会的文化惯例、文化习俗。英尼斯对媒介与社会体制变迁的关系的阐述,除了涉及社会结构层面外,还涉及文化层面。在文化层面,他主要通过口语符号和书面符号的对照,来展开他对媒介偏向性的分析。口语传统被描述成与时间偏向相连,书面传统,则与空间偏向相连。根据英尼斯的理论,在以口语传统为基础的文化中,占支配地位的媒介系统是偏向时间的,其文化导向特征是以过去为中心,注重传统。而在以书面传统为基础的文化中,占支配地位的媒介是偏向空间的,其文化导向特征是以现在和将来为中心。他认为,从文化的角度而言,"偏向时间的媒介"与传统社会联系在一起,"这种社会强调习俗、延续性、社区,注重历史的、神圣的、道德的事物,它具有社会秩序稳定、等级森严的特征,这些特征往往抑制作为变迁动力的个人独特性,但允许个人独特性在富于表达力的语言和各种丰富的感情中得到反映"[①]。与此形成对照的是,偏向空间的媒介占支配地位的社会注重科技知识的发展,注重政治权威。其特征,是高效沟通来自远方的信息的传媒系统之建立、等级性不明显,等等。

在解读英尼斯的论著时值得注意的是,英尼斯所说的媒介的时空偏向性是相对的概念,而且是就对于时间跨度或空间领域的控制方面的取向而言的。例如,文字印刷媒介被视为偏向空间的媒介,这是相对于传播范围仅限于声音可达之处、无法向空间延伸的口语传播手段等而言的,也是针对文字印刷媒介(通过与交通运输条件的不断改善相结合)日益显示出有利于远距离传播与管理的取向而言的,而并非说文字印刷媒介与信息的长久保存无缘。事实上,书籍等文字印刷媒介只要悉心保存,就可以长久流传。世界各地的图书馆中大量珍藏的古书,即是明证。史学研究离不开书中的文字记载,也是一个明证。而现代学人研究的历史,也主要是有文字记载的历史,这又是一个明证。但相对于石刻等本身就具有易于长久保存特征的传播手段来说,书写或印刷在纸张上的书籍等传媒在跨时代保存方面的局限性就显

---

① William Melody, et al., *Culture, Communication, and Dependency*, New Jersey: Ablex Publishing Corporation, 1982, p.6.

而易见了。在以文化遗产丰富而闻名于世的意大利,大量古罗马时代和文艺复兴时期精雕细琢的古建筑,向人们展示着意大利历史上熠熠生辉的文化成就。这些古建筑的石结构,无疑是它们历经千百年的风吹雨淋日晒,而仍然屹立至今的原因。真可说建筑虽无声,却能以其本身跨越时代存留的事实,印证英尼斯的观点之深刻。中国封建时代的历朝帝王,从第一位一统江山的皇帝秦始皇到最后的封建王朝——清朝的康熙、乾隆皇帝,都喜欢在游历名山大川时题词刻字。可以说这不仅是因为这些帝王心旷神怡、雅兴大发,也是因为他们踌躇满志,试图留下名山大川般永久留存的痕迹。

当然,在今天的语境下,印刷品的保存已可通过将之数字化来实现,这方面的局限性即使不能说荡然无存,至少已是大大减少。但这并非英尼斯写作其媒介相关著述的年代所存在的现象。回到当时的语境,当不难看出其著述内容的深刻性及其对媒介研究的贡献。

二、传媒的时空偏向之间的平衡对社会稳定的影响

人们在谈到和引述英尼斯的理论时,最先想到的,往往是英尼斯对传媒的时空偏向的阐述。但是,英尼斯的媒介理论对于研究传媒发展史同人类文明发展史的关系之贡献并不止于此。英尼斯还探讨了媒介的时间偏向和空间偏向两者之间的平衡对社会稳定的影响。这也正是其关于国家的活力和持久力同占主导地位的传播方式之间的相互关联的研究蕴含的另一重要内容。对于今天学界展开的传媒发展同人类文明发展史的关系之研究,他的理论中的这一内容也许更有启迪意义。他的媒介理论认为,建立在强调时间偏向的传播手段或强调空间偏向的传播手段基础上的两种不同的权威和知识垄断——宗教或国家政府的,道德的或科技的,是帝国兴衰的主要动力、文明兴衰的主要动力。这种理论还把时间偏向和空间偏向视为辩证的统一体,认为一味地向时间倾斜或向空间倾斜会造成社会不稳定,一个稳定的社会离不开维护时间倾向和空间倾向之间的平衡机制。英尼斯的这个观点,也贯穿于他对文明史的分析之中。例如,他在考察希腊

文化时既提出"希腊文化反映了口语的力量"①，又指出，"莎草纸的推广和在表音字母基础上的书面语给希腊文化带来意义深远的均衡，在悲剧和柏拉图的著作中达到顶峰"，然而到了最后，书面语加大了各城邦国家之间的隔阂，"使口语传统的哲学传统僵化，终于促使希腊文化崩溃。"②显然，在英尼斯看来，代表媒介的时间倾向的口语传统与代表媒介的空间倾向的书面传统之间的平衡，对希腊文化的发展产生了积极影响；与此形成对照的是，后来这种平衡的失却和书面传统的空间倾向之过分膨胀，成了希腊文化最终衰落的影响因素。同样地，英尼斯在探讨拜占庭帝国的历史时，也强调了传媒的时空偏向之间的平衡作用。他指出，拜占庭帝国是在反映不同媒介的偏向性（莎草纸的空间偏向和羊皮纸的时间偏向）的体制之基础上发展起来的，"莎草纸的偏向性在帝国官僚政治的发展中与广阔的地域相联系；羊皮纸的偏向性在基督教僧侣统治的发展中与时间（跨度）相联系"③。英尼斯认为，必须从时间和空间这两个维度出发去探讨大规模的政治结构如帝国。在他看来，能否克服过分强调时空维度中的任何一个维度的媒介偏向，关系到大规模的政治结构能否继续存在。他声称，大型政治结构"倾向于在这样的条件下繁荣昌盛：不止一种媒介的倾向在文明中得到反映；一种媒介的分散化偏向被另一种媒介的集中化偏向所抵消"④。

不难看出，根据英尼斯的观点，在文明发展史上，很好地达到媒介的空间偏向和时间偏向之间的平衡的历史时期并不多见。英尼斯洞察到"西方文明现在就由于不能处理好时间持续问题而处于分崩离析的极端危险之中"⑤。他在《帝国与传播》一书的结尾部分断言，对于西

---

① Harold Innis, *Empire and Communications*, London: Oxford University Press, 1950, p. 67.
② 〔美〕丹尼尔·杰·切特罗姆：《传播媒介与美国人的思想》，曹静生等译，北京：中国广播电视出版社 1991 年版，第 169 页。
③ Harold Innis, *Empire and Communications*, London: Oxford University Press, 1950, p. 139.
④ Ibid., p. 7.
⑤ 〔美〕丹尼尔·杰·切特罗姆：《传播媒介与美国人的思想》，曹静生等译，北京：中国广播电视出版社 1991 年版，第 168 页。

方世界,"能否发展出这样一种政府体制依然是个问题,在这种体制中,传播的偏向性可以得到抑制,而对于空间和时间的重要性则可以得出评判"①。

三、英尼斯媒介理论的若干特点

英尼斯的媒介理论的一个重要特点,是他的经济史学和政治经济学的学科背景留下的深深的印记。这主要表现在两个方面。第一个方面是,"垄断""控制""偏向""稳定"等经济学科中的重要词汇在媒介理论的关键词中的渗透。在他对媒介的时空偏向及其对文明发展史的影响的阐述中,对这两种媒介偏向之间的平衡及其对社会平衡的影响等中心议题的阐述中,这些关键词的出现频率极高。透过这些频频出现的关键词,我们可以领略到他的学科背景对他在传播研究中的关注要点的影响。另一个方面是,各种用于记载、传递信息的材料在他的媒介观中占有重要的位置。以英尼斯的重要著作《帝国与传播》为例,书中即用大量的篇幅阐述如下这些媒介及其社会作用:石头、黏土、羊皮纸、莎草纸、纸张,这些都属于用于记载、传递信息的材料。英尼斯对这些材料的高度重视,与他当年在经济史研究中对海狸、鳕鱼、木材和矿石等的关注,可说具有很强的一致性。

英尼斯媒介理论的另一个特点体现在其独具一格的思路、方式和研究方法上。他所采用的是宏观的思路、整体考察的方式和(对第二手资料的)文献研究的方法,这些使他的研究明显地不同于和他同年代的学者所做的大多数社会科学研究。在英尼斯进行媒介研究的年代,分析性的、非整体性的方式在西方社会科学领域非常流行。当时的许多媒介研究往往围绕与具体的媒介内容有关的微观课题。而从研究方法上来说,当时盛行的方法是实地调查、访问等实证研究方法。英尼斯选择这些思路、方式和方法并非偶然。关注宏观的问题,正是经济史学与政治经济学的一个特色。英尼斯的媒介研究聚焦于文明发展进程中媒介技术的作用,这一研究的历史的、跨文化的性质,决定

---

① Harold Innis, *Empire and Communications*, London: Oxford University Press, 1950, p.217.

了他必然要大量研究和运用史料、大量研究和运用源自文科的文献资料。英尼斯的著作资料极为翔实而且覆盖面非常广泛，涉及不同的文化、文明发展的不同的历史时期，包含经济、政治、文化等各个层面。

此外，英尼斯的媒介理论还显示出作者对科技理性的怀疑态度，这是该理论的又一个特点。尽管英尼斯极为重视媒介技术发展史在文明发展史上的作用，但他并未从新的传播媒介的出现中看到解决现代文明中如下重要问题的希望：如何发展道德的力量去与物质科学所释放出来的力量相抗衡。他在其论著中表达了对知识的机械化的负面影响之批评。他对大型出版公司、传播公司之类的经济机构对知识的垄断深感忧虑。他在《帝国与传播》中写道，"在一个现代的庄园制度中，文学和其他学术领域已封建化。知识的垄断是由出版公司在一定程度上同大学合作建立起来的；这种垄断已被运用于教科书之中"①。

在《传播系统的偏向性》一书中，英尼斯对知识的机械化中所隐伏的问题作了如下评论，"机械化强调了复杂性和混乱；它造成了知识领域的垄断。对于任何文明而言，如果它不想屈服于这种知识的垄断的影响，对此进行一些批判性的调查和提出批判性的报告已成为极其重要的事项。思想自由正处于被科学、技术和知识的机械化及伴随它们的西方文明摧毁的危险之中"②。

英尼斯还认为知识的机械化正迅速造成信息超载，而后者正在破坏人类的创造性思维。根据英尼斯的观点，人类的创造性思维有赖于口语传统，而在现代西方文明中，有利于形成口语传统的条件正在消失。他感到从传播角度来看，现代西方文明史是建立在印刷术基础上的传播偏向史和知识垄断史。英尼斯并不隐瞒他对口语传统的偏好，在他的心目中，口语传统正是对过度强调书面传统与知识的机械化的矫正药。他感到在现代大学里有必要重新掌握口语传统的一些精神。"口头辩论具有极为重要的意义，在辩论中人类的行为和情感成为主

---

① Harold Innis, *Empire and Communications*, London: Oxford University Press, 1950, p.205.
② Ibid., p.190.

题,它对于发现新的真理是重要的,但对于传播真理却只有很小的价值。口头讨论与个人交往及对他人感情的思索从根本上联在一起,并与机械化传播的冷酷和我们已注意到的现代社会的倾向形成鲜明的对照。"①

英尼斯上述著作的出版,距今已六十余年,期间人类传播现象已发生重大的变化。但是,笔者认为,透过英尼斯对口语辩论的重视可以看到英尼斯关注口语传统的精神,是同对发现新的真理的追求和对厘清思路的过程的坚守联系在一起的。而这也许正是人际互动对话对于文明发展而言的重要性所在,不论是遥远的过去仅靠面对面交谈的互动对话,还是今天通过更加多样化的手段(包括多种媒介化手段)的互动对话。

尽管英尼斯在对待科技的态度方面的悲观论调和怀旧情绪并不足取,但是他对现代西方文明过于强调物质科技的力量、忽视道德力量的批判性思考却值得高度重视。放眼当今世界,信息传播高新科技的力量比以往任何时候都强,其社会应用,也让人们的交往互动更为方便快捷、手段更丰富,人们相互联系的触角可伸向世界各地,普通民众得以自主地向公众传播并更多地参与公共事务讨论,但与此同时,它也拓展了一些不良现象的"表现舞台",带来了诸如欺诈行为通过互联网(包括移动互联网)流传、谣传瞬间在网上扩散、话语暴力在网上"发酵"、网络安全遭遇挑战(包括防止隐私侵权倍加困难)等新的问题。这一切有力地说明以道德的力量去驾驭物质科技的力量在今天更为重要,从而展示了英尼斯媒介理论中的批判性观点的洞察力。

第二节 麦克卢汉的媒介理论及其同英尼斯理论的联系

假如说英尼斯是将媒介技术与人类文明发展史联系起来进行探讨的先驱,那么麦克卢汉则是继续开拓这一领域并在传播学研究中确立以媒介技术为焦点的研究传统的关键人物。麦氏于20世纪50年代

---

① 转引自〔美〕丹尼尔·杰·切特罗姆:《传播媒介与美国人的思想》,曹静生等译,北京:中国广播电视出版社1991年版,第169页。

初起涉足现代传播媒介与大众文化,后与人类学家埃德蒙·卡彭特(Edmund Carpenter)一起在多伦多大学创办和编辑《探索》杂志,该杂志为(由福特基金会赞助的)多伦多大学的一个文化与传播多学科研讨班的成员提供发表文章的机会。20世纪60年代,麦克卢汉出版了三本传播学专著——《谷登堡群英:印刷文人的诞生》《理解媒介:人体的延伸》和《媒介即讯息》,阐述了他的媒介理论。麦氏提出的媒介理论包含一系列大胆、新颖的论点,不但迅速引起西方学术界的重视,而且使麦氏成为新闻人物,在美国媒介中频频亮相。他的理论在学术界得到的评价,起伏很大。早期的"麦克卢汉热"似一阵旋风刮过后,其理论受到国际学术界的批判性审视,饱受批评,并在经历了褒扬和批评的起伏之后,在相当长时间内退居于不甚引人注意的位置。然而,20世纪90年代以来,伴随着以互联网技术为杰出代表的数字化信息传播技术和基于此的数字化新媒介的迅速崛起,人们再次高度关注媒介技术的社会作用,麦克卢汉及其媒介理论又从寂寞中走出,重新受到学术界的高度瞩目。[①]

一、"媒介即讯息"

"媒介即讯息"既是麦克卢汉与另一学者合著的一本重要著作的其中一章的标题,又是其媒介理论中发人深思的主题。人们往往认为媒介是讯息的载体。传播学界在研究传播诸要素时也传统上将大众传播媒介与媒介讯息(大众传播的内容)区分开来。但是麦氏对这种区分非常不以为然。他对"内容"这一概念做出了标新立异的解读,从功能和效果两个方面阐述"媒介即讯息"的论点。首先,麦氏从媒介技术的功能作用的角度理解"内容",语出惊人地提出任何媒介的"内容"总是另一媒介。"言语是文字的内容,正如文字是印刷的内容一样。而印刷则是电报的内容。如果有人问,'言语的内容是什么?'那么就有必要回答说,'它是思想的实际过程,这本身是非言语的'。"[②]对于那

---

① 张咏华:《新形势下对麦克卢汉媒介理论的再认识》,《现代传播》2000年第1期。
② Marshall McLuhan, *Understanding Media*, New York: McGraw-Hill Company, 1964, pp. 23 – 24.

些关注媒介具体被用于传播何种节目等通常意义上的关于媒介内容的研究,麦克卢汉曾颇为轻蔑地写道,"我们对所有媒介的惯常反应,即重要的是它们如何被使用这样一种反应,是技术文盲的一种麻木态度。因为一种媒介的'内容'就像是窃贼所拿的多汁的肉片,旨在分散看门狗的注意力。媒介效力很强是因为它被赋予另一种媒介作为其'内容'。电影的内容是一部小说或一部戏剧。电影形式的效果与它的节目内容无关。文字或印刷的'内容'是言语,但读者几乎全然意识不到印刷或言语"①。

此外,麦氏还从媒介技术的社会影响、效果的角度理解"内容",认为一种新的媒介一旦出现,无论它传递什么样的讯息内容,这种媒介本身就会引发社会的某种(某些)变化,这就是它的内容,就是它带给人类社会的讯息。在麦克卢汉看来,媒介带给人类社会的讯息,在一个方面表现为媒介"在人类事务中引入的规模或速率或型式(pattern)的变化"②。他是一个泛媒介论者,他论著中的"媒介"的概念比其他传播学者使用的媒介的概念范围宽泛得多。在他的笔下,各种技术性的工具、发明,如电灯、车轮、铁路、飞机等都是媒介。他以铁路、飞机为例论证说,"铁路并未给人类社会引入流动或交通运输或公路,却使人类先前的功能加速,并扩大了其规模,开创了全新类型的城市和新型的工作与休闲。这一切的发生,不管铁路是在热带环境中还是在北部环境中运转都一般无异,且与铁路媒介所运货物或所含之物无关。而飞机通过加快交通运输的速率,倾向于使铁路形塑的城市、政治和交往的形式解体,这也与飞机被用于干什么无关"③。

在麦克卢汉的笔下,媒介技术对人的知觉、对人的各种感觉之间的比例的影响,也是它带给人类社会的重要讯息。麦氏强调,研究媒介技术影响人类知觉过程的方式,构成传播学研究面临的最重要的理论问题。"技术的影响并不是产生于意见和观念的层次上,而是体现为它悄悄地、毫无抗拒地改变着感觉比例或知觉型式。严肃的艺术家

---

① Marshall McLuhan, *Understanding Media*, New York: McGraw-Hill Company, 1964, p. 32.
② Ibid., p. 24.
③ Ibid.

是唯一能够不受损害地面对技术的人士,因为艺术家是意识到知觉中的变化的专家。"①根据麦克卢汉的观点,媒介技术的力量在于它把各种感官的功能分离。在部落化时期,人们的各种感官功能是平衡、对称的,而当任何一种感官功能以技术的形式实现时,就会出现各种感觉之间的比例变化。麦氏在《谷登堡群英:印刷文人的诞生》一书中写道,"那些经历新技术(不管它是文字还是无线电)的首次出现的人们,反应最为显著。因为由眼或耳的技术扩展而立即建立起来的各种感觉之间的新比例,给人们带来一个惊异的新世界。新世界引起强烈的新的'感觉比例稳定',或是在所有的感觉之间相互作用的新类型。但是当整个社会将感觉的新习惯吸收进它的工作和交往的领域时,最初的震动也就消散了。然而真正的革命就在后来的漫长阶段中,这一时期所有个人和社会生活都为适应新技术建立起来的新感觉模式进行'调整'"②。麦氏这段有关媒介技术对感觉的影响的论述中,包含了他的另一重要观点:媒介是人体的延伸。下面我们将对此展开讨论。

二、"媒介是人体的延伸"

麦克卢汉在涉足传播研究之前曾是文学批评家,他的这一学术背景似乎在其传播学论著的写作风格上留下了烙印。他往往以比喻的方式提出其观点。他把媒介技术比作人体或人类感官的延伸,并提出了"感官的平衡"的概念。他指出,使用不同的传播技术会影响人类感觉的组织。例如,文字与印刷媒介是视觉器官眼睛的延伸,广播是听觉器官耳朵的延伸。麦克卢汉强调,电视是全身感觉器官的延伸。

麦氏根据人类历史上占主导地位的传播方式的演变,把人类社会分为三个主要时期:口头传播时期、文字印刷传播时期以及电子传播时期。在每个时期里,人类感官之间的相互作用以及思维的方式都有其自己的特点。与此相应的是部落文化、脱离部落文化和重归部落文化。他认为,在口语传播中,人的五官可以同时受到刺激,处于和谐状

---

① Marshall McLuhan, *Understanding Media*, New York: McGraw-Hill Company, 1964, p.33.
② 转引自〔美〕丹尼尔·杰·切特罗姆:《传播媒介与美国人的思想》,曹静生等译,北京:中国广播电视出版社 1991 年版,第 188—189 页。

态。在口语传播时期的部落文化中存在着感官的平衡。此外,生活在口语文化中的人只能通过与他人交往、通过社区活动来获取知识。他声称,文字和印刷媒介的兴起和发展冲破了部落文化中的感官平衡,使视觉功能凌驾于其他感官功能之上,并使人们疏远视觉以外的其他感觉;而且,由于阅读基本上是个人行为,文字印刷传媒允许个人脱离他人、脱离社区,在社区活动以外进行个人的沉思冥想,因而,在文字印刷传播时期,人们养成了单独阅读和思考的习惯,这促成了行为与思考方式的个人化发展。他把这称为人类社会"脱离部落文化"阶段。他还认为,由于印刷媒介是通过抽象的、一行一行印在纸上的语言符号来表现复杂的现实生活的,此类媒介迫使人们用一种线性的、因果关系的理性思维方式,来"组织视觉经验",抽象化的思维由此得到了发展,但这使人们不能立体地、复合地认识和思考。他还把分门别类的专业化倾向同印刷技术及机械技术联系在一起。他还提出,印刷的发展促使方言规范化,扩大了传播的空间,培养了人们对抽象民族的忠诚(与部落文化中人们对与之生活在一起的,其音容笑貌听得见、看得到、摸得着的人的忠诚相对),促成了民族国家取代城邦。[①]

麦克卢汉把电子媒介比作人的中枢神经系统的延伸。他的成熟的媒介理论,形成于电视在世界范围内大发展的20世纪60年代,因此,他对电视尤其重视。他把电视称为"触觉"(指各种感觉的总和)媒介,这又是一种不同于一般说法的标新立异的提法。但从电视是对现实的逼真再现的角度来说,认为接触电视对感官的刺激与现实中五官并用的情况相类似,却也不无道理。麦氏认为电子感官使人们重新体验了部落文化中村庄式的接触交往,接触电视需要人们的积极的感觉上的参与,这种参与是有接触感觉的,因而电视成为让人类社会脱离部落文化以来长期失落的"感觉总体"和"感官平衡"得以恢复的工具。此外,电子传媒打破了旧的时空概念,使人与人之间的时空距离骤然缩短,整个世界紧缩成了"地球村"。从这两个方面来说,电子传媒,尤其是电视,使人类社会在高级阶段上重归部落文化。

---

① Marshall McLuhan, *Understanding Media*, New York: McGraw-Hill Company, 1964, pp. 155-162.

文学批评家出身的麦克卢汉频频使用"心理分析"一词,并对弗洛伊德的心理分析颇为推崇。他引用希腊神话中的那喀索斯神话来说明新的媒介导致的"麻木"和"麻醉"状态:"年轻的那喀索斯误将自己在水中的倒影当作另一个人。这种通过镜子的自我延伸使他的感觉麻木,直到他成为他自己的延伸了的或复制的形象的伺服机构(servo-mechanism)。回声女神 Echo 试图用那喀索斯自己的话语的支离破碎之片段来赢得他的爱情,却徒劳无功。他麻木了。他已适应自己的自我延伸,并已变成一个封闭的系统。"①他根据一些医学家的研究,认为人的所有自我延伸都是为维持平衡而做的努力,并认为"那喀索斯的麻木"起到了解除中枢神经系统的压力的自我保护作用。在麦氏看来,"根据哪种感官得到了技术上的延伸或'自我截肢',其他感官中对'封闭'或平衡的追求是颇可预言的⋯⋯ 任何发明或技术都是我们身体的延伸或自我截肢,而这样的延伸也要求身体的其他器官与延伸部分建立新的比例或新的平衡。例如,人们无法拒绝遵守由电视形象引起的新的感官比例或感官'封闭'⋯⋯见到、使用或察觉以技术形式表现的我们自身的延伸必然就是接受它们。收听广播或阅读印刷品是把我们自身的这些延伸接纳进我们的自身系统,并经历由此自然产生的知觉的'封闭'或置换。正是这种对于每天使用中的我们自己的技术的持续不断的接受,把我们置于那喀索斯的位置,即对于我们自己的这些形象产生潜意识和麻木的感觉。通过持续不断地接受技术,我们作为伺服机构和它们发生联系"②。

20 世纪 60 年代,电脑技术的发展尚未达到普及的程度,多媒体技术、虚拟技术等传播新技术尚未在社会上出现,因此麦克卢汉笔下的新媒介以电视为代表,但麦氏在其富有想象力的预言中并非丝毫没有涉及电视后的媒介发展。他认为媒介对人体的延伸有三个阶段,"在机械化时代,我们实现了自身在空间中的延伸。如今,在经历了一个多世纪的电子技术的发展之后,我们已在全球范围延伸了我们的中枢

---

① Marshall McLuhan, *Understanding Media*, New York: McGraw-Hill Company, 1964, p. 51.
② Ibid., pp. 53 – 54.

神经系统,在我们的星球范围取消了时空。目前我们正在很快地接近人体延伸的最后阶段——意识的技术模拟阶段,在这个阶段,知识的创造性过程将被集体地、共同地延伸至整个人类社会,如同我们已通过各种媒介延伸了我们的感官和神经一样"①。尽管当时麦克卢汉尚不可能对后来迅速崛起的互动型媒介做出清楚的描述,但他还是扮演了预言家的角色,虽不无模糊却大胆地对信息传播新技术革命将使知识、信息成为生产力发展的主要资源的趋势,做出了预言。他在《理解媒介:人体的延伸》中写道:"在电子技术下,人类的全部事务变成学习和掌握知识。从我们依然当作'经济'(古希腊语称家庭为经济/'家计')的方面来看,这意味着所有形式的职业变成'有偿学习',所有形式的财富都来自信息的流动。发现职业或工作可能被证明是难题,而发现财富反倒轻而易举。"②他还说,"时间……和空间……在瞬时信息时代双双化为乌有。在瞬时信息时代,人类结束了其分门别类的专业化工作并承担起收集信息的工作。今天,收集信息重新征服包罗万象的'文化'概念,完完全全如同原始的食物采集者在同整个环境完全平衡的状态下工作一样。我们在这一新的游牧和'无工作'世界中的追求目标,就是知识和对于生活及社会的创造性过程的洞察"③。对照当下我们正在经历的社会转型,这些可以说正是人类正在步入的知识经济时代的轮廓性的勾画。麦克卢汉的预言能力,不能不令人赞叹。诚如美国学者弗雷德里克·沃塞(Frederick Wasser)在评述当下研究界对于麦克卢汉的看法时所言,"数字化传播的激增证实了他关于地球村和媒介环境的预言式陈述"④。

三、"冷媒介"与"热媒介"之分

把媒介分成"冷媒介"和"热媒介"两大类是麦克卢汉的又一重要

---

① Marshall McLuhan, *Understanding Media*, New York: McGraw-Hill Company, 1964, p.19.
② Ibid., p.65.
③ Ibid., p.130.
④ Fredrick Wasser, "Current Views of McLuhan," in *Journal of Communication*, 48(3), Sept., 1998, pp.146-152.

观点,也是其媒介理论中受到非议最多的观点。他划分"冷媒介"与"热媒介"的依据,是媒介提供信息的清晰度以及与此形成反比的受众在信息接收过程中的参与程度。他认为,有些信息"低清晰度地"延伸人的感官,且明确给出的信息量小,受众在信息接收过程中需要大力发挥想象力,填补空白,参与程度高,这些媒介即"冷媒介"。另一些媒介则"高清晰度地"延伸人的某个单一感官,且明确给出的信息量大,让受众(凭想象力)填补的空白甚少,受众可用某个单一的感官承担起接受信息刺激的活动,参与程度低。这些媒介即"热媒介"。麦克卢汉笔下的"冷媒介"包括电视、电话、漫画、谈话等,"热媒介"包括电影、广播、照片、书籍、报刊等。

　　对于为何要把电影划归"热媒介"却把电视划归"冷媒介",麦氏自有一番解说,他的说明还是基于技术上的原因。他声称,"电视形象的样式除了也提供样式的一种非言语的格式塔(完形)或姿势外,同电影或照片毫无相同之处。对于电视,观众成员即是荧屏,他遭受电脉冲的'轰击'……电视形象在视觉上是数据量少的。电视形象并非静态的镜头。它不是任何意义上的照片,而是由扫描指针勾画的、不断形成的事物轮廓。由此所产生的可塑的轮廓,是光线透射过去出现的而不是光线照射在上面而出现的,这样形成的形象具有雕塑和雕像的特性而不是图片的特性。电视形象每秒钟向传播对象提供约 300 万个扫描点,传播对象每瞬间只从中接受几十个,再由此组成一个形象"[1]。麦氏针对电视的由扫描点组成的电磁画面与电影画面的不同的论述,并未使学术界完全信服他关于媒介的分类,而且这也同人们的常识有所不符。一些学者纷纷就麦氏关于电视受众的感官和中枢神经系统把扫描光点组织成现实的图像的论述,提出质疑。例如,施拉姆就提出质疑说:"把印刷的文字符号转化成现实的图像所需要的想象力,难道不比电视观众所需要的想象力更大些吗?"[2]《传播媒介与美国人的

---

[1] Marshall McLuhan, *Understanding Media*, New York: McGraw-Hill Company, 1964, pp. 272-273.
[2] Wilbur Schramm, and William E. Porter, *Men, Women, Messages, and Media: Understanding Human Communication*, New York: Harper & Row Publishers, 1982, p. 118.

思想》一书的作者丹尼尔·杰·切特罗姆(Daniel J. Czitrom)则指出,电视画面中对扫描点的自动填充和电影中的"视觉暂留"现象,都并不借助受众的意识力量,它们都是自动发生的。这些,也正是人们的常识所认同的。

在麦克卢汉的一系列重要观点中,有关"冷媒介"与"热媒介"的划分是引发最多质疑、批评的。但耐人寻味的是,也许是由于他那种"警言"式的表述易于使人熟记,这一观点也是人们印象深刻的观点。

四、麦克卢汉的媒介理论同英尼斯的媒介理论的联系

麦克卢汉把英尼斯尊称为良师,并赞扬他是发现隐含在传播媒介的形式之中的社会变化进程的第一人。在将传播媒介技术与历史进程联系起来探索这一点上,麦克卢汉的研究同英尼斯的研究是一脉相承的。麦氏的媒介理论在很多方面都显示出同英尼斯的理论的联系。

首先,这两位加拿大学者都把媒介技术及其发展,看作历史进程中的重要动力。两人都反复强调新的媒介技术的出现对人类文明发展过程的重要性,都把社会中占主导地位的媒介技术当作划分文明的历史时期的标志。

其次,英尼斯以媒介技术的时空偏向为突破口,来说明媒介技术的性质对社会历史发展的影响。麦克卢汉接受了英尼斯关于媒介的偏向性的观点,他在其论著中一再提到媒介对时空概念的影响以及媒介在超越时空方面的力量。虽然麦克卢汉是从媒介技术对人体的延伸这一角度来解释媒介带给社会的讯息的,但在这种阐述中也隐含着对媒介的偏向性的探索。而且,英尼斯虽然并未明确提出类似"媒介是人体的延伸"的论点,但是他的媒介理论中并非完全没有隐含这方面的意思。对此,我们可从其专著《帝国与传播》中的如下一段论述中窥见一斑:"贝克尔说过文字技术为人们提供了超越个人的记忆力。人类被赋予了人为地延伸了的可核实的记忆,使之可记住并非出现在眼前或并非可追忆到的事物与事件,个人将头脑应用于符号而不是事物,并超越了具体经验的世界而进入在扩展了的时间与空间领域之内创造的观念关系的世界。时间领域被延伸至超越了被记住的事物的范围,空间领域被延伸至超越已知地方的范围。"①从英尼斯的这段话中可以看出,英氏关于媒介的时空偏向的观点在一定程度上融入了其对人的记忆力、人脑的功能的延伸的看法。在这个意义上说,他的观点可谓后来麦克卢汉关于媒介是人体的延伸的观点的先兆。

再次,虽然英、麦两氏用词不一,论述角度也不尽相同,但麦克卢汉的媒介理论像英尼斯的理论一样,对文字印刷媒介及书面文化提出诸多批评,而对口语手段及口语文化褒扬有加。

最后,英尼斯的媒介理论与实证研究无缘,但在引经据典方面显示出作者渊博的知识,其著作具有百科全书式的特点,这一传统,显然也为麦克卢汉所继承。

尽管麦克卢汉在诸多方面都显然借用了英尼斯的媒介理论,但他的媒介理论还是同英氏的理论有一系列差异。两者的显著差异之一,是在阐述媒介对历史进程的影响时的关注角度不同。英尼斯的理论集中关注社会体制、权力结构等的变化,而麦克卢汉的理论突出人的感官比例、知觉型式的变化。前者运用的是政治经济学和经济史学的视角,后者则体现出(社会)心理学的视角。

二者的另一显著差异,体现在英尼斯的忧患意识和麦克卢汉几乎把电视当作解决文明进程中的种种问题的灵丹妙药的态度上。英尼斯对西方文明的发展前景持怀疑态度,对媒介技术的发展方向并不乐观。作为一名具有强烈的加拿大民族主义意识的学者,他对工业高度发达国家和刚开始工业化的国家、中心国家和边陲国家之间的需求冲突非常关注,对美国的媒介文化持明显的批判态度。他对媒介技术进行历史性的研究的目的,在于以史为鉴,探索现代社会中加拿大面临的难题:如何对付战后美国的经济霸权和对付美国媒介文化对加拿大的侵入。国外一些学者认为,英尼斯留给学术界的遗产,是一种将媒介同文化和发展问题联系起来研究的传统,而他对这些问题的探索,显示了清楚的批判性脉络。而麦克卢汉却对当时以电视为代表的新传播媒介技术的力量大加赞美。从他对电视作为触觉媒介的描述、对

---

① Harold Innis, *Empire and Communications*, London: Oxford University Press, 1950, p. 11.

电视在人类社会重归部落文化的过程中的作用的预言等中,我们可以看出他对电视的正面功能的刻意渲染。麦氏的著作充满了对电视时代的到来的欢呼呐喊。也许这正是他的媒介理论一经提出就很快轰动一时、被美国传媒炒热炒红的原因之一。国外一些批评者认为,他对电视作为"不可避免的"新技术的颂扬,"很容易滑到为控制传播媒介的公司的利益进行辩护的立场上去"[①]。而他追求别出心裁的比喻、新奇惊人的话语的文风,显然又和西方传媒追求耸人听闻的效果和轰动效应的做法相一致。美国传媒业为他提供频频亮相的机会,可说毫不奇怪。有学者认为,麦克卢汉的表述,以充满"警句、洞察、实例和不相干的枝节"为特色,而这些都"松散地漂浮在反复出现的主题周围"[②]。相比之下,英尼斯的媒介理论的命运与此大不相同。虽然英尼斯的媒介研究是开拓性的研究,而且他的一系列独创性观点显示了他的洞察力,但是,他的传播学论著在他在世时并未受到广泛重视。直到麦克卢汉在传播学界名声大噪时,人们才开始注意到英尼斯的理论对麦氏的影响,并对英尼斯的媒介研究成果重新进行探讨,进行再认识。

在对资料的运用方面,二者的差异在于:英尼斯大量引用史料和史学论著,而麦克卢汉大量引用文学作品。因此,虽然同是论述媒介史,但麦克卢汉的论著颇有点儿像文学批评,有些部分甚至带有神话评论的色彩。在表述方面,英尼斯虽说文体晦涩,且往往将一长串资料罗列在一起,将一个又一个见解镶嵌在一起,而并不追求建立高层理论和通则,但是他并不否定文字表达的逻辑性。而麦克卢汉则蔑视线性逻辑,认为这是过时的印刷传媒的特征,他自称采用了一种"探针"式的表达手段,即用穿透受众思想的旧框框使之重新考虑问题的话语,陈述自己的观点。他刻意追求标新立异的、令人震惊或困惑的措辞、比喻,这些措辞、比喻在促使人深思的同时给人留下了深刻的印

---

① 转引自〔美〕丹尼尔·杰·切特罗姆:《传播媒介与美国人的思想》,曹静生等译,北京:中国广播电视出版社1991年版,第196页。
② Quoted in Douglas H. Schewe, "McLuhan's Rhetorical Devices in Understanding Media," in *Journal of Aesthetic Education*, Vol. 5, No. 3, July 1971, p.160.

象。麦克卢汉声称,"我不解释,我只探索"①。也许,正是麦克卢汉的表述风格使其标新立异式的探索为人们牢记。但值得指出的是,对于麦氏的表述风格,研究者显然见仁见智。批评者认为,这种风格"宣传"味较浓。例如,有学者通过对麦克卢汉的《理解媒介:人体的延伸》一书的句子作修辞学分析,批评麦克卢汉的书中使用了大量宣传手段,书中的实例,有的是"华丽的笼统表述",有的有"洗牌作弊"(变换概念)之嫌,有的属"骂人",有的属"吹捧"……这位学者同时指出在其研究中取样的麦氏著作的句子中,"只有2%的句子含有客观陈述",而"98%的句子使用的是宣传手段来表述作者的观点"。②

第三节 麦、英两氏的理论对传播学的贡献及二者的局限性

英尼斯和麦克卢汉的媒介理论,为传播学研究中的媒介分析,提供了重要的理论视角。他们的理论启示我们注意研究传播媒介技术同整个文化之间的关系,揭示了媒介在传递的内容意义之外的意义,对于人们充分认识各种传播媒介的出现带给人类文明的影响,具有启迪意义。他们的理论对于传播学的发展功不可没,但二者的理论都过分强调媒介的作用,其缺陷也是无可否认的。下面拟就他们的理论对传播学的贡献及它们的局限性,展开讨论。

一、贡献一:开创新的研究传统、开拓新的研究领域

麦、英两氏的理论把媒介技术置于人类文明发展史的大背景中进行考察,强调媒介技术本身(而不是媒介内容)的作用,在传播学研究中开创了以媒介技术为焦点的新的研究传统。翻开传播学的发展史,以媒介传递的各种信息内容对受众的影响为中心的研究传统,在传播学领域堪称根深蒂固。不论是传播学形成初期四大先驱的研究,还是

---

① 转引自〔美〕保罗·莱文森:《数字麦克卢汉:信息化新纪元指南》,何道宽译,北京:社会科学文献出版社2001年版,第33页。

② Quoted in Douglas H. Schewe, "McLuhan's Rhetorical Devices in Understanding Media," in *Journal of Aesthetic Education*, Vol. 5, No. 3, July 1971, pp. 159–168.

被称为美国大众传播研究中的里程碑的几项大型的重要研究,基本上都是围绕着媒介传递的各种信息内容展开的。拉斯韦尔是内容分析法的倡导者;霍夫兰最著名的研究之一是第二次世界大战期间美国政府制作的军教宣传片的劝服效果研究;拉扎斯菲尔德和他在哥伦比亚大学的同事对20世纪40年代美国两次总统竞选运动中媒介效果的研究,关注的是总统竞选运动中媒介传递的有关信息对人们投票意向的影响;卢因对传播过程中的"把关人"("守门人")和"把关行为"("守门行为")的研究,集中探索传播过程中的信息筛选和过滤现象……在许多重大的传播学研究中,媒介传递的信息内容都占据着重要的位置。

而英尼斯和麦克卢汉的媒介研究,却一反以媒介传递的信息内容为中心的研究传统,强调媒介技术本身对整个文化发展进程的影响,从而开创了一种新的研究传统,即以媒介技术为焦点、以媒介技术史为主线把文明发展史串起来的研究传统。这不能不说是一种令人耳目一新的创举。这种创举不但在当时意义重大,即便在21世纪的今天,也有着重要的启示作用。面对着新一轮科学技术革命的滚滚浪潮,面对着"互联网星系"的横空出世和世界进入知识经济时代的步伐,我们更能体会到英尼斯和麦克卢汉的媒介理论之洞察深远。

同时,英尼斯和麦克卢汉也通过他们的探索和再探索,开拓了一系列新的研究领域,包括传播媒介与经济的进程、媒介技术的性质与权力结构的特征、媒介的形式特性与社会的文化特征、媒介特征与人的感官和心理活动过程,等等。所有这一切,使经济史研究、文化研究与传播学领域的研究范畴,都得到了拓展。对于一些传统的传播学研究未能涉及与解释的问题,英尼斯和麦克卢汉的媒介理论,提供了一种独辟蹊径的视角与方法。尤其是曾一度产生轰动效应的麦克卢汉的媒介理论,更是起到了使媒介研究的一些成果、概念在美国、加拿大等西方国家普及的作用。此外,他在《理解媒介:人体的延伸》等著作中对"电视一代"与"书本一代"之间的代沟、对美国20世纪60年代的校园抗议等的关注,显示了他善于探索贴近现实的热点问题的敏感性。而他的探索,也由此在一定意义上架起了社会上的大众文化和象牙塔中的学术文化之间的桥梁。正因为如此,当21世纪国际学术界出版《麦克卢汉的遗产》(美国Hampton出版社2005年版)一书再度思考麦克卢汉的媒介理论的贡献时，研究者也试图把来自大众文化界的观点同来自学术界的观点都包含在内。

当然，学术研究不是赶时髦，不能围着流行转。但是大众传播学的研究对象——媒介的传播活动——本身的特征，却为贴近当代媒介文化、媒介环境的现实问题的研究，赋予了特殊的意义。

二、贡献二：提出大胆创新、富有启迪意义的观点

英尼斯和麦克卢汉的媒介理论对于传播学的另一重要贡献，在于二者的理论都提出了不少大胆创新的观点，对于学术界的有关研究富有指导意义。英尼斯有关媒介技术的时空偏向，控制空间领域和时间跨度对于一切文明的重要性，文化的特征、社会的权力结构同占主导地位的传播媒介的时间偏向性或空间偏向性的联系，媒介的时空偏向之间的平衡对于社会稳定的影响等观点，在当时无疑都是创新的观点而且发人深思。虽然在今天，媒介在跨越时空限制方面的力量已是传播学界众所周知的事实，但英尼斯在20世纪50年代初期就提出这些概念，其思想之深刻、洞察之敏锐，令人感佩。他的一些重要观点至今仍具有指导意义。例如，他有关媒介的时空偏向之间的平衡对于社会稳定的影响的见解，揭示了对于不同类型的媒介协调使用的重要性，提醒人们注意各种不同的传播手段、媒介各自的优势与局限性，告诫人们不可一味听任社会信息系统因过度偏向某种（某类）媒介而不平衡、畸形地发展。在这一点上，英尼斯观点的指导意义，已超越了仅仅涉及时空偏向的概念范围，在数字化信息传播技术的日新月异使传播手段比以往任何时候都更为多样化的今天更为凸显。著名美国传播学家施拉姆、罗杰斯（Everett Rogers）等人在发展传播学领域的一系列研究成果时，也向人们展示了注意协调发挥人际传播手段与大众传播媒介的作用，对于促进各种发展项目的重要性。在电脑互联网络和移动互联网作为新型的互动媒介迅速崛起的今天，英尼斯的观点仍然富有启迪意义：它提醒我们即使是集中体现现阶段传播高新技术的因特网（包括移动互联网），也无法全然取代其他传播手段、媒介的一切功能。虽然因特网具有一系列优势，包括其互动性、兼容性（可用于不同类型的传播）、灵活性（允许用户在任何自己方便的时候到网上按自己

的意愿分享信息)及信息形式的多样性,虽然它在超越时空限制方面,具有迄今为止所有其他媒介无可匹敌的潜力,但是它也并非在社会传播中全能而无缺陷。尤其是网上传播活动作为中间插入了机器媒介的传播活动,即使其互动性再强,也毕竟有别于面对面的交流与沟通,更不用说取代后者了。

当然,高度重视基于互联网(包括移动互联网)平台的新媒体是知识经济时代的现实需要,是急剧变动着的传媒环境的要求。但如果只重视网上传播而忽视其他传播方式,这不论是对个人还是对社会而言都绝非福音。对于个人而言,如果沉溺于上网带来的刺激、沉醉于网络上的虚拟世界而懒得进行面对面的交流与沟通,忽视接触真正的现实世界,势必出现心理病态,久而久之,将难以适应正常的社会交往。对于社会而言,如果仅仅强调网络的优势而忘却其他传播手段、媒介的作用,势必难以充分利用各种传播资源,建立起完整的、真正高效的社会信息系统。就像高速公路的兴建没有取代普通的街面道路系统一样,信息高速公路的建立也不会和不必取代普通的信息通道。新媒介的发展未必会封杀原有媒介的生存之道,而是必然对原有媒介的功能产生叠加作用。英尼斯的观点,至今仍可启示我们注意不同媒介间的平衡发展。

麦克卢汉的媒介理论,尤以措辞奇特、令人震惊及观点大胆新颖为主要特征。他所提出的"媒介即讯息"的观点,乍听上去给人以一头雾水之感:媒介是传播过程赖以实现、传播者与传播对象发生关系的中介,讯息是通过媒介传递的内容,媒介又怎么会就是讯息呢?但如果细加思考,就会发现其中包含着深刻而耐人寻味的道理。媒介除了工具性的一面外,它本身确也带给社会及其成员某种讯息。按照麦克卢汉的理论所提供的思路,从媒介的功能作用及媒介的影响效果这两个方面来看,说媒介就是讯息并非只是故弄玄虚。媒介作为承载、传递社会信息的工具,一旦进入信息流程,便会以其自身的特征与活力,对社会及其成员产生有力的影响。由于传播是人类赖以生存与发展的基本行为之一,因此传播方式不可避免地对人类的思考与行为方式产生影响。例如,当印刷传媒在社会传播活动中占主导地位时,人们自然而然会重视书面语言符号的使用技巧,重视文章的逻辑、修辞等。

一旦电视成为占主导地位的传播媒介，人们对书面语言符号的使用技巧等的重视程度就有所减弱，转而开始强调声像效果、视觉形象等。

在传媒业高度发达、处于信息传播技术革命领先地位的美国，有的学者甚至曾经提出，在美国，自从电视普及以来，政治传播的修辞学已与以往时期有了很大的差异。① 人们还认为，1960 年美国总统竞选中肯尼迪击败尼克松而于 1961 年起成为美国第 35 任总统，1992 年美国总统竞选中克林顿战胜布什而于 1993 年起成为美国第 42 任总统，都与电视是占主导地位的传播媒介相关联。在许多人看来，由于在电视传播中，形象、视觉印象很重要，肯尼迪年轻而富有朝气的形象使之占了优势。同样，在电视宣传中，年富力强的克林顿与政治经验丰富但年事已高的布什相比在形象上占了先机。在他们看来，如果当时占支配地位的传播媒介是广播或报刊，则这两次竞选结果鹿死谁手就难说了。

20 世纪 90 年代以来，随着电脑排版的应用与电子出版的兴起，人们开始对印刷物的版面设计、格式等产生了新的期望，日益重视这方面的视觉效果。例如，如今许多人在制作简历时非常注意版面设计和格式，有的甚至运用艺术字体、插图等工具手段，使简历外观漂亮、悦目。那些实际内容丰富的简历，如果格式不美观，则有可能收不到预期的效果。又如，近年来出版的电脑排版的书籍，往往插图丰富多彩、排版精致、格式考究，与以往的书籍在外观方面已不可同日而语。

此外，日常生活的经验告诉我们，在不少情况下，对某种媒介的使用本身就会传递出某种讯息。例如，在书籍靠手抄而非印刷的古代，数量极少的书籍进入寥寥无几的特权阶级的家庭往往只是作为装饰品而已，展示几本藏书显示出主人的高贵身份，就是人们使用手抄书籍所传递的信息。即使是在今天，在书架上摆几本书不是为阅读而是为附庸风雅的人也依然存在。又如，20 世纪 80 年代，电视在中国尚未普及，那时在我国一些城市，人们结婚时的一种流行行为就是购置包括电视在内的四大家用电器（电视机、录音机、冰箱和洗衣机），当时电

---

① Thomas Hollihan, Lectures on Political Communication given to Ph. D. students at the Annenberg School for Communication in Dec., 1995.

视对他们而言不仅是接收信息的重要传播工具,也提供了有关主人的一种讯息:主人经济条件较好且能紧跟新潮流。在当下,我国正在加快社会的信息化进程,计算机网络正开始在我国公众中普及,上网、使用电子信箱的人数日益增多。人们名片上的电子信箱地址、QQ 号、微信号等,在方便人际交流的同时,还提供了其主人是紧跟互联网(包括移动互联网)新潮流的网络用户的讯息。总之,事实证明,麦克卢汉关于"媒介即讯息"的论点,含义深刻,且在信息高速公路建设的浪潮席卷全球的今天尤其显出其指导意义。

麦克卢汉关于"媒介是人体的延伸"的观点,不似"媒介即讯息"这一论断给人以莫测高深的感觉,但这并不影响它在当时的创新性及深刻性。麦氏有关感官的平衡的概念及有关论述,唤起人们对媒介与感官功能之间的联系的关注,这无疑提供了一种思考媒介本身的作用的角度。麦克卢汉的媒介有"冷""热"之分的说法,虽然由于存在概念界定不清、个别阐述不得要领等问题而引起不少批评与争议,但是毕竟有其创新的一面。

从总体上看,英尼斯和麦克卢汉的媒介理论为传播学科的发展做出了重要的贡献。在众多研究均集中关注媒介所传递的具体信息内容之效果的情况下,英、麦两氏的媒介研究独树一帜地开创了以媒介为焦点、将媒介发展史同人类文明发展史联系起来探索的新的研究传统,并且就媒介的特征及其社会作用、媒介的分类、不同历史时期占支配地位的传播媒介的特征对社会文化的影响、媒介特征同人的知觉和心理的联系等问题,提出了一系列大胆创新、至今仍具有启迪和指导意义的观点。不论是在传播学术界,还是在社会上,如今人们对传播媒介超越时空的作用、对"地球村"的概念等,早已耳熟能详。这归根结底不能不归功于英尼斯和麦克卢汉的媒介研究与论著。

三、缺陷:唯技术决定论倾向、概念界定不清等

尽管英尼斯与麦克卢汉的媒介理论对传播学功不可没,但是,他们的媒介理论在不同程度上过分强调媒介技术的作用,把媒介描绘成导致社会变动的最大动力,从而被一些学者批评为陷入了唯技术决定论的极端。经济史学家出身的英尼斯并非全然没有在其传播学论著

中论及社会的经济活动等对于传播的影响,例如,在《帝国与传播》一书中,英尼斯这样谈及经济活动对传播的要求,"对于远距离传播的适应性,强调文字的统一性及一套公认的符号准则之开发。广泛的经济活动需要大批职业抄写员或能够读、写的人"[①]。他还这样谈及文字同农业革命及社会秩序的联系:"文字与数学的发展、度量衡的标准化及日历的调整是一场农业革命的一个部分,文字的规则和记法系统卷入商业交易和岁入管理。文字被视为'一种以承认个人的权利为基础的社会秩序的始料不及的结果',科学的进步被视为有赖于'一种社会概念,根据这种概念,国家的权力是受到限制的,而个人的权利则受到相应的强调'。"[②]但是,偶尔几句论及包括经济活动等在内的社会环境对传播的影响的话语淹没在连篇累牍的关于媒介技术的影响与作用的论述之中,显见其受重视程度不够。由此看来,说英尼斯过分强调媒介技术对于文明发展史的作用并非没有根据。

麦克卢汉的唯技术决定论倾向可说比英尼斯有过之而无不及。虽然麦克卢汉蔑视他认为正在过时的印刷媒介造成了线性的因果关系逻辑,但他的媒介理论恰恰贯穿着简单的、线性的因果关系逻辑,他的论著所描述的人类文明发展史,正是以这种逻辑为基础的。在他的笔下,任何一种媒介技术都是"动因",都会在社会上导致一系列结果。他忽视了从另一个角度,即从哪些社会因素导致媒介技术的产生、应用和发展的角度,考察媒介史与文明史。他在《理解媒介:人体的延伸》《媒介即讯息》等著作中把语音字母说成是创造"文明人"的技术手段,并断言唯有它才是这种技术手段,把印刷技术说成创造了公众,把电子技术说成创造了大众。他还声称,"我们的时代对整体性、感情移入和意识深度的追求是电子技术的自然附属品"[③]。不难看出,麦克卢汉的"媒介即讯息"的论断,虽然很有见地,但另一方面却很容易被推向极端,仿佛唯有媒介技术本身才是重要的,仿佛其他一切——传播

---

① Harold Innis, *Empire and Communications*, London: Oxford University Press, 1950, p.33.
② Ibid., p.41.
③ Marshall McLuhan, *Understanding Media*, New York: McGraw-Hill Company, 1964, p.21.

媒介的占有方式也好，使用情况也好，传播内容也好……都无关紧要。在他的批评者看来，其媒介理论带给人们的正是这样一种印象。他在《理解媒介：人体的延伸》一书中不但再三谈到给媒介派什么用途无关紧要，而且明确表示了他对信息内容研究的轻视。他的这种态度未免有失公允和偏激。对媒介技术本身带给社会的影响视而不见固然不可取，但把媒介传递的具体信息内容视作无关紧要也同样是错误的。大众传播在社会中的作用毕竟不可能脱离传播内容而实现。在这个意义上说，诚如施拉姆所指出的那样，"讯息是讯息，媒介是媒介，二者相互影响但并不相互排斥。譬如，有谁能论证肯尼迪总统遇刺的新闻的效果主要取决于它是由电视、广播、印刷媒介或口头传播的？又有谁能论证肯尼迪的新闻和某有关家务的电视连续剧的效果的不同主要是由于人们通过印刷媒介获悉那条新闻，通过电视看到这部连续剧？"①

尽管麦克卢汉所关注的效果和施拉姆所说的效果并不是一回事，但这并不能成为轻视施拉姆和其他传播学者所关注的效果的理由。

当然，人们对任何事物的认识，都有一个逐步深化的过程。学术界对传播技术的作用的认识，也不例外。人文社会学科领域的一些学者以往对于科技的重要性的理解也自有不足之处，以往学术界对于英尼斯和麦克卢汉的媒介理论的唯技术决定论的倾向的批评，虽说的确切中了二者的理论缺陷之要害，但也未必毫无偏颇，未必丝毫不受文人对科技理性的抵制情绪和（因不熟悉技术而产生的）对技术的恐惧心理的影响。在21世纪的今天，科学技术的作用日益突出，传播高新技术正日益显示出其重要性。一代伟人邓小平曾指出，"科学技术是第一生产力"。在传播的发展进程中，媒介技术作为第一生产力的推动作用无疑是十分重要的。我们不仅需要有分析、有批评地对待英、麦两氏的媒介理论，而且需要有分析、有批评地审视学术界以往对他们的理论的批评，以避免陷入唯技术决定论，又不低估技术的力量和

---

① Wilbur Schramm & William Porter, *Men, Women, Messages, and Media: Understanding Human Communication*, New York: Harper & Row Publishers, 1982, pp. 117 – 118.

作用。

除了唯技术决定论的倾向这一缺陷外,麦克卢汉的媒介理论还存在基本概念缺乏严格界定的问题。麦克卢汉笔下的媒介等基本概念,既不同于学术界使用这些概念时所取的意义,又未经麦克卢汉本人做出必要的界定,从而使这些概念缺乏解释,缺乏明确的科学界限。例如,在他的笔下,金钱、时钟等都是媒介,这同传播学中通常意义上的媒介概念显然不同,但他未对自己使用的"媒介"一词的定义做出任何界定。又如,"冷媒介""热媒介"概念,虽在麦氏的媒介理论中占有重要地位,却也没有严格的科学界定。他在到处移用这两个概念时,自己似乎也未必在"冷""热"媒介的分类上保持了一致的标准,这也可说是他在其理论处于低谷时饱受批评的"软肋"。他对电视、电影进行分类的依据,就因缺乏科学性而一再被诟病。标新立异本无不可,但麦氏忽视对标新立异的概念做出严格的界定,这从学术研究规范性和严谨性角度来说,终究是一种不足。当然,从另一个角度来说,麦氏在使用概念上的这种随意性表现,也许是因为他曾是文学批评家,习惯于以比喻式的表述方式阐述一些观点,从而造成其命题本就不是科学定义。但是,阐述思想的著作毕竟不同于艺术作品,"艺术的方法是对每件作品独一无二的,但思想的方法则必须为思想家共同体分享"[①]。

瑕不掩瑜,尽管英尼斯和麦克卢汉的媒介理论有其自身的局限性,但其对媒介研究的贡献更为重要。正是由于他们杰出的学术贡献,才在传播学研究中开创和建立了以聚焦于媒介及其沿革同人类文明发展史的关系的研究传统,开拓了被以媒介传递的各种信息内容对受众的影响为中心的研究忽略或甚少关注的一系列研究范畴和课题。也正是由于他们杰出的学术贡献才使得他们的理论一再浮现在学界关于媒介研究的理论探讨中。一位美国学者甚至戏言说,"20 世纪 80 年代出现的'麦克卢汉已死'运动现在成了'麦克卢汉的批评者已死'运动的素材"[②]。撇开此话的夸张手法不谈,从 20 世纪 90 年代后期

---

① Fredrick Wasser, "Current Views of McLuhan," in *Journal of Communication*, 48(3), Sept., 1998, pp. 146–152.

② Thomas Cooper, book review of *The Legacy of McLuhan*, in *Journal of Communication*, Vol. 56, No. 4, 2006, pp. 427–436.

起,国际上确实出现了许多研讨麦克卢汉并且一并论及英尼斯的学术会议、专题小组讨论会和著述。在我国,自改革开放催生了学术界对传播学的研究后,早期的传播学著述中对他们的理论即有过介绍。及至世纪之交,我国学术界面对数字化高新技术突飞猛进的社会现实掀起了研究麦克卢汉(和英尼斯)及其学派的热潮,集中出现了一批专门的研究著述。在纪念麦克卢汉100周年诞辰时,我国学者何道宽的一篇题为《麦克卢汉的昨天、今天和明天》的论文,将国际上不同时间段中对麦克卢汉的研究评析归纳为"麦克卢汉热的三次热潮",重点探讨了20世纪90年代因互联网崛起而掀起的第二波麦克卢汉热和进入21世纪后的第三波麦克卢汉热,并认为中国学者"赶上了第二波和第三波麦克卢汉热"[①]。上述这一切都雄辩地说明了麦克卢汉和英尼斯的媒介理论的学术生命力和影响力。

---

① 何道宽:《麦克卢汉的昨天、今天和明天:纪念麦克卢汉百年诞辰》,《国际新闻界》2007年第7期,第6—12页。

第三章 威廉斯的媒介观

几乎与麦克卢汉同时,在欧洲,著名英国学者、西方批判学派中的社会文化学派的理论先锋[①]、西方马克思主义的文化批评家威廉斯(Raymond Williams)则在孜孜矻矻地考察大众传媒同社会(制度)与文化的联系,主张从这一角度透视大众传播。在威廉斯看来,即便是当时以技术手段先进为特色的电视,也不仅是科技的产物,还是一种文化形式的表现,而不论是科技事物的诞生还是文化形式的诞生,都根植于社会历史条件。这位著述极为丰富的世界知名学者,曾在其一系列著作,包括《文化与社会》(1958)、《漫长的革命》(1961)、《传播学》(1962)和《电视:科技与文化形式》(1974)等中,阐述了一种文化社会学的媒介观。本章拟对这位世界闻名的西方批判学派的学者之媒介观,做一番研究、探讨。

第一节 作为文化研究重要组成
部分的大众传媒研究

威廉斯毕生致力于文化研究。对于他而言,大众传媒研究是文化研究的一个重要组成部分。他对文化研究的基本态度是,认为文化研

---

① G. Turner, *British Cultural Studies: An Introduction*, New York: Routledge, 1990, p.51.

究就是研究整个生活方式的组成部分之间的关系。他长期致力于构建一种文化研究与文本分析的理论框架,这种理论框架的一大特点,是整体地、历史地考察问题,并以动态的观点看待社会文化现象。他如实地把大众传播当作现代社会的重要文化现象来研究,并认为这种社会文化现象不但与先进的传播技术的发明密切相关,而且同科技发明产生及应用的社会历史紧密相连,同社会制度、文化机制惯例、人类社会变动着的政治经济力量以及人们使用科技发明的社会意向等紧密相连。他运用文化社会学的视角,审视大众传播现象,把传媒文化置于同所有社会实践的进程的联系之中进行考察,提出了一系列很有见地的观点。

一、看待文化现象的整体的、历史的、动态的观点

威廉斯的文化(包括媒介文化)研究理论,注重以整体的、历史的、动态的观点看待社会文化现象。这一理论,在他1958年出版的《文化与社会》一书中已见端倪。此书在某种意义上可说是一部文学史著作,但是,与众不同的是,威廉斯在书中的关注焦点并非文学作品本身,而是这些作品的文本所反映的文化观念及其演变的历史过程。他通过对40位思想家、作家的评述,将"工业""民主""阶级""艺术"与"文化"等重要词汇所涵盖的概念之演变过程,同经济发展、社会文化联系起来分析,并涉及了1780—1950年间英国哲学、文化、艺术、历史、社会学与大众传播等一系列学术领域。他认为,"一系列现在具有头等重要性的语词,在18世纪最后20个年头及19世纪的前半个世纪首次进入英语的日常使用,或者,那些原本已在该语言中普遍使用的语词,此时获得了新的重要的意义"[①]。在威廉斯看来,这些词语涵盖的意义的变迁可被用作一种特殊的图谱,通过它可能"再度审视语言的变化显然反映出的更为丰富的生活和思想的变迁"[②]。威廉斯的这种别具一格的创新方法,反映了他把文化现象同整个社会及社会发展

---

① Raymond Williams, *Culture and Society: 1780—1950*, New York: Columbia University Press, 1960, p. 13.
② Ibid.

进程联系起来研究的观点,并使此书展现了广阔的视角与领域。

　　作为一名著名的西方马克思主义的文化批评家,威廉斯在此书中表达了一种历史唯物主义的文化观点,认为文化是和所有社会实践交织在一起的。他指出,工业(生产力)的发展也是"民主、阶级、艺术与文化"等概念发展的前提,"工业革命改变了英国"[①],也改变了人的观念。他在书中引用了马克思的著名论述:"人们在自己生活的社会生产中发生一定的、必然的、不以他们的意志为转移的关系,即同他们的物质生产力的一定发展阶段相适合的生产关系。这些生产关系的总和构成社会的经济机构,即有法律的和政治的上层建筑竖立其上并有一定的社会意识形式与之相适应的现实基础。物质生活的生产方式制约着整个社会生活、政治生活和精神生活的过程。不是人们的意识决定人们的存在,相反,是人们的社会存在决定人们的意识。……随着经济基础的变更,全部庞大的上层建筑也或慢或快地发生变革。在考察这些变革时,必须时刻把下面两者区别开来:一种是生产的经济条件方面所发生的物质的、可以用自然科学的精确性指明的变革,一种是人们借以意识到这个冲突并力求把它克服的那些法律的、政治的、宗教的、艺术的或哲学的,简言之,意识形态的形式。"[②]威廉斯认为马克思既指出了经济基础对上层建筑的决定关系,又指出了两者关系的复杂性。在评论两者关系的复杂性时,威廉斯指出,上层建筑涉及人类意识问题,因此必然是非常复杂的,这不仅是因为它的多样性,还因为它永远是历史的。在任何时候,它都既包括对现代的反映,又包括对过去的延续。[③]

　　从历史唯物主义的文化观点出发,威廉斯的这一著作不但注重分析社会生产力的发展同文化观念演变之间的联系,而且极力追求理解包括媒介产品在内的文化产品与文化关系(或者说反映在文化领域中的社会关系)之间的联系。他在此后继续为构建新的文化分析与文本

---

　　① Raymond Williams, *Culture and Society: 1780—1950*, New York: Columbia University Press, 1960, p.14.
　　② 《马克思恩格斯选集》第二卷,北京:人民出版社1995年版,第32—33页。
　　③ Raymond Williams, *Culture and Society: 1780—1950*, New York: Columbia University Press, 1960, p.266.

分析的理论框架而做的孜孜不倦的研究之中,仍然始终不渝地坚持这种研究方向。

1962年,威廉斯集中论述大众传播的著作《传播学》一书问世。在书中他进一步阐述了他历史地、动态地看待文化现象的观点。这一点尤其在他对受众兴趣的看法之中得到了充分反映。针对那些所谓大众传播应"为受众提供他们想要接收的内容"的论调,他在书中指出,人们的文化水准与兴趣并非固定不变,也并非只是单一层面的。威廉斯认为,人们的兴趣有已知的兴趣和潜在的兴趣(potential interest)之分,而由于西方社会现实情况的限制,人们的潜在兴趣无法得到充分发展。他注意到,当有人选取某一具体时期公众兴趣的某一方面大加宣传时,其结果就是使这种兴趣显得固定化,显得过分重要。在威廉斯看来,这是对公众兴趣的歪曲。他强调,在有关"大众""公众"的认识中,"成长"与"变化"乃是两个关键的概念①,只有抓住这两个基本概念,才能深刻理解公众文化水准、公众兴趣等问题。威氏这种有关公众兴趣的历史的、动态的观点,对于那些以"为受众提供他们想要接收的内容"为幌子、行谋求最大限度地赢利而罔顾大众传播的社会责任之实的不良传媒现象,可说是入木三分的鞭笞。威廉斯还指出,受众的选择与社会因素密切相关,对于媒介内容等的正确选择并非仅是个人责任问题。他阐述道,"如果我们想充分利用文化扩展提供的新的、真正的机会,并希望避免和纠正人们事实上正在犯的错误,那么个人责任必须发展成为公共/社会责任。这是一种不同的、绝对根本的转变"②。威廉斯倡议通过教育找到培养个人就媒介内容做出独立反应和选择的能力的新方法,认为这是上述这种公共/社会责任可采取的形式之一。他的这种观点,可说同今天人们熟知的"媒介素养"(media literacy,亦可译为媒介应用能力)教育的论点,异曲同工。威廉斯提出,日常传播的世界对于整个社会过程意义重大,而教育应帮助人们适应整个社会过程。在他看来,在言语教学、写作教学、艺术教学、文化评论教学等一系列教学中,都应增添与现代大众传播媒介产品有关

---

① Raymond Williams, *Communications*, London:Penguin, 1970, p. 107.
② Ibid., p. 140.

的内容。

威廉斯极力强调文化与传播在复杂的社会过程中的地位。他认为,伴随着社会信息传播中的一系列新变化,人们对传播的兴趣猛增,这是人们对当代社会新形势做出的重要反应。它的发生是人们经历中的突破,它已渗透到各种通常的范畴之中,并且正在改变人们关于社会的一些基本观念。在以往,人们习惯于从政治和经济方面去描述社会与生活,传统的政治学观点使人们把权力和政府视为社会现实的主要方面,而传统的经济学观点则使人们把财产、生产和贸易看作主要的社会关注点,但现在,由于产生了新的强调角度——对传播的强调,人们已认识到除了权力、财产和生产关系外,人们的传播关系同样是十分重要的。在他看来,传播是基本的社会活动,而不是第二位的。他在书中措辞强烈地说,"我们最常犯的政治学错误,是设想权力(统治他人的能力)是整个社会过程的现实及政治的唯一背景;我们最常犯的经济学错误,是设想生产与贸易是我们唯一的实践活动,它们不需要人类的其他方面的理由做辩护或不需要人类的其他检查……人们的生活和社会的事务,不能局限于权力、生产和贸易;学习、描述、理解和教育的斗争是我们人性的中心和必不可少的部分……我们称作社会的,不仅是政治和经济的网络,也是学习和传播的过程"[①]。针对发生在文化、传播领域中的深刻变化,威廉斯评论说,在英国社会,没有任何社会过程比传播的扩展更富有动态性。他称文化上的革命为"人类解放伟大过程中的一个部分"[②],认为在重要性方面,它可与工业革命和争取民主的斗争相提并论。

二、文化制品(包括传媒制品)同社会制度等之间的联系

假如说威廉斯在20世纪50年代末出版的《文化与社会》一书中即已论及作为现代社会突出的文化现象的大众传媒文化,那么从20世纪60年代初起,大众传媒研究更是日益成为他的重要研究领域。而科技、社会制度与文化三者之间的关系,则成为他长期努力探索的主

---

① Raymond Williams, *Communications*, London:Penguin, 1970, pp.11 - 12.
② Ibid., p.12.

要论题,他的一系列力作——《漫长的革命》《传播学》和《电视:科技与文化形式》,典型地体现了他的这种探索。在这种探索中,注重文化制品(包括传媒制品)同产生它们的制度机构、习俗及社会结构等之联系,是一重要特色。1961年问世的威廉斯的力作之一《漫长的革命》明显地展示了这一特色。该书集中考察了文化制度和机构、其意识形态和表述方式,以及媒介产品,而该书的论述重点,诚如威廉斯十余年后在其《电视:科技与文化形式》一书的序言中所总结的那样,是印刷业与不同的文化制度的关系。他在书中指出,自工业革命以来,英国社会的经济、政治、文化领域中正在发生相互关联的变化,这些变化的展开是一个长期缓慢的、历史的过程。他指出,鉴于经济、政治领域的重要性已得到普遍承认,他的著作旨在证实文化革命的重要意义。他阐述说,(在英国)人们的整个生活方式,从社区的形式到教育的组织和内容,从家庭结构到艺术与娱乐的状况,正在受到民主与工业(生产力)的进步及其互动之深刻影响。威廉斯认为这场革命是一场意义更加深刻的革命,是人们最重要的现存经验的一大部分。

在《漫长的革命》一书中,威廉斯从把文化视为整个生活方式的论点出发,阐述了他有关文化分析及其宗旨的观点。他指出,由于文化所表达的意义和价值观不仅体现在艺术和知识中,也反映在制度机构及人们的普通行为之中,文化分析的作用就是阐明、澄清某一特殊文化中的生活方式中或明或暗地体现出的意义和价值观。文化分析不但应包括历史评论,将理性的、唤起想象力的文化作品置于同特殊的传统和社会的关系之中去分析,还应包括对生活方式中一系列要素的分析,这些要素是:生产的组织方式,家庭结构,表达或统治社会关系的制度机构、习俗,社会成员进行传播活动的典型方式。根据这一观点,研究媒介产品不应仅做就文本论文本的孤立的分析,而应把文本分析同对于生产这些产品的制度机构、习俗及社会结构的考察联系起来。[1] 威廉斯试图建立一种新的文化分析的理论框架,在这种理论框架中,对于生产文化制品的制度机构、习俗以及社会结构的考察,同文本分析一样属于必不可少的组成部分。

---

[1] Raymond Williams, *The Long Revolution*, London: Penguin, 1975, pp.57 – 63.

威廉斯重视文化产品的产生同社会制度的联系的观点,在《传播学》一书中,得到了进一步发挥。在此书中,威廉斯对传播下了如下的定义:传播一方面指传递和接受思想、信息和态度的过程,另一方面指传递和接受思想、信息和态度的制度机构和形式。① 他的这一定义明确地体现出他强调传媒文化同社会制度的联系的传媒研究观。具体而言,该书中的下列有关要点,都反映出他强调两者的这种联系之立场:

第一,强调社会传播过程就是意义和定义在社会上建立并且历史地演变的过程,强调传播与社会制度机构、习俗之间关系密切。出生于工人家庭的威廉斯对西方资本主义社会的大众传播活动持批判态度。同将传播新技术的发明几乎视为解决文明进程中的各种问题的万能灵药的麦克卢汉迥然不同,威廉斯认为,现代社会中存在着传播危机,它是由传播技术发明的速度与找到运用这些技术手段的恰当制度机构、惯例的难度所造成的。他分析说,在现代英国,印刷术、照相机、电视等的一系列应用,未必见得是尾随技术手段本身诞生之后随即发生的。许多应用都被变动中的政治和经济力量所左右,许多应用还受到实际上反映一定思想意识的传播模式的影响。他举例说,那种认为面向许多人说话或写作就是面向"大众"说话或写作的观点,那种认为人们及其兴趣有清楚可分的类别从而可用诸如"高雅的""通俗的"之类的"标签"指称的观点,实际上已被埋置于大众传播活动中的社会机构和惯例之中,影响着媒介的传播方式。② 换言之,许多传播模式本身化成了社会机制惯例。威廉斯指出,考察当代社会的传播过程,离不开对这些社会机制惯例形式的研究。他在书中最后部分的建议中指出,在传播学教学中应该重视对于媒介机构和媒介产品制作过程的研究。

第二,指出大众传播的商业模式并非像某些人所鼓吹的那样是自由的大众传播模式,而是一种实际上由商业系统控制社会传播的模式,因为这种模式中所体现的自由取决于市场。也就是说,在这种模

---

① Raymond Williams, *Communications*, London: Penguin, 1970, p. 17.
② Ibid., p. 12.

式中,实际情况是,什么可以实现盈利,就可得到自由传播。由于威廉斯坚持把大众传播文化现象置于同社会制度的关系中进行研究,威廉斯洞察到大众传播的商业模式的弊端。在他看来,在这种大众传播的商业模式中,由于强调运用大众传播渠道作为广告、销售的媒介,媒介传播活动中不断产生这样做的压力:设法使人们进入购物的恰当精神状态,并利用已知的受众兴趣作为出发点,诱导受众新兴趣,将这些兴趣引入方便制造商、销售商牟利的渠道。① 威廉斯对大众传播上述运作模式的局限性的分析批判,至今仍可警醒人们:在看到商业化模式活力四射和不受(或者说少受)政治权力控制等的同时,不能忽视其同商业利益千丝万缕的联系,不能忽视其中隐伏的商业利益压倒公共利益的潜在威胁。

第三,指出文化现象的复杂性以及传媒文化中的种种问题的社会性。他反对用非此即彼的简单的两分法把社会文化现象划为"高雅文化"和"低级文化"或"少数派文化"和"大众文化"两大类。作为一名严肃且具有批判锋芒的学者,他当然注意到了在英国大众文化、大众传播媒介产品中存在着内容低劣等问题,但他认为把它们视为孤立的大众文化和大众传播的问题不符合社会现实,他主张把它们看作社会问题,其背后有着一系列复杂的社会原因,其中包括这样几点:(1) 对真正的通俗文化传统的轻视;(2) 作为人类文化伟大成就的伟大文化传统被搞成少数人独占的文化传统;(3) 有些投机商乘虚而入,利用社会文化中的空白点,塞入低劣的文化、媒介产品。威廉斯历史地、动态地看待大众传媒现象,在批评大众传播中存在的问题的同时,充分肯定了大众传播系统兴起以来社会信息传播方面的进步。他认为,尽管大众传播媒介讯息一般以程式化的形式出现,从而存在着弄虚作假、庸俗化、夸张化等问题,但是这与如何运用程式化的表达形式有关,这种形式在运用得最佳时可以成为传递有关现存经验的信息的普遍合用的方便形式,许多有关事实、新观点、新的观察世界的方法等信息,就是通过大众传播媒介被传向公众的。他评论说,与尚未出现高度组织化的传播媒介系统的以往时代相比,这些信息的传递意味着社会信息

---

① Raymond Williams, *Communications*, Baltimore: Penguin Books, 1962, pp. 91 - 93.

传播中的明显进步。威廉斯在书中建议部分提出,在传播研究中,应形成一种能分析所有文化形式的文本批评方式。[①]他的这种辩证地看待传媒文化现象的视野,与一味指责传媒文化"低俗"或与之相反的一味高唱大众传播的进步作用的观点相比,显然更有见地。更为重要的是,他将以现代传媒为载体的大众文化纳入文化研究的视野,"使文化的定义走出了精英主义的特权,开启了文化研究的崭新历史";[②]"传统的'文化'版图被实质地改写了"[③]。将不同的民众群体作为大众文化的享用群体纳入文化研究的殿堂的新的文化研究传统,后来在英国另一位著名文化研究学者霍尔(Stuart Hall)的研究中得到了进一步的弘扬。

三、科技发展和应用的社会历史分析

威廉斯聚焦于科技、社会制度与文化之间的联系的探索,还表现在他对于科技发展与应用的社会历史分析的重视上。关于这一点,他的又一部力作《电视:科技与文化形式》一书堪称代表。这部以威廉斯于1968年至1972年的一系列研究成果——发表于英国广播公司的《听众》(*The Listener*)周刊上的电视评论为素材的电视研究专著,清楚地表达了他有关传播技术的产生、应用与社会历史的关系的思想。威廉斯在体现当时传播新技术的电视身上,找到了科技、社会制度与文化三者之间的聚合点,他以此为突破口,对电视技术产生与应用的社会历史、广电制度、电视所表现的文化形式、传媒技术的效果与传媒技术的社会应用等一系列问题进行了深入探索。他不但通过正面的阐述,表明了他强调媒介产生与应用的社会历史的媒介观,还通过尖锐地批评形形色色的唯技术决定论的媒介理论将科技从社会中分离出来,阐明了他的这种媒介观。

[①] Raymond Williams, *Communications*, Baltimore: Penguin Books, 1962, pp. 106 - 112.

[②] 舒开智:《雷蒙德·威廉斯文化唯物主义理论研究》,北京:学苑出版社2011年版,第253页。

[③] 金惠敏:《20世纪西方美学的四个问题》,转引自舒开智:《雷蒙德·威廉斯文化唯物主义理论研究》,北京:学苑出版社2011年版,第253页。

威廉斯坚持认为应把文化现象置于同所有社会实践的进程的联系之中进行研究,应把媒介产生、应用与发展置于社会历史背景中进行透视。他的这一立场,使他对形形色色的唯技术决定论有关传媒变迁与社会变迁的解释持否定态度。他批评它们把科技从社会中抽象出来,把研究和发展视为自己发生的,"新科技似乎是从一片独立领域里自己冒出来,然后创造了新社会或新的人类环境"[①]。威廉斯还批评了对于传媒变迁与社会变迁的另一组解释,这些解释虽然决定论色彩较淡,但在威廉斯看来,它们同唯技术决定论一样,把科技从社会中抽象出来,只是方式不同罢了。根据威廉斯的归纳,这组解释有如下几条:

第一,科技研究的进步,成果之一就是催生了电视。人们在它身上投资与发展,来满足新社会形态的不同需要;在提供集中而同质化的娱乐形态、形成集中而同质化的民意与塑造同质化的行为模式各方面,电视尤其大有作用。

第二,人们在电视身上投资与促销,把它当成家庭消费经济领域中可供赚取利润的又一环。电视是特殊的"家庭宠儿机器"的一种。

第三,以前,人们在文化上也好,心理上也好,总是有潜在的惰性。但电视的特性使得人们使用它的时候,夸大并且强化了这些惰性;电视现在俨然是这些惰性的代表,把这些原本是潜伏不明的惰性组织了起来。

第四,电视的特性可以满足新的社会大而复杂,并且原子化了的人际关系的需要;同时,新的社会的这些素质,也被电视利用了。[②]

威廉斯力主在研究传媒变迁与社会变迁中不能把科技从社会中抽象出来。《电视:科技与文化形式》的第一章,即探讨了广播电视技术产生和应用的社会历史。他明确提出,无线电和电视广播是主要的社会机制;至少,以目前的眼光来进行事后回顾,无线电和电视广播可以说是一种新的强有力的社会整合与控制形式;无线电和电视广播的

[①]〔英〕雷蒙德·威廉斯:《电视:科技与文化形式》,冯建三译,台北:远流出版公司1994年版,第25页。
[②] 同上书,第23—24页。

许多重要用途与社会、商业,有时甚至是政治上的操纵息息相关。[①] 他指出:当然人们可以就广播电视的社会历史,分别从实践与原理两个层面进行探讨。但是,如果把它从另一个或许更为重要、更具决定性影响的过程中抽象出来,那就与现实不符了。在威廉斯看来,正是通过那另一个或许更为重要、更具决定性影响的过程,一些原本孤立分散的技术,在特定的经济情况下融合在一起成为可资应用的新科技,并演变成科技的某种社会形态。威廉斯认为理解这一过程对于广电史而言是不可或缺的。[②] 他还指出,对(无线电和电视)广播这种主要的社会机制的性质,人们虽一直有所争议,"但当时最为流行的一种看法是把人们熟知的那种广播形式视为由科技条件'命定'的产物,对此,人们已习焉不察。但是,如果细加考察,当不难发现,这种所谓的'命定',实际上只是特定情况下的一系列社会决策而已,然而这些社会决策迅速得到了极其广泛的认可,以致人们很难察知这些决策,而是将之误认为是'不可避免的结果'——科技'命定'的产物"[③]。

这里不难看出,威廉斯对促使科技发明产生和应用的社会决策极为重视。换言之,他极为关注科技发展过程中的社会意向问题。事实上,威廉斯本人在书中指出,他所提出的观点,同(唯)科技决定论及另一组虽然决定论色彩并不浓但同样把科技从社会中抽象出来的媒介观的区别之处,正在于他的观点重新提出了科技研究与发展过程的意向问题。[④] 本节以下部分,将对此展开简单讨论。

第二节 对于科技发展与社会意向的关系之研究

威廉斯认为大众传播涉及意向与利益等问题。因此,他对传播学研究传统学派的效果研究忽视这些问题,深感不满。他在《电视:科技与文化形式》一书中指出,"自电视成为一种流行的社会传播形式以

[①] Raymond Williams, *Television: Technology and Cultural Form*, London: Wm. Collins & Co. Ltd., 1974, p. 23.
[②] Ibid., p. 24.
[③] Ibid., p. 23.
[④] Ibid., p. 14.

来,有关电视可能带来的效果,已经有很广泛的讨论。这些讨论最重要的特征,就是将电视当作独立发生作用的媒介。尤其是在高度工业化国家中,电视的普及与几乎处处可见,引起了人们对于社会与文化变迁过程中因果关系的研究。这些有关因果关系的论述是否可信,并不重要……重要的问题在于,人们的注意力因而被导向了一些特定的议题,例如'性'与'暴力'、'政治'与'文化堕落'等。这类议题的涵盖面是如此广泛,我们应该清楚,实在不能将之限定于某一孤立的媒介身上,而是必须就电视与这些现象的关联问题,把它们置于整个社会与文化过程中进行考察"①。

一、对拉斯韦尔模式的批评:它忽视社会意向问题

威廉斯是极为重视社会文化过程中的社会意向问题的学者,他对美国传播学传统学派的典型理论成果——拉斯韦尔模式颇感不满,认为拉斯韦尔所问的五个问题(谁? 说了什么? 通过什么渠道? 向谁说? 取得了什么效果?)遗漏了对真正的社会与文化过程至关重要的"意向"问题。威廉斯尖锐地批评拉斯韦尔模式对"意向"问题的疏漏,认为这种疏漏也就是遗漏了所有真正的社会与文化过程。他提出要加上"为了什么目的",以便注意到传播过程所涉及的意向与利益等问题。他认为那些脱离了社会意向而抽象地讨论电视在"社会化"过程中的作用的研究,难以说明实质性的问题。"我们可以说电视是一个重要的社会化因素,可以说电视控制者与传播者执行着特殊的社会功能,但是这些谈论几乎没有说明任何问题;除非我们精确地指出哪些社会形式决定了特定的社会化过程,并分配了控制与传播的各种功能,否则我们还是几乎没有说明任何问题。"②

作为传播学文化社会学派的一名理论先锋,威廉斯极为重视文化学中的几个重要概念——理解、价值判断与研究者的介入。在他看来,美国传统的传播学研究脱离了具体的、特定的社会文化过程而抽

---

① Raymond Williams, *Television: Technology and Cultural Form*, London: Wm. Collins & Co. Ltd., 1974, p. 119.

② Ibid. p. 120.

象地考察大众传媒现象,把上述几个重要概念排斥在外或避开这些重要概念。在他的心目中,"正统的大众传播学"研究的这种状况是远不能令人满意的,这种"正统的大众传播学"的描述性的且被视为理所当然的应用,避开了真正的传播社会学,而后者本应是复杂的、涵盖极为宽广的研究领域与理论范畴。对于"正统的大众传播学"强调实证主义、经验主义的研究传统,威廉斯剖析说那是一种特殊的经验主义,它不是一般地仰仗经验与证据,而是凭借以一些特定的假设的功能——社会化、社会功能、大众传播——为框架的证据;这种特殊的经验主义以自身对于文化学的曲解,声称与其他所有的经验与分析方式相对照,"社会科学"与"科学方法"具有抽象权威。威廉斯叹惜在当时的传播研究领域,这种特殊的经验主义已接替了社会与文化研究的正业。他强调指出,对于社会与文化学研究,方法程序只是第二位的问题,首要的问题是要建立有关过程的意识,唯其如此,才能不但将方法与操作概念,而且将有关意向的意识,包含其中。①

  作为一名批判学者,威廉斯进一步指出,(西方社会)真正的社会意向常常与有关当局公开宣扬的意向有很大区别,并与那些假想的一般的社会过程中之情形有很大区别。他提出必须研究现实的组织机构,而不是其显露于外的形式。作为一名治学态度极为严谨的学者,威廉斯并未全盘否认诸如"电视与暴力行为""电视与投票行为"之类的实证主义传媒效果研究。他承认了解这些效果有其必要,而且这些研究也应继续。但是,他以西方马克思主义者的敏锐性与批判精神,洞察到西方正统的电视效果研究,不论是有关暴力问题的还是有关与此大为不同的投票行为的,都是以特定的文化模式为基础的,研究范畴与方法也取决于文化模式。他批评西方主流的大众传播效果研究,很少能脱离源自社会体系及其意识形态的理论框架的总体界定,包括对研究程序的界定。在他看来,这种研究或只考察传媒运作的表面现象,或是把大众传媒视为自行运作的系统;这是一种认可西方传媒现状而只问传媒效果如何的研究,虽然不厌其烦地探究电视以及其他

---

  ① Raymond Williams,*Television*:*Technology and Cultural Form*,London:Wm. Collins & Co. Ltd. ,1974,p. 121.

的、相互竞争的影响因素——家庭、学校、报纸与职业等,并探究既定的社会、文化与政治规范,却并不以批判的态度质疑这些本身即是效果的产物,并不质疑既定的西方社会体系。他认为要切实搞好传媒效果研究,就必须转而对"原因"(causes)重新进行科学的考察。

二、对麦氏媒介理论的批评:它隐去了特定的与一般的社会意向

威廉斯在《电视:科技与文化形式》中对麦克卢汉的媒介理论,曾专门进行评论。他认为麦氏的技术决定论是由形式主义的发展与精制化而来的,是很复杂的技术决定论,它本身就是一种意识形态。威廉斯对麦克卢汉媒介理论的批评,很重要的一点是指出该理论避而不谈社会意向问题。具体而言,威廉斯对麦氏媒介理论的批评,主要集中于如下几点:

第一,威廉斯认为,在麦氏的媒介理论中,实际上见不到社会的踪影;它丝毫不能解释不同的媒介的特征与特定的历史文化情境及意向之间的相互关联。他指出,麦克卢汉的著作虽然关注不同媒介的特殊性,却没有把媒介视为实际运作,而是根据其武断地指派给媒介的心理功能,将它们归类。如此一来,麦氏的理论不但隐去了各种特定的意向,也隐去了各种一般的意向,把媒介的本质仅说成是心理上的调适,说成产生于概括化的人体器官及其普通的自然环境(物理环境),而不是从人们之间的社会关系网络中产生。他还指出,麦氏的理论无视媒介内容。在麦氏的理论中,媒介讯息传递被描述成纯粹是抽象化的感觉中枢的物理活动;不同的讯息传递之区别,仅在于引起它们的感觉比例不同。

第二,威廉斯尖锐地指出,麦氏的理论不但认可西方社会与文化的现状,而且尤其认可这种社会文化状况的内在倾向。换言之,在威廉斯看来,麦克卢汉的媒介理论缺乏对西方社会与文化状况及其发展趋向的理性批判。因为,该理论既然把媒介(技术)本身说成是原因,那么,所有的其他原因,所有通常被人们视为历史现象的事物,在这种理论中就都化成了效果。而在别处被视为效果,因而必须接受社会、文化与道德要求的批判的事物,在麦氏的理论中却被排斥在外,被视为毫不相关,而相比之下,媒介所带来的生理的以及随之而来的心理的效果,则更为直接。威廉斯认为麦氏的技术决定论,是一种有关社会文化的决定论,这种决定论显然对西方社会文化毫无批判态度。

第三,威廉斯从两个方面指出麦克卢汉的媒介理论中逻辑混乱的缺陷。首先,在威廉斯看来,麦氏的整个理论极其缺乏历史感,缺乏社会意识,但麦氏居然在这样的理论框架中牵强附会地设想出一系列社会阶段的形象,预言人类社会将经由"电子传媒时代"重新回归部落化生活,整个社会将紧缩为"地球村",这是荒唐的。其次,威廉斯指出麦氏在阐述作为技术上的可能性的讯息瞬时传递时,毫无批判地接受这一"物理上的事实"(physical fact),将之说成是"社会的事实"(social fact)而丝毫没有注意到这些讯息的传递,"既是由现有的社会权力当局所筛选的,也是由他们所控制的"[1]。威廉斯评析说,麦氏将控制问题一概抽象成对于特定的媒介的分配与搭档,以便造成特定的心理效果;麦氏的媒介理论一经提出顿时为现存制度的"媒介人"所欢迎,这绝非偶然,其原因在于按这一理论来推论,传媒由谁来控制或使用以及控制者试图插入什么内容,似乎都于传媒效果无关紧要,而人们似乎尽可忘却平时的政治与文化上的辩论,而让技术自行运作。[2] 笔者以为,威廉斯在评析麦克卢汉的媒介理论时所提出的"物理上的事实"和"社会的事实"的概念区分,对于有关媒介科技的理论研究极为重要。长期以来,西方学术界围绕传媒科技究竟是中性的还是具有意识形态属性的争论不休,实际上往往是在各说各的,其所指并非一回事。区分"物理上的事实"和"社会的事实"的概念,有助于廓清传播科技及其潜力本身,同对于传播科技的社会应用及对传播科技潜力的发挥既形影相伴又并非全然相等,有助于形成对于传播科技的理性、全面的认识。

威廉斯在指出麦氏媒介理论的缺陷之后,提出麦氏的理论无法令人信服,除非人们在真实的时空意义上抹杀了历史,但是,对历史的抹杀从本质上而言即是抹杀当代社会。

---

[1] Raymond Williams, *Television: Technology and Cultural Form*, London: Wm. Collins & Co. Ltd., 1974, pp. 126-127.

[2] Ibid., pp. 126-128.

三、富有思辨色彩的有关意向与科技发展的关系之观点

对于意向与科技发展之间的关系,威廉斯本人的阐述极富思辨色彩。他提出了如下观点:

第一,所有技术的创造与发展都是为了有助于已知的人类实践或有助于已预见到的、人类想从事的实践,这是基本的意向因素,却不是唯一的意向因素;初始的意向,在技术发展过程中,会因为其他不同意向的介入而得到修正。关于这一点,威廉斯提出了这样的论点:虽然初始的意向适应于特定的社会群体想从事的或已从事的一些实践,技术发展的速度与规模将受到该群体的特定意向及其相对实力的极大影响,但是,在其后的许多阶段,会有其他的社会群体介入其中,他们有时怀有其他意向或至少抱有不同的优先考虑比例,①从而经常产生不同的目的或效果。

第二,在许多情况下,技术往往会催生原先并未预料到的使用情况与效果,它们也是对于初始意向的真正的修正。威廉斯告诫人们在摒弃麦克卢汉的唯技术决定论时应自我警惕,不要陷入另一个极端,即以"命定的科技"取代前者,把科技视为完全被外在力量所决定。威廉斯认为,麦氏的唯技术决定论是站不住脚的,因为它无视现实的社会、政治与经济意向,而代之以技术发明的任意自主性或抽象的人类本质;但是,把科技视为完全被外在力量决定的"命定的科技"的观点对于人类(社会)的解释,同样是片面的、单向的。

第三,真正的决定是一个过程,一个牵涉到整个现实的社会过程,绝非"密不通风的控制",或"可以预测未来的整套原因";相反地,决定的现实即限制的设定与压力的施加,在这些限制与压力之下,各种社会实践受到深刻的影响,却从来未必见得被全盘控制。威廉斯认为,"现实的决定因素——权力或资本的分配,社会的与自然的继承,不同群体之规模与大小的关系——设定限制并施加压力,但这些决定因素既不能全盘控制,也不能完全预测这些限制之内、之下或逆这些限制

---

① 〔英〕雷蒙德·威廉斯:《电视:科技与文化形式》,冯建三译,台北:远流出版公司1994年版,第162页。

而上的整个复杂活动的结局"①。

为了论证他的观点,威廉斯列举了电视的发明与发展过程及识字率的增长史等。他回顾了电视发明的复杂过程中军事方面的、政府行政方面的以及商业方面的特定意向的卷入,并指出:这些意向中的每一个,都同科学上的意向之间发生虽然时间不长、层面有限但的确存在的互动关系;他继而回顾了在电视从发明过渡到科技成品的阶段,商业上的意向如何在掌握电视发展动态时占了上风,而政治与军事上的利益又如何减少介入,并提出,政治的和社会的力量对于电视的社会控制的认定,同电视问世的商业意向之间,有着既和谐又不免冲突的关系,从而时起干戈。他还试图从受众同电视台业主或节目制作人之间对于传播与沟通的不同体验的角度,说明受众毕竟保留有若干电视不能控制的条件;说明各种意向的复杂的互动过程仍在继续,各方仍在较劲。同样地,他指出识字率的增长史也是复杂的过程。在英国,工业革命初期教育过程被重新组织,当时统治阶级的意向是希望劳工阶级能读而不能写,因为统治阶级希望劳工能通过阅读了解各种有关的新指令,希望他们能读《圣经》,至于书写能力,威廉斯分析说,在英国统治阶级心目中,劳工不必掌握书写,因为"他们不会有命令要下达,没有训示或学习心得要与人沟通"②。但是,威廉斯指出,"重要的是阅读本身所产生的意义。因为工人有了阅读《圣经》的能力,也就不能阻止他以这种能力去阅读激进报纸的新闻。意向虽在控制之中,效果却在控制之外"③。

在当时的语境下,威廉斯在论证传播科技及其社会应用史上各种社会意向的复杂互动时,使用的实例并未涉及互联网技术。但在今天的时代背景下,威廉斯的观点对于诠释互联网(包括移动互联网)技术及其社会应用的发展进程中社会力量的博弈和各种社会意向的复杂

---

① Raymond Williams, *Television: Technology and Cultural Form*, London: Wm. Collins & Co. Ltd., 1974, pp. 129-130;〔英〕雷蒙德·威廉斯:《电视:科技与文化形式》,冯建三译,台北:远流出版公司 1994 年版,第 162—163 页。
②〔英〕雷蒙德·威廉斯:《电视:科技与文化形式》,冯建三译,台北:远流出版公司 1994 年版,第 163 页。
③ 同上书,第 163—164 页。

互动,同样适用。

国际互联网/因特网的前身美国国防部的阿帕网最初的兴起,其重要的动因,是美国从军事角度考虑的通信网络技术竞争。当1969年阿帕网诞生时,美国国防部高级研究计划署的初始意向,是建立一个军事科技研究人员之间进行信息交流的网络,一个不设控制中心,信息在节点间自由流动,即使某个站点的电脑网络设施遇到袭击而崩溃,信息依然可以经由另外的路径到达目的地的信息指挥系统。而在国际互联网(因特网)从军用到(教育科研部门)民用再到商业化运作的民用的发展历程中,各种社会力量在追求发展的目标之驱动下竞相使用互联网的社会行动,是互联网的社会应用发展进程中重要的动力因素之一。"国际互联网社会应用的发展进程的图谱中,记载着各种社会力量的种种网络应用实践,也折射出其不同的希冀和关注。政府机构希冀通过网络促进社会的信息化进程,顺应政治文明发展的潮流,实施更加透明、公开的政务,关注掌握网络传播管理的主动权;商界希冀通过网络展开全球范围的新一轮的市场竞争,以方便和加快全球范围的交易和商品流通,关注抢夺网上商机,争取最大限度地赢利;文教科技界希冀通过网络展开全球范围的科技文化交流,关注将远程教育推向新的发展高峰;传媒界希冀通过网络开拓新的发行/发送平台,找到其发展的新的增长点,关注扩展其影响力和由此带来的收益;对于由传统传媒从业者垄断新闻传播把关现状不满者,希冀通过网络成为新闻内容制作者和发布者,使新闻传播更加多样化,关注新闻传播中的权力平衡……"[①]各种社会力量的这些不同的希冀和关注即是各种网络应用技术和功能开发、发展背后的多种社会意图。而网上也不乏动机不正者,他们出于谋取钱财等意图,进行网上欺诈、从事非法交易等网上违规行为。网络发展进程中各种意向的卷入,无疑也是互联网(包括移动互联网)发展图谱中重要的部分。

可以看出,威廉斯强烈地意识到科技、社会制度与文化之间的关系的复杂性,并力求审慎地在其论述中反映这种复杂性。他既反对只

---

① 张咏华:《有意图的社会行动对互联网社会应用的影响》,《中国网络传播研究》第二卷第一辑,2008年11月。

将传媒技术视为传媒效果的决定因素、视为引发变化的原因的唯技术决定论,针锋相对地提出新科技本身是特定社会体系的产物的论点,又不赞成将传媒技术的发展视为纯粹是其他社会变迁的征兆的观点,而是承认科技在帮助人类实现某些目标时处于核心地位;既认为效果与意向密切相关,又反对简单地认为通过控制意向就必然可控制效果;既重视传媒文化生产过程中政治与经济运作对这一过程的牵制,重视传媒的社会控制,重视社会制度机构、权力或资本的分配、社会结构、习俗等对同时作为科技与文化形式的传媒的制约作用,又小心翼翼地避免把控制、决定等绝对化,而是力求坚持一种"过程的意识",将控制、决定等视为动态的社会过程,认为虽然在此期间多种决定因素对传媒实践产生限定作用,但这并非密不透风的控制,各种社会因素的复杂互动不断发生,社会抗争与冲破限定的可能性依然存在。威廉斯是一位重视社会参与的西方马克思主义学者,他在以理性批判西方社会的传媒现状中的问题的同时,积极探索如何通过社会行动与抗争来改变现状、解决问题。这或许正是他在阐述控制、决定等时显得特别审慎而极力避开绝对化的字眼的原因。

第三节 威廉斯的媒介观的长处和局限性探析

威廉斯的理论力求把大众传媒及其传播活动置于同整个社会生活方式和历史进程的联系之中进行分析研究,并以传媒技术、社会制度与文化形式之间的关系为重要主题,极力在探讨传媒文化中克服仅以文本为依据分析大众传播与通俗文化的方法的局限性,且在有关传媒技术同传媒社会影响的问题上力求避免陷入唯技术决定论的极端。威廉斯的研究成果,展示了大众传播研究的文化社会学的宽广视角。

一、批判精神和忧患意识同实事求是的研究立场和向前看的研究态度之融合

作为一名西方马克思主义学者,威廉斯具有批判精神与忧患意识。这一点,我们不难从他对现代(西方)社会中的传播危机、商业性大众传播体制的弊端的分析中看出,也不难从他对传播学传统学派的效果研究以及麦克卢汉的媒介理论的批评中看出。从威廉斯对一系列问题的看法中,我们可以发现类似法兰克福学派的霍克海默、阿多诺等人以及其他批判学派的西方学者对西方"文化工业"的批判性研究取向。但是,威廉斯的媒介观的可取之处,还不仅在于它显示出批判精神与忧患意识,更为重要的是,在威廉斯的大众传播研究中,批判精神与忧患意识同实事求是的研究立场与面向未来的研究态度融合在一起,成为其重要的特征。

威廉斯以开放的心态,采取了实事求是的研究立场和"向前看"的研究态度。他推崇实事求是的立身处事原则,在《文化与社会》一书中批评了某些学者用一般结论代替实事求是的具体分析或以公式来套现实的做法。他本人则以实事求是的研究立场,对有关大众传播的许多问题做了深刻的分析。本章讨论的他对文化、大众文化、作为科技与文化形式的传媒、传媒内容、受众兴趣等的分析,显示的正是这种实事求是的研究立场。同样地,在涉及(文艺)"控制""自由""艺术家的出版自由""社会对于保护未成年人的责任"等的论战及与此有关的一系列问题时,威廉斯也做了实事求是的具体分析。他认为仅仅根据受众对象的类别来判断传媒效果并以此为依据采取社会控制手段并不够,并指出区别作品质量是复杂的事情。他阐述说,"我们无法依靠好的作品与坏的作品之间的绝对差别,总是有一些作品是瑕瑜互见的或居于佳作与劣作之间的……有人提出这样的论点:可以根据受众的类别来评判效果;有的信息内容对于成年人而言并无不当,但对于儿童却不宜。这一论点也许笼统而言是正确的,但在实践中,大多数作品都不可能是仅仅给某一个类别的受众群接触的,不论意向是什么,现实中的各类受众群体总是在一定程度上相互重叠的……此外,在每个受众群体的内部,不论该群体是成年人、青少年还是儿童,都存在着性格和稳定性方面的极大差异,这些差异可能与实际效果有很大的关联"[①]。威廉斯认为,鉴于保护性措施正在被实施,真正重要的问题似乎在于:谁做出散布哪些信息内容、禁止哪些信息内容的决策?这些决策是根据什么理由做出的或者是依据什么理由被证明是正当的?

---

① Raymond Williams, *Communications*, London: Penguin, 1970, p.122.

作为一名对西方资本主义社会体制持批判态度的学者,威廉斯提出这样的疑问是很自然的。威廉斯对于以"自由的媒介体制"和"受到控制的媒介体制"两大标签来讨论媒介体制的做法不以为然,他觉得现实的情况远比这复杂得多,学术界应细致地分析各种媒介体制并探讨各种可能性。此外,他对意向与传媒技术发明及其应用的关系以及大众传播过程中的社会控制、决定等问题的极为审慎的探讨,也折射出他力求实事求是地探索传媒技术发展进程及传媒文化实践过程的精神。当然,如何在这些问题的阐述中做到既立场鲜明又避免绝对化,十分不易,这涉及如何使政治经济分析与文化研究恰到好处地融汇一处。因此,威廉斯的有关观点,也曾引起一些批评。对此,我们将在分析他的理论的局限性时再予以具体的讨论。

威廉斯的实事求是的研究立场还表现在他对他人研究成果的态度上。在《传播学》一书中,他吸取了源自美国传播学传统学派的内容分析方法,将之与历史学的研究方法结合在一起,收集和提供了大量的内容分析的数据和有关历史事实的数据。这使他的著作在具有浓厚的思辨色彩的同时,在对于媒介发展史和媒介内容的分析中还具有实证、定量研究的精确性。虽然,威廉斯接受来自实证研究和内容分析的影响这一点,曾被西方有些学者视为"不幸的",并被批评为使《传播学》一书成为"过时的"著作,[①]但是,笔者认为,英国和其他一些欧洲国家的许多文化研究,都具有以思辨式的讨论见长的特色,作为来自这种文化传统的一名学者,威廉斯能够吸纳实证主义的、定量化研究的方法,并将它汇入自己的研究,这种开放的态度是可贵的。在《电视:科技与文化形式》一书中,他对美国传统学派的传媒效果研究也采取了力求公允、实事求是地进行评价的态度。虽然他非常不满这种研究对既定的西方社会秩序等缺乏理性批判,却并未因此而断言此种研究一无是处,而是中肯地提醒人们注意追问:有关诸如电视对于政治行为的影响之类的政治效果的定义是由谁提出的?它是从何而来的?即便对于他尖锐批评的麦克卢汉的媒介理论,威廉斯也还是承认麦氏

---

① G. Turner, *British Cultural Studies: An Introduction*, New York: Routledge, 1990, p. 61.

的著作很明确地区分了不同媒介的特殊性。这也显示出威廉斯治学严谨、对待学术问题力求公允的态度。威廉斯本人的著述得以集抽象的思辨与具体的分析于一身,显然从他的开放心态中获益不少。

威廉斯还是一位具有面向未来的研究态度的学者。他在出版《文化与社会》一书时即针对有些学者谈论"文明"与"文化"时的怀旧情绪,尖锐地指出,"在谈论所谓'有机的'社会时将赤贫、褊狭、专制、疾病与死亡率、无知与聪明才智的受挫等排除在外是愚蠢的,它们同样是那个社会的组成成分"①。在《传播学》一书中,他进一步表明了自己的态度:"我希望这一进程继续,我丝毫也不想倒退回或试图倒退回任何以往的历史时期。"②由于威廉斯采取了向前看的研究态度,从而避免了西方有些文人学者在论述现代大众文化与大众传播时所显示的悲观主义的、自命高人一等的、怀旧的情绪,因此他善于对大众文化、大众传媒、媒介内容、受众兴趣等一系列问题,做出一分为二的、中肯的、辩证的分析,提出很有见地的观点。对于这些分析与观点,以上两个部分中已进行了介绍,在此不再重复。在他的文化社会学的媒介观中,理性批判的锋芒清楚可见,但没有将现代的工业化社会视为不如昔日农业社会的怀旧、悲观论调。这一点,我们认为是非常难能可贵的。与早期法兰克福学派的一些学者对于大众文化的激进批判中显示出的多少绝对化的悲观论点相比,威廉斯的观点应该说更为理性、辩证。

二、著述严谨,学术影响深远

威廉斯是一位国际知名的西方马克思主义学者。他著作等身,生前出版了近三十部著作,发表的论文和其他文章更是多达几百篇,而且这些著述均是以极为严谨的态度撰写而成的。他以其大量高质量的学术成果,在国际学术界产生了深刻的影响。他的著述,在学术界的各种研究成果中和学术场合被频频引用。他的一些专著,被译成多

---

① Raymond Williams, *Culture and Society*: 1780—1950, New York: Columbia University Press, 1960, p. 260.

② Raymond Williams, *Communications*, London: Penguin, 1970, p. 138.

种外国语言。在中国大陆,多年前曾出版其专著 Culture and Society 的中译本《文化与社会》,后又陆续推出了其专著 Modernist Politics（《现代主义政治》）, The Long Revolution（《漫长的革命》）和 Country and City（《乡村与城市》）的中译本;中国台湾地区 1994 年曾出版威氏的专著 Television: Technology and Cultural Form 的中译本《电视:科技与文化形式》……威廉斯被一些西方学者称为文化社会学派的理论先锋,可谓实至名归。其学术成果,对于文化研究与传播研究的影响,尤其深远。他的理论,对于当代英国文化社会学派的大众传播研究,更是影响极大。

在此,我们也许可从威廉斯同当代英国传播学文化社会学派的杰出代表霍尔在有关大众传播过程和大众传媒文化的一些重要问题上显示出的一致性中,对威廉斯的深远学术影响有所领略。霍尔在其有关"(电视传播中的)编码与译码"的理论中,提出传播过程可被理解为由几个相互联系而各不相同的要素——生产、流通、分配/消费、再生产——之间的连接而产生的结构,后者一直由前者所支撑。他引入了符号学的观点,着重研究在大众传播过程中,传媒讯息的生产过程与消费过程如何涉及编码与译码,如何以认知结构为框架,并且作为社会和经济的产物而展开。他尤其试图通过研究传媒讯息消费过程中受众对于这些讯息的译码过程,来解释传媒讯息流通过程中社会抗争的可能性。他认为由于传媒讯息符号的内涵层面并非封闭式的,符号示意过程中存在着抗争的可能性。他提出了这样的论点:受众对于媒介文化产品的解读与诠释,与他们在社会结构中的政治立场相应,有三种基本的方式:一种方式可被称为"占主导地位/统治地位的"(dominant-hegemonic)解释,其特征是接受占统治地位的意识形态;另一种是"协商式的"(negotiated)解释,即大体上按照占统治地位的意识形态进行解释,但加以一定的修正,使解释有利于反映自身的立场和利益;还有一种是"对抗式的"(oppositional)解释,其特征是摒弃占统治地位的意识形态,做出反其道而行之的解释。[①] 霍尔当然意识到符号

---

① 转引自 Norace Newcomb(ed.), Television: the Critical View, New York: Oxford University Press, 1994, p. 511。

内涵层面的多义性并不意味着它们之间是平等的,他承认任何社会或文化都有自己对于社会、文化和政治世界的分类标准,这些分类标准构建成占主导地位/统治地位的文化秩序,左右着传媒讯息流通过程中的意义构建;他承认在许多情况下,译码在其中运作的一些限制与界限范围是由编码所构建的。然而,与此同时他指出,编码过程无法在简单意义上决定或保证译码过程中人们将以何种方式解读传媒文化产品,因为编码与译码之间虽有"对应",但这种"对应"是在传媒文化流通运作过程中"构建"而成的,而非"天生的",是由这两个不同环节之间的联系所产生的,而不是"自然的"。① 他的这番阐述,同威廉斯有关媒介效果、决定论等问题的阐述,可说是异曲同工,体现了英国文化社会学派在试图诠释大众传播过程中的社会抗争方面的尝试。可以说,威廉斯当之无愧地称得上文化社会学派的早期理论开拓者。

20 世纪 90 年代以来,随着电脑互联网络作为新一代媒介的迅速崛起,当国际学术界对麦克卢汉的媒介理论再度产生新的兴趣时,有的学者经过研究指出,传播学研究文化学派的学者对麦克卢汉的评价,迄今仍继续受到威廉斯对麦克卢汉的批评之影响。② 这再次折射出威廉斯及其文化社会学的大众传播理论、媒介观在学术界的地位。

三、在决定论问题上的旗帜不够鲜明

作为一名西方学者,威廉斯曾受到不同思潮的影响,他的文化社会学的大众传媒观,在具有一系列长处的同时,不可避免地也有其局限性。他的理论似乎过分强调文化的重要性。他在《传播学》一书中提出,认为先有现实(实际存在)、先有生活,后有关于现实的传播活动及描述生活的文艺作品,这样的观点"是错误的",因为这种观点"把文艺和知识"降到"永远是第二位活动"的地位。他的这种提法,与他试图在物质的社会关系中去考察文化、考察大众传播的基本宗旨,不无

---

① Stuart Hall, *Encoding/Decoding*, in Stuart Hall, et al. (eds.), *Culture, Media, Language: Working Papers in Cultural Studies, 1972—79*, London: Hutchinson & Co. (Publishers)Ltd., 1980, pp. 128 – 138.

② Frederick Wasser, "Current Views of McLuhan," in *Journal of Communication*, 48(3), Sept., 1998. pp. 146 – 157.

矛盾，与他1958年出版《文化与社会》一书时所表现出的接受马克思主义关于经济基础——上层建筑的基本观点的较为鲜明的立场态度，似乎也不无矛盾。威廉斯在他的书中似乎表现出这样的倾向性：为了强调文化的复杂性、重要性而在关于哲学的基本命题——存在与意识的关系问题——上陷入难以坚持一以贯之的立场的境地。与此不无关联的是，他在其著述中对政治经济力量与传媒文化之间的关系问题的极为小心翼翼的论述，固然可说是融合政治经济分析与文化研究的一种尝试，但令人甚难清楚他在有关决定论问题上的基本立场。英国传播学研究政治经济学派的戈尔丁（P. Golding）和默多克（G. Murdock）曾评论说，威廉斯一方面强有力地指出，密切注意经济决定论问题是文化社会学不可或缺的一环，但另一方面他又坚持认为在文化生产过程与经济运转的动力之间，不能找到从属关系。[①] 在戈尔丁和默多克当初看来，这不无矛盾之处。虽然，据说戈尔丁和默多克后来的看法有所转变，但是，我们认为，这种看法自有一定的道理。当然，威廉斯为了探索西方现实社会中大众传播过程中的社会抗争的可能性，自有其在阐述这些问题时小心谨慎的理由，但与此同时，这似乎也多少同他对文化的重要性的过于强调有关。

　　此外，威廉斯的著述中对于麦克卢汉的媒介理论的批评，也有一定的疏漏，那就是：未能充分肯定麦克卢汉以科技作为动因解释社会变迁的观点中的合理成分，未能充分肯定麦氏的理论在唤起人们对于（作为当代科技重要组成部分的）传媒技术的重要作用的关注方面之贡献。诚然，威廉斯对于麦克卢汉的媒介理论的批评，确实佐证材料丰富，而且深刻表达了一系列很有见地的观点，但是，在世纪之交的今天，对照传媒实践的最新发展，对大众传播与现代社会这一范围广泛的课题重新进行认识时，我们发现：麦克卢汉在解释社会变迁时以科技作为变化的原因，其思路中包含着符合唯物主义历史观的合理成分。因此，我们认为，有必要以马克思主义的唯物主义历史观和辩证

[①] Peter Golding & G. Murdock, "Culture, Communication, and Political Economy," in J. Curran & M. Gurevitch (eds.), *Mass Media and Society*, London: Edward Arnold, 1991, pp. 15 – 32.

法为指导,对麦克卢汉的有关观点和威廉斯的批评,重新进行理性的思考。

　　根据唯物主义的历史观,生产力是社会发展的最终决定力量,在社会生产发展过程中起主要的、决定的作用。世纪之交,人类社会发展的现实,正越来越清楚地印证唯物主义关于生产力也包括科学的原理和邓小平所说的"科学技术是第一生产力"的原理。在新一轮科技革命的推动下,人类社会的经济发展,正在步入知识经济时代。这是一个微电子技术、电脑技术、光纤卫星通信技术、智能移动通信技术等信息传播新技术大放异彩的时代。作为生产力中的智能性因素,科学技术正日益明显地渗透于生产力的实体性基本要素,科技在国民经济增长和劳动生产率提高中所占的比重正在大幅度提高。有关数据表明,在20世纪初,这一比重在工业化国家中也仅为5%—10%,而在20世纪末,这一比重在发达国家已高达60%—80%,在有些技术与知识密集型产业部门甚至高达95%以上。[①] 进入21世纪以来,高新科技产业的发展更加如火如荼,即以我国为例,2009年2月科技部副部长万钢在一次讲话中指出,高新技术产业占国民经济的比例十年增长了15%。[②] 伴随着信息传播高新技术的发展而突飞猛进的互联网产业,发展更是令人赞叹不已。在2012年3月,有关数据表明,互联网经济占我国GDP的5.5%,在世界上位居第三。[③] 近年来,在世界上公认的约20个创新型国家(包括美国、日本、芬兰、韩国等)中,科技进步(对经济增长的)贡献率在70%以上,研发投入占GDP的比例一般在2%以上……[④]信息传播新技术作为新一轮科技革命的先导,不但在传媒文化/讯息生产的发展中起着重要的推动作用,而且在知识产业的迅速崛起、新产业的开辟、信息产业成为新的支柱产业、产业结构的调整乃至国民经济的转型中,都发挥着重要的推动作用。对于理论的最终检验,应来自实践。以人类社会当前的生产实践、传播实践来验证,科技原因说并非一概不能成立,而是不能被引向机械的、排斥其他原因

---

① 《光明日报》1998年4月24日。
② http://news.chinaiiss.com/html/20092/18/a16a91.html。
③ 《新京报》2012年3月21日。
④ 《第一财经日报》2006年1月10日。

的、把科技当作游离于人类社会实践和历史的力量的极端。从目前人类社会逐渐向知识经济时代迈进的变迁事实(包括传媒业最新变迁的事实)出发,根据科学技术是第一生产力的原理,我们有理由认为,把媒介技术描述成人类传播活动的变化及人类社会的其他相关变化的重要原因,在思路上、原则上并无不当。从这个角度而言,麦克卢汉的媒介理论,至少在如下几个方面,功不可没:肯定传媒技术在现代社会进程中的作用,唤起人们对于传媒技术的重要作用的关注,以及在大众传播学研究中开创一种以媒介技术为焦点考察问题的研究传统。而对于这一点,威廉斯并未指出。不论这是出于什么原因,我们从今天的语境来看,终究是对麦克卢汉的媒介理论的评判的一个疏漏。

我们认为,学术界不必闻听科技为动因即色变,唯恐一承认科技为动因即会陷入唯技术决定论。关键的问题在于:对于因果关系,要有全面的、辩证的认识。根据辩证唯物论的认识论,原因和结果是相互联系、相互转化和相互作用的。原因引起结果,结果又反作用于原因,在一定的条件下原因和结果可以相互转换。因果关联的复杂性还表现为这种关联中存在多因多果、复合因果、同因异果、同果异因等不同情况。麦克卢汉的媒介理论的主要缺陷在于,麦氏在探讨媒介与人类文明发展史时缺乏对于因果关系的辩证认识,一味将传媒技术当作变化的动因,既不考察导致媒介技术本身的产生与发展的社会原因,也不探索引起人类历史进程的不同阶段的社会变迁复杂现象之多因复杂组合,只是试图用技术原因机械地解释一切变迁。我们应该将麦克卢汉对科技的决定作用的观点,同他在认识论上的机械化区分开来。

麦克卢汉的媒介理论遭到威廉斯尖锐批评的重要原因,是由于麦氏的理论不过问人类发明与应用传媒技术的社会意向,而这可说也是源于麦克卢汉在认识论上的机械化。我们认为,只要以唯物辩证法为指导,就可以做到既肯定麦克卢汉理论阐述科技决定作用中的合理成分,又摒弃其在忽视社会意向方面的错误,从而对麦克卢汉的媒介理论做出更为全面的评价。根据唯物辩证法的观点来看待问题,科学技术在促进生产力发展中的主导作用的发挥,与科技应用于生产过程的人类生产实践紧密相连。作为第一生产力的科学技术,正是在日益广泛地应用于生产实践的过程中,通过对生产力各个要素的作用,推动生产力发展的。科技渗透到生产力各实体性要素之中的表现之一,即是科技转化为生产力要素之一劳动者的技术和技能。科技的进步与应用,离不开人力资源。科技发明与应用的主体、生产实践的主体,都是具有意识与主观能动性的人。唯物辩证法告诉我们,人类的一切实践,包括生产实践和科学实验实践,其特征之一即能动性,实践中包含着人的精神因素与意识的能动作用。而且,人作为社会的人总是在一定的社会关系中开展实践活动的。因此,人类的所有实践,都具有社会历史性的特征。实践中因而也不可避免地会牵涉社会决策。根据唯物辩证法的观点,我们完全可以也应该在承认传媒技术对于传媒文化生产及其社会效果的重要作用的同时,重视人们的意向及社会决策对于传媒技术的社会应用及其效果的影响与制约。[1]

综上所述,以唯物主义和辩证法来分析,威廉斯的媒介观和被他尖锐批评的麦克卢汉的媒介理论,各自都包含非常有用的成分。对于威廉斯来说,充分肯定人类的社会意向、社会决策在包括传媒实践过程在内的社会过程中的作用及辩证地对待决定论,堪称他的媒介观的闪光点,但过于小心翼翼使他在决定论问题上有时不能旗帜鲜明地坚持生产力是社会发展的最终决定力量、经济基础决定上层建筑的唯物主义观点,在阐述传媒技术、社会制度与文化的关系中似不能充分展开对媒介技术作用的讨论。关于麦克卢汉,我们应对其理论的机械性和单因论解释予以摒弃,但也要吸收其理论中的合理成分。瑕不掩瑜,这两位世界闻名的学者的理论各自都能在媒介分析方面给我们以许多启示。

---

[1] 本章中阐述、评析威廉斯的媒介观的部分内容,在发表于《国际新闻界》上的论文《试论威廉斯文化社会学的大众传播理论》(1997年第6期)以及《新形势下对麦克卢汉媒介理论的再认识》(2000年第1期)中曾表述过。

第四章　梅罗维兹的媒介理论
　　　　——麦克卢汉之后的媒介研究

在当年的"麦克卢汉热"退烧后,麦克卢汉(以及英尼斯)的媒介理论的影响,并未随之烟消云散。在麦氏以后的媒介研究中,麦克卢汉的媒介理论作为曾一度极为走红的一家之言,曾对不少学者产生明显的影响。其实,当年威廉斯在尖锐批评麦克卢汉媒介理论的唯技术决定论缺陷时,就预见到麦氏理论的影响不会轻易消失。他写道,"虽然麦克卢汉理论的特定的语言辞令不大可能长久延续,但是该理论之重要性,主要在于它是一种观念形态的表述之例子,即视技术本身为原因。而在这个意义上来说,当某些特定的表述公式失却其感染力时,这种理论还会有其后继者"①。20世纪80年代中期,美国传播学者梅罗维兹(Joshua Meyrowitz)在其专著《地点感的失落:电子媒介对社会行为的影响》(*No Sense of Place*:*The Impact of Electronic Media on Social Behavior*,一译《消失的地域:电子媒介的社会影响》)中提出的媒介理论,就深深地打上了麦氏理论的烙印,尽管该理论同时吸收和融入了美国著名社会学家、符合互动论的代表人物之一戈夫曼(Irving Goffman)关于情境在人们日常互动中的作用之理论。因而,《地点感的失落》一书的字里行间,处处体现出麦克卢汉的媒介理论对作

---

　①　Raymond Williams, *Television*: *Technology and Cultural Form*, London: Wm. Collins & Co. Ltd., 1974, p. 128.

第四章 梅罗维兹的媒介理论——麦克卢汉之后的媒介研究

者的影响。这也许可说是印证了威廉斯的那番预言。

当然，梅罗维兹的媒介理论，只是麦氏以后的媒介研究的一家之言。但是，一系列事实表明，这是一种影响相当广泛的一家之言。梅罗维兹的《地点感的失落：电子媒介对社会行为的影响》一书于1985年出版后，《基督教科学箴言报》《费城问询报》《圣路易斯快邮报》《技术评论》《演讲季刊》《传播学季刊》《传播学杂志》等报刊与学术刊物均对此书有所评论并赞誉有加。翌年，该书摘取了美国全国广电机构协会与广电教育协会1986年"最佳电子媒介专著"的桂冠。1995年美国Wadsworth公司出版的斯坦利·巴伦（Stanley J. Baran）和丹尼斯·戴维斯（Dennis K. Davis）的《大众传播学理论：基础、骚动与未来》一书，将梅罗维兹这本书的出版列入"大众传播（学）大事年表"。书中所表达的媒介理论不但在美国学术界与社会上引起广泛关注、重视，其影响力还跨越了国界。笔者于1987—1988年在澳大利亚堪培拉高等教育学院（后改名为堪培拉大学）大众传播学专业研究生班进修时，曾亲身领略过此书与书中的理论在那里受重视的程度。该专业研究生的主干课程"高级传播学理论"，倾注了大量学时用于研讨梅罗维兹的理论。以下我们将对这一具有广泛影响的媒介理论展开讨论。

第一节　梅罗维兹的媒介理论的渊源与要点

梅罗维兹在《地点感的失落：电子媒介对社会行为的影响》（以下简称《地点感的失落》）一书中声称，传统的（美国）传播学研究一味将研究焦点放在传媒内容及受众对于这些内容的反应上。他认为这种状况不能令人满意，批评此类研究忽视了对于"不同种类的媒介潜在不同效果"的分析。而且，在梅罗维兹看来，美国传播学界对于电视所做的绝大部分研究，都沿袭了学术界在研究以往的大众媒介中建立的研究传统，不能与新传媒（当时他主要指电视）带来的社会传播环境的变化相适应。有鉴于此，他试图以一种新的媒介理论，为研究当前的、往昔的和未来的媒介影响和社会变化，提供一种新的方法。他把这一点称为其书中所阐述的媒介理论的宗旨。他所提出的媒介理论，是一种以情境论的视角考察媒介的社会影响力的媒介理论。我们在此姑

109

且把这一理论称为"情境论"的媒介理论。

一、理论渊源

梅罗维兹十分重视麦克卢汉和英尼斯对传播媒介及其变化的社会历史作用所做的研究。他在书中不但继承了麦克卢汉和英尼斯的媒介理论聚焦于传媒技术的传统,试图集中研究媒介本身的特点,而且频频引用麦氏的著述。从这点来看,麦克卢汉(以及英尼斯)的媒介理论在很大程度上可说是梅罗维兹的媒介理论之源头。

在《地点感的失落》一书中,梅罗维兹对以麦克卢汉和英尼斯为代表的媒介理论家的研究成果与观点,择要做了简单的梳理,尤其是简明扼要地总结了英尼斯的媒介理论中涉及如下问题的主要观点:传播媒介同社会及政治权力之间的关系、不同的传播媒介在社会控制方面的潜力、传播媒介的时空偏向性以及特定的文化中占主导地位的传播媒介对于该文化的特征影响等问题,也总结了麦克卢汉对英尼斯理论中许多成分的继承与发挥,归纳了麦氏关于"感官的平衡""媒介乃人类感官的延伸""不同传播技术的应用影响人类感官的组织"等问题的论点,并分析了麦克卢汉按照占主导地位的传播媒介的变迁观,将人类历史划分为口头传播时期、书面/印刷传播时期与电子传播时期三个时期的历史观。在此基础上,梅罗维兹接受了一系列麦、英两氏的理论要点,包括:

(1) 媒介并非仅仅是两个或两个以上环境中的人们之间进行信息交流的手段,它们本身即是环境;

(2) 传播型式(patterns)的转变是在社会变化中起重要作用的因素,但这一因素受到普遍忽视;

(3) 新的媒介改变文化与知觉的方式,但这种变化是通过扩展传播形式"谱"(传播形式的范围)实现的,而并非意味着摧毁旧的传播手段,然而与此同时,一种文化中增添一种新的媒介,会改变早先的媒介的功能、意义与效果。例如:书写并未摧毁口语交流,却改变了言语及个人记忆的功能；又如，电话无疑影响了写信的功能。①

梅罗维兹显然认为这些观点都非常有用。对于上述第三点，他更是根据自己的理解予以强调："这种重要的基本原理深深地根植于系统论与社会生态学：当一种新的因素被添入一种旧的环境时，我们所得到的并非该旧环境加该新因素，而是一种新的环境。当然，'新'的程度取决于新因素在多大程度上改变了旧系统的重要影响，但是新环境始终大于其部分相加之和。"②

虽然梅罗维兹参照麦克卢汉的媒介理论之处甚多，但他并非对之毫无批评，也并不认为全盘继承麦氏的媒介理论即可找到对媒介社会影响力的解释。在梅罗维兹看来，麦氏的理论虽然将"重归部落化""传统的民族主义情感的衰落""青年、少数派群体和其他人的'深度参与'要求""对于远方的当权者的不信任"等一系列广泛的社会变化，归因于电子传播媒介的广泛运用，但是该理论没有清楚地阐明电子传媒是通过何种机制引发广泛的社会变化的。而且，梅罗维兹还认为，麦氏只是将传播媒介描述成感官的延伸并声称新的传媒一旦被引入一种文化，就会改变这一文化中的人们的"感官"的平衡和他们的知觉，但是麦氏的理论却很少提供具体提示，来解释感官平衡不同的人们为何会行为不同。③ 梅罗维兹批评麦克卢汉等媒介理论家对"媒介的偏向性""感官的平衡""新的知觉方式"等的讨论太过抽象，虽然找出了一些重要的过程，但最终并未能清楚地阐述媒介的效果，而是给传媒效果染上了神秘化的色彩，令人对新的感官系统或知觉方式究竟如何影响人们的行为如堕五里雾中，不明所以。此外，梅罗维兹还觉得麦氏的理论没有将媒介的特点同人们日常的社会互动（相互作用）的结构与动力联系起来进行分析。④

总之，梅罗维兹认为，仅是麦克卢汉（以及英尼斯）的媒介理论难以为分析传播媒介对于人们社会行为的影响提供充分的指导。他感

---

① 参见 Joshua Meyrowitz, *No Sense of Place：The Impact of Electronic Media on Social Behavior*, New York：Oxford University Press, Inc., 1985, pp. 16 - 19。
② Ibid., p. 19.
③ Ibid., p. 3.
④ Ibid., pp. 21 - 23.

到关于媒介影响的理论应该回答如下问题:那些只是创建人们之间和地点场所之间的新联系/连接的技术,为何及如何会导致社会结构或社会行为中的任何根本性转变?在他看来,可运用"情境论"的视角,考察传播媒介、情境与行为之间的关系,通过这种考察来审视新传媒的崛起造成的社会传播新型式之效果。为此,他选择了社会学中有关社会情境与社会角色的关系之理论成果,作为他的媒介理论的又一源头。在吸收社会学中的有关成果这一方面,梅罗维兹十分推崇曾一度担任美国社会学协会主任的戈夫曼将人们的社会生活同戏剧进行类比的观点。在梅罗维兹的心目中,戈夫曼的"拟剧论"的社会角色理论,为分析人们的日常互动(相互作用)的结构与动力,提供了非常有用的理论框架。

戈夫曼的"拟剧论"的社会角色理论,是符号互动理论的流派之一。简单说来,戈夫曼的理论将人们的社会互动、社会生活同表演戏剧进行类比,认为人人都在不同的社会舞台上扮演大量不同的社会角色。在某种社会情境中的特定参与者的活动总和,可以被称为表演;和某一情境中的行动者一起进入这种情境的其他人,既是观察者(观众),也是共同参与者。戈夫曼提出,特定社会情境中的每一个行动者都是表现剧情(预先决定的、在人们相互接触时由人们表演出来的行为模式)的人。[①] 他的理论指出:当人们进入某种环境时,他们就得对这一社会环境及处于同一环境中的其他人有所了解;扮演某一社会角色的人,要使自己的举止行为适合这一角色所代表的某一类型的人的角色规范,一般需要有合适的社会环境与观众。根据戈夫曼的"拟剧论"的社会角色理论,在特定的情境中的任何个人的行为,都可归于两个大的范畴:"后台区域"或后台行为,以及"前台区域"或舞台表演区行为。在前台区域,表演者作为某一特定的角色出现在"观众"面前,他们扮演相对理想化的社会角色;而在后台区域,角色扮演者以及他们的"队友"(那些扮演同一角色或从事同一工作以造成同一印象的人)则放松自己,进行排练,指定进一步表演的策略,并就他们在前台

---

① 〔美〕玛格丽特·波洛玛:《当代社会学理论》,孙立本译,北京:华夏出版社1989年版,第175—192页。

区域(舞台表演区)的行为开玩笑。①

梅罗维兹虽然感到戈夫曼的理论为观察不同的社会情境中的社会角色及其规则提供了有趣且实用的视角,但是他同时觉得这种理论将审视焦点完全放在人们面对面的相互作用上而忽视了他们通过媒介发生的互动(相互作用),并且仅以静态的观点观察情境而不是使用动态的观察方法。根据对麦克卢汉和戈夫曼的理论的分析,梅罗维兹把两者的一些主要观点汇合在一起,融入自己的书中,试图将媒介研究与情境研究结合起来,并将情境研究从分析静态的情境延伸到分析变动的情境,从分析自然(物质)情境延伸到分析媒介所造成的社会情境。梅罗维兹相信这两种研究的结合可为解释传媒效果提供一种颇有发展潜力的方法。因而,他经过对这两种理论的综合并注入自己的看法,提出了有关媒介社会作用的情境论的理论:媒介的变化导致社会情境的变化,而后者决定人们的行为。这一理论认为,电子传播媒介对社会的巨大影响力,在于它重新组织了社会情境并削弱了自然场所(物质场所)及社会"场所"之间素来很密切的联系,社会情境的重新组织,使得由社会情境决定的社会行为产生相应的变化。

二、主要论点之一:情境应被视为信息系统

梅罗维兹的媒介理论的要点之一是:应视情境为信息系统。在确定情境的界限时,传统的情境决定论者关注的是人们表现自己的行为时所处的自然情境(自然场所/物质场所),即具体的地点,如卧室、公园、大礼堂、门诊部等。对此,梅罗维兹提出了异议。在他看来,由媒介造成的信息环境同样重要,在确定情境的界限时应把接触信息的机会当作关键因素。他承认,传统的情境决定论者在研究情境对于行为的影响时,大多以特定的地点场所中所发生的接触交往为焦点,这并非事出无因:毕竟,"以地点为界限的面对面的互动,曾是直接接触到相互行为的声音与景象的唯一手段,这一状况直到最近才改变;以墙壁与栅栏为标记的分界线,以及由门和走廊提供的过道,长期以来指

---

① Joshua Meyrowitz, *No Sense of Place*: *The Impact of Electronic Media on Social Behavior*, New York: Oxford University Press, Inc., 1985, pp.29-30.

引着人们流动的方向，并在很大程度上决定了面对面互动的数量、类型和规模"①。而且，这样的自然（物质）情境目前仍然是重要的。一个特定场所，如一间屋子，由于其墙壁和门以及它所坐落的地点，趋于以一种特殊的方式把行为主体包括在内或排斥在外，因而具有特殊的社会意义：一间屋子的门，既允许某些人之间的集中的互动与交流，又把这种互动与交流的参与者同其他人（通过将其他人关在门外）分离开来；自然（物质）场所的大小，趋于限定能够在内舒服地进行互动的人数的上限与下限。尽管梅罗维兹承认这些都是研究者重视自然（物质）场所（环境）的符合逻辑的理由，但是他注意到传统的情境决定论者的许多分析往往忽视了一个重要的问题：究竟是什么使地点场所对情境显得如此重要？换言之，是否地点场所本身决定了人们的行为（从情境角度而言）是否合适？是否还有另一种事物在决定人们行为的重要性，可是这种事物却被传统地认为归属于自然场所？他洞察到，认真探究一下就可发现，构成"谁处在什么地点"这一问题的基础的，是"什么类型的行为可被谁观察到"这一问题。

梅罗维兹在讨论情境定义时引入了感觉区域的概念，指出：地点场所对情境来说之所以重要，归根结底是因为它允许某些人进入特定的感觉区域，使他们能看得见和听得见正在里面发生的活动，而把另一些人排斥在这一感觉区域之外。例如，卧室可以充当夫妻之间进行密谈的场所，因为它把其他人排斥在听得到他们之间的谈话的感觉区域之外。梅罗维兹提出，地点场所实际上仅是一个更为宽广的概念——感觉区域的一个重要分支概念；决定人们互动的性质的，并非自然环境（场所）本身，而是信息流通的型式，后者才是问题的关键所在。②

为了证明传统的情境决定论者对情境定义的认识之不足并论证自己的观点，梅罗维兹列举了戈夫曼对于餐馆中服务员的角色扮演及其前台行为和后台行为等的分析，指出了这种分析的缺陷。戈夫曼描述了服务员如何在餐厅中处于"前台区域"，在厨房中处于"后台区

---

① Joshua Meyrowitz, *No Sense of Place : The Impact of Electronic Media on Social Behavior*, New York: Oxford University Press, Inc., 1985, p.35.
② Ibid., pp.35-38；张咏华：《大众传播社会学》，上海：上海外语教育出版社1998年版，第68页。

域"。在戈夫曼的研究分析中,前台区域和后台区域常常直接同自然场所相连。梅罗维兹指出,地点场所并非问题的关键所在,因为如果餐厅中无人(例如在服务/供餐时间之前或之后),那么餐厅显然不妨暂时被用作后台区域,服务员可在其间做准备工作,"排练"其表演,并放松自己。而与此相反,通常作为餐厅中的后台区域的厨房中如果有顾客走了进来,那么,厨房就会临时变为前台区域。① 梅罗维兹还举例说,如果在一户人家,孩子尚未学会读书识字,家长通过相互读出单词的拼写来交谈,从而避免其年幼的孩子听懂他们的谈话,那么,尽管他们的孩子在场,但是他们却在那儿建立起了一个后台区域。②

梅罗维兹通过实例佐证后,指出:在探讨情境定义时应以人们接触信息的机会为焦点,拓宽情境的概念。而信息不仅在自然(物质)环境(场所)中流通,也通过媒介流通,因此,以这种拓宽了的情境概念来分析人们的行为,应把媒介环境(媒介的运用所造成的信息环境)放在重要位置上来考虑,因为媒介信息环境如同地点场所一样,促成一定的信息流通型式。对于运用传播媒介所导致的信息环境,梅罗维兹仍以餐厅中服务员的言行为例,做了言简意赅的说明。他指出,如果在一家餐厅的厨房中,服务员正在对某位顾客的古怪举止行为品头论足并讨论如何获取大笔小费,这本是服务员之间的说笑,属后台行为,然而,由于他们忘了关上内部电信联络系统,致使几位顾客听到了这种说笑,那么,这种谈论就显得很不恰当,就不再是后台说笑了。如果将这种谈论与关闭内部电信联络系统时他们的同样谈论相比,尽管谈话参与者所处的自然场所没起变化,但是,顾客对这种说笑信息的接触,影响了整个事情的情境。③ 这些服务员的谈论失去了原本作为后台说笑时的合适性,成为临时前台区域中的不恰当行为。

通过这些关于人们的日常社会角色、社会行为的例子,梅罗维兹以感觉区域的概念,拓展了关于"前台区域"与"后台区域"的情境论研究视野,突出强调了自己有关情境的定义超越地点界限及情境即为信

---

① Joshua Meyrowitz, *No Sense of Place: The Impact of Electronic Media on Social Behavior*, New York: Oxford University Press, Inc., 1985, p. 36.
② Ibid., p. 37.
③ Ibid., pp. 36 – 37.

息系统的观点。

三、主要论点之二:不同行为的分离取决于不同情境的分离

梅罗维兹认为,"真正不同的行为需要真正不同的情境",正是不同情境的分离使不同行为的分离成为可能。根据梅罗维兹的观点,所谓信息的流通型式,不仅指接触社会环境中的信息之型式,也指限制接触这种信息之型式,即它既牵涉哪些人得以接触某一特定社会环境中的信息,也牵涉哪些人被排斥在外而接触不到在这一社会环境中流通的信息。在界定情境时,"谁和什么处于某一特定的情境之外"这一问题,同"谁和什么处于某一特定的情境之内"同样重要。非但如此,"谁和什么处于某一特定的情境之外"对于决定在该情境中发生的社会行为的合适性来说也很重要。例如,某公司总经理甲发现该公司的一位部门经理乙在工作中有不少疏忽之处,于是,将乙叫到自己的办公室进行个别交谈,对其进行了批评。从情境的角度而言,甲对乙的指责的恰当性,不仅在于甲的地位是乙的上司,还在于乙自身的下属不在场,后一点同前一点一样重要。梅罗维兹阐述说,人们对于每一社会情境都需要一种明确的界限,因为他们的社会角色扮演需要连贯、一致。当两种或两种以上不同的情境发生重叠时,不同的社会角色会混淆不清,令人们感到困惑,不知所措。① 关于情境的分离和结合型式以及情境产生重叠的现象,梅罗维兹主张用动态的观点加以分析。他认为:情境的分离和结合型式是一种可变的因素而并非个人或社会存在的一个静态的方面;制约情境的分离和结合型式的因素,包括个人的生活决策和社会对于媒介的运用等,此外,有时这种型式也可能被偶然因素所改变。

为了论证社会对于媒介的运用在这方面的影响,梅罗维兹以黑人权利倡导者斯托克利·卡迈克尔(Stokely Carmichael)20 世纪 60 年代的宣传活动为例,分析了这种活动的不同背景及效果。著名黑人权利

---

① Joshua Meyrowitz, *No Sense of Place: The Impact of Electronic Media on Social Behavior*, New York: Oxford University Press, Inc., 1985, pp. 46 - 47;张咏华:《大众传播社会学》,上海:上海外语教育出版社 1998 年版,第 69 页。

倡导者卡迈克尔积极进行有关演说以宣传、倡导黑人的权利。在20世纪60年代后期,他的活动引起了媒介的注意,从而有机会登上媒介制造的"社会大讲坛"向公众做演说。这种机会似乎为他提供了扩大其宣传活动的影响辐射面的有利条件。但是,这种有利条件背后却隐藏着情境不明、效果不佳的危机:在电视和广播这两种为社会公众广泛共享的电子传播媒介中,卡迈克尔发现他自己同时面对着两种受众群体——作为他的主要传播对象的黑人受众群和"偶然听到他演讲"的白人受众群;二者具有不同的特点,这一现实情况给他的演讲带来了表述方面的困难。在面对面的演讲中,他能就黑人权利问题分别给黑人受众群和白人受众群做完全不同的演说,这样的演说能满足其受众的期望。但在通过广电媒介所做的演讲中,由于他是同时在向这两种特点不同的受众群做演讲,原本两种不同的情境之间的分界线被混淆了,出现了一种新的混合的情境。这一新的情况迫使他对修辞方式和主题重新做出选择:是选择适合于白人受众群的修辞方式和主题还是选择适合于黑人受众群的修辞方式和主题?这成了他面临的两难选择:如果他选择前者,他就会脱离他的主要传播对象,而且无法实现他的目标:赋予黑人一种新的自豪感和自尊感;而如果他选择后者,他就会使白人疏远,其中包括许多对取消种族隔离持赞成态度的白人开明人士,后者本应成为黑人权利运动争取的对象。由于当时他既没能找到合适的解决方法,又设计不出一种混合的演讲风格,因此他不得不在其通过电子传播媒介播送的演说中使用适合于黑人受众群的表述方式。但是这样一来,他的演讲虽说成功地激发了他的主要传播对象——黑人受众群的激情,却也激起了其次要受众群——白人受众群的敌意和恐惧感。总之,看起来似乎是卡迈克尔宣传活动的有利条件的媒介——"社会大讲坛",在当时的情况下带来的宣传效果却并不好。[①]

这一在美国传播学界广为人知的事例,颇能发人深思。梅罗维兹

[①] Joshua Meyrowitz, *No Sense of Place*:*The Impact of Electronic Media on Social Behavior*, New York:Oxford University Press, Inc., 1985, p.43;张咏华:《大众传播社会学》,上海:上海外语教育出版社1998年版,第69—70页。

分析说，卡迈克尔的电视演讲的效果这一事例向人们显示：

（1）媒介的运用可能混淆不同的情境，如混淆卡迈克尔向黑人演讲的情境和他向白人演讲的情境。

（2）不同情境的混淆，会导致新的情境的产生。如在卡迈克尔的宣传活动的例子中，在电子传媒播送的演讲中，卡迈克尔处于同时向黑人受众群和白人受众群进行演讲的混合情境，他并不是仅仅在向前者或后者讲话。

（3）新的情境的产生要求人们采取新的行为，因为行为得适合具体的情境。

关于情境界限的被打破和混淆，梅罗维兹感到，有两种不同的情况：暂时打破和永久/长期打破。他认为，如果情境界限只是被暂时打破，如顾客无意中进入了餐厅服务员的后台区域，或小孩子在大人尽情娱乐的化装舞会上闯了进来，这种情况会导致混乱；但是，如果情境界限的打破是永久的或长期的，这种打破则会导致新的行为型式。而新媒介的使用所引起的情境界限的被打破、混淆，显然并非一时的。那么，按照梅罗维兹的思路推论，媒介的使用会对社会情境型式产生影响，而社会情境型式又左右人们的社会行为，因而，媒介的变化通过改变社会情境的型式而促使人们的行为起变化。

四、主要论点之三：电子传媒的普及促成情境型式的变化

梅罗维兹对电子媒介的集中关注使他注意到，由于电子传播媒介的普及，情境型式正在发生变化。这表现在两个既相互区别又相互联系的方面。一方面，电子传播媒介的广泛应用正在促成一系列旧有情境界限的被打破，致使一些旧有的不同情境合并；另一方面，电子传播媒介的普及正在使有关情境的一些旧有方式的联结、结合消失，导致新的分离。这是他的又一主要观点。

针对美国几大电视网追求"引起最少反对的节目编排"（Least Objectionable Programming）的规则，梅罗维兹指出，这虽然与美国电视业的经济结构密切相关，但是还有一些事关电视媒介特点的因素也同这种媒介中的类同化的信息系统有关。一个因素即接触媒介的代码系统。接触印刷传播媒介的代码，需要通过认真学习来掌握，而且是

阶段化的：曾经长期在媒介传播活动中占统治地位的印刷传播媒介，要求传播过程的参与者学习、掌握读写技巧。这种读写技巧不但来自多年的实践，而且涉及许多不同的熟练阶段。人们在习得读写技巧的过程中，得循序渐进。这种阶段化的读写技巧又反过来影响人们对印刷传播媒介的接触使用，因为那些对读写技巧的掌握只达到初级熟练阶段的人，显然无法阅读那些文字代码高度复杂、要求读者具有高级熟练阶段的读写技巧的印刷物。因而，传播者可以通过改变印刷信息的文字代码的复杂程度，使印刷传播媒介的内容适合不同文化程度的受众群。与此形成对照的是，电视的电子信号展示日常生活的视、听形象，这种电子信号几乎"完全不是一种代码"；观看电视的技巧极易掌握，既不需专门学习，更不必经过固定的顺序和阶段：人们根本不必先从看简单的电视节目入手，继而才会看复杂的电视节目。① 看电视可说老幼皆会、文盲与高级知识分子皆会。梅罗维兹据此提出，电视在代码方面的固有特性，决定了它的受众是极为庞杂的；电视媒介所用代码的简单性，使之能将来自不同经验世界的视听形象显示给许多不同的受众群，由此冲破昔日由印刷传媒所造成的不同受众群的分界线，使不同阶层的受众群，得以在更大程度上分享信息内容。

另一个因素是大众传播活动中媒介的物质特征及与此相连的媒介与讯息内容间的关系。梅罗维兹提出，书籍等印刷传播媒介的物质特征是：信息的传递需借助有形的实物；媒介与讯息内容之间有一种自然联结：以书籍为例，它不仅是一种工具，一种传播媒介，每本特定的书籍及其特定的讯息内容还构成一个有形的实物。作为实物，书籍连同其内容由人们购买或借阅，由人们主动寻求并带回家中；书籍是媒介兼文化制品和人们的所有物（财产）。而且，在印刷传播活动中，媒介的物质特点因讯息特点的变化而异：一本重量可观的巨著也是一本长篇大论的著作；一本很轻的书籍也是一本篇幅短小的著作。与此形成对照的是无线电广播和电视的物质特征，以及广电传播中的媒介与讯息内容之间的关系。无线电广播和电视的讯息内容是瞬间即逝

---

① 参见 Joshua Meyrowitz, *No Sense of Place: The Impact of Electronic Media on Social Behavior*, New York: Oxford University Press, Inc., 1985, pp.75-81。

的,消费后不留下有形的证据。无线电广播和电视并不同特定的讯息一起构成有形的物体。在广电传播中,媒介与讯息内容间不存在类似印刷传播中的自然联结:人们通过同一实物———一台收音机或一台电视机就可接收成千上万不同的讯息。此外,在广电传播中,梅罗维兹所描述的媒介的物质特点,也不会因讯息特点的变化而异:不论播送的节目是长还是短,是信息丰富还是贫乏,收音机或电视机的规格都不会变。①

梅罗维兹认为,作为实体的书籍都有自己特定的信息,而且,寻找和选择作为实体的书籍等是个人化的且费时费钱的行为,这导致印刷传播活动中受众对于信息的接收呈高度选择化的、习惯化的特征:特定的受众成员日常大量接触的信息,自有其特定的类型;一个人的私人藏书往往把此人同某一群体或一组群体的信息网络联系在一起,与此同时,也倾向于把此人同其他群体及其信息分离开来。非但如此,印刷传播活动中媒介与讯息之间的自然联结赋予特定种类的书籍等以特定的情境定义:人们可能会把某本书描述成"高深的"或"通俗的",可能会把某一杂志描述成"严肃的"或"轻松的"。而在电视传播中,任何特定的电视机都不只是包含其一类特定的信息,都不仅是同这一特定的信息相连。恰恰相反,任何特定的电视机都能使受众接触大量不同类型的信息,它也无法起到把电视机拥有者、使用者同某一(些)特定的信息网络相连以及将之同另一些群体及其信息分离开来的作用。例如,任何一台电视机都能使儿童接触范围广泛的"成年人"信息。人们对于电视节目的体验,也不是把它当作具有独立的物质层面或存在的有形的实物来体验。凡此种种,都使无线电广播和电视传播中的信息接收的条件,不同于印刷传播中的情况。"电子形象和声音闯入人们的环境,讯息的接收花费的努力极小。"②梅罗维兹认为,随着电视的普及,书籍等实体所体现的传播媒介与讯息内容间的旧有自然联结不复存在,这使得受众对电视传播中的讯息内容的接收,选择化程度低于印刷传播;人们对不同的电子讯息的选择,谨慎和差别对

---

① Joshua Meyrowitz, *No Sense of Place*: *The Impact of Electronic Media on Social Behavior*, New York: Oxford University Press, Inc., 1985, pp. 81–84.
② Ibid., p. 84.

待的程度,都不如其对书籍等的选择。所有这一切,也构成一个原因,令无线电广播和电视使许多不同的受众群体,对于范围广泛的议题以及处于非常不同的生活情境中的人们,获得"至少是表面上的熟悉、了解",这也从另一个方面打破了昔日由印刷媒介所造成的不同受众群的界限。①

梅罗维兹还认为,电子传播媒介引起的另一变化是打破了物质场所/自然场所和社会场所之间的联结,造成了二者的分离。他认为,虽然口语文化与印刷文化差异很大,但物质场所/自然场所和社会场所之间的联结却是二者共同的特点。在以往,媒介的变化虽然影响到地点场所之间的关系,也影响到人们带入地点场所的信息和在特定的地点场所中所拥有的信息,却没有改变地点场所和社会情境之间紧密相连的关系。二者之间的联结仍一如既往地存在。而电子传播媒介则不然,它们几乎导致了自然场所/物质场所和社会"场所"之间的完全分离。② 梅罗维兹如是描述电子传播媒介出现前的情况:"在电子传播媒介(出现)之前,人们有足够的理由忽视自然场所/物质场所和社会情境之间的差别。地点场所界定了大多数社会信息系统。某一特定的场所—情境从空间和时间上都是同其他场所—情境分离开的。从某一场所—情境旅行到另一场所—情境需要时间,距离是衡量社会隔离和孤立程度的尺度……从某一情境到另一情境、从某一社会地位到另一社会地位的流动,牵涉从某一地点场所到另一地点场所的运动。地点场所界定了独特的情境,因为其分界线限制了感知和互动……"③在梅罗维兹看来,在电子传播媒介诞生后的今天,虽然"不同地点场所之间的分界线仍然具有一定的界定社会情境的功能,但是那仅仅限于在信息仍然能通过限制物质的接触而受到限制的程度。虽然许多社会信息依然只能通过进入到某一特定的地点场所去或通过面对面会见人们而被接触到,但是传播媒介的新近变化已大大削弱了接触信息同进入地点场所之间的一致性……当家中有了电话、收音机或电视

---

① Joshua Meyrowitz, *No Sense of Place*: *The Impact of Electronic Media on Social Behavior*, New York: Oxford University Press, Inc., 1985, pp. 81 – 85.
② Ibid., p. 115.
③ Ibid., p. 116.

时,空间的隔离、孤立和入口处的警卫把守对信息流动已不起作用"①。在今天的语境下重温梅罗维兹的这一观点,笔者感到其意义由于全球联通的国际互联网(包括移动互联网)的崛起而倍加深远:在信息通过网上虚拟空间而在世界范围瞬间流通的今天,物质场所构成的空间的/地理上的隔离对信息的流动更是不能产生影响。

　　根据梅罗维兹的观点,旧有情境界限的打破,有关情境的一些旧有方式的联结、结合的消失和新的分离的产生,都使情境型式发生变化,出现了许多原本分开的旧情境、范畴合并的现象,导致了新情境的形成。与电子传媒自身特点相关的电子传播活动中不同阶层的受众群体对信息和范围广泛的议题的较大程度的分享,促成许多公众活动领域的合并。而且,由于电子媒介的传播具体生动并能体现事件的进展,公共经历和私人经历的分界线有时变得难以界定。通过电视,人们可以观察到别人的私人行为,也就是说,电视使一些私人经历暴露于众目睽睽之下。梅罗维兹把这一现象称为原来的"私人情境"并入"公共情境"。电子传播媒介引起的地点场所和社会场所的分离,使原先以自然场所为界限的情境被打破:当人们通过电子媒介从事传播活动时,他们所处的地点场所,再也无法决定其社会场所和社会地位。凡此种种,都使原先特点分明的不同情境的分界线被混淆,导致与此相应而且特点分明的不同社会角色的分界线被混淆。在书中,梅罗维兹专门列举和分析了几组角色的分界线的混淆,这几组角色的分界线是:领导与部下的角色之分界线、男士与女士的角色之分界线以及成年人与孩子的角色之分界线。总之,他认为,电子传媒所造成的信息环境变化,正在引发人们的社会角色型式的变化。

第二节　梅、麦理论之比较及梅罗维兹对媒介理论的贡献

　　梅罗维兹的媒介研究,既然将麦克卢汉的媒介理论和戈夫曼以情

---

① Joshua Meyrowitz, *No Sense of Place: The Impact of Electronic Media on Social Behavior*, New York: Oxford University Press, Inc., 1985, p.117.

境论视角考察人们的社会角色的"拟剧论"融合在一起,作为其理论基础,他的媒介理论自然就和麦氏的理论有密切的联系而又有所不同,在一定的方面体现出对麦氏理论的继承和发挥,却又不止于此。本节拟对二者的理论做一简单的比较,分析其异同。

一、考察与论证方式

在梅罗维兹的《地点感的失落》一书出版后,翌年《传播学季刊》(*Communication Quarterly*)上对此书的一篇书评,开门见山地评析说,"如果说哈罗德·英尼斯和马歇尔·麦克卢汉'将段落压缩成句子',那么梅罗维兹则确保他能提供足够(如果算不上过多的话)的段落阐述他的论点"[①]。麦克卢汉的媒介理论,是宏大叙事式的,虽说在宏观层面显示出深刻的洞察力并颇多惊人之语,但其对媒介在社会历史进程中的作用之考察和论述,似有太过泛泛的缺陷,缺乏具体的切入点,想象多于严格遵循逻辑的推敲,断言多于严谨的论证。诚如梅罗维兹在《地点感的失落》一书中所指出的那样,麦克卢汉虽然对各种传播媒介的作用做出了概括性的断言,但是这些断言严格说来缺乏清晰的、线性的论证和论据的支撑。[②] 而梅罗维兹的媒介理论,则由于兼收并蓄了麦克卢汉的媒介理论和戈夫曼的社会角色理论的一些重要论点、成分,将情境论的视角用于观察传媒影响的研究之中,因而得以把社会情境及其变迁作为切入点,通过将媒介及其变化同社会环境及其变化联系起来加以分析,具体考察"媒介—情境—(受众的)社会角色"三者的关系,以此提供了解释传媒的社会作用的另一种方式。与麦氏的理论相比,他的理论显得较为具体、扎实。而且,梅罗维兹的媒介理论较好地处理了受众与媒介的关系。它将受众的概念包含在情境的概念之中,从而突出了受众在"媒介—受众—社会关系"中的重要性,说明了受众的类型、特点、人数多少,以及受众群体的分离和结合型式,实际上影响着传播方式。而在承认受众的重要性的同时,这一

---

① Flora Keshishian, "A Media Perspective: A Second Point of View," in *Communication Quarterly*, Spring, 1986, p.208.

② Joshua Meyrowitz, *No Sense of Place: The Impact of Electronic Media on Social Behavior*, New York: Oxford University Press, Inc., 1985, p.21.

理论又承认媒介具有强大的影响力,摒弃了那种认为媒介在强大的受众面前显得无能为力的概念,注意到了受众使用媒介的行为受到社会环境的制约而并非可以随心所欲,而媒介正是社会环境的重要组成部分。在这个问题上,梅罗维兹的媒介理论所体现的观点是辩证的,认识到了这些因素之间互为因果的关系。这一点,也是作为其理论基础之一的麦克卢汉的媒介理论所缺乏的。梅罗维兹的理论之所以能做到这一点,想来同他同时获益于戈夫曼的从情境的角度考察社会角色的理论有关。

梅罗维兹善于考察日常生活中的传媒现象和人际传播现象,用理论加以分析,这使他的理论成功地将一些很有见地的观点与人们的常识糅合在一起。这也是麦克卢汉的媒介理论所缺乏的。例如,在阐述电子传播媒介(尤其是电视)的特点以便说明媒介的变化导致情境的变化时,梅罗维兹注意到了电子信号的代码的简单性同印刷传媒的文字代码的复杂性的差别,阅读印刷品需要掌握的可分为不同阶段与水准的技巧同观看电视的简易性的差别,注意到了印刷传媒传递信息需借助有形的实物(一册一册的书、一本一本的杂志和一张一张的报纸都是有形的实物),因而在印刷传播中讯息与传媒之间存在着一种自然的联结,而广播和电视同其传播的讯息之间却无这种联结,讯息的消费在广电传播中并不留下有形物的证据。这些都是人们通过日常生活中接触传媒的经验可以检验的,因而易于为人们的常识所接受。普通公众对于按文字代码的复杂程度分级的印刷物,如小学生读物、中学生文库,又如初级、中级、高级英语教材等并不陌生。他们对于电视机同播放中的任何电视节目之间没有自然的联结,而任何一本书籍都必然同其包含的内容自然联结在一起,构成一个实体,也并不陌生。此外,在论述情境界限影响人们的社会角色表演的观点时,梅罗维兹以饭馆中的服务员的私下说笑被顾客听到的事例,来说明前台行为与后台行为的分界线的混淆及其对服务员行为合适性的影响,既佐证了自己的观点,又同人们的常识紧密相连。他的这一论述,可能令读者联想到俗语所说的"自做郎中药不灵"这一现象。一位医术高明的医生,在自己的亲人病情严重时往往会因方寸已乱而无法很冷静地对症下药,因而不得不求助于其他医生。从情境论的角度来说,这里就牵涉两种情境、两种社会角色的混淆,即医生面对病人的情境和普通家庭成员面对急需抢救的亲人的情境。同样地,在日常生活中,我们也常常遇到这样的情况:教师的子女,其文化教育主要依靠子女就读学校的老师而不是同样身为教师的父母。他们的孩子可能对学校中老师的教诲言听计从,却不一定对父母有关学习的话语深以为然。这种现象,我们也不难用梅罗维兹根据情境论而阐发的观点进行解释。梅罗维兹所举的与电子媒介的兴起催生的新的社会信息环境有关的例子,都是深为公众熟悉的事件/现象。相比之下,麦克卢汉的论述显得颇为玄妙,远离了人们的常识所能检验的范畴。

此外,他关于"私人情境"由于电视将之暴露于众目睽睽之下而被并入"公共情境"的观点,至今仍发人深思:在互联网(包括电脑上网和移动终端上网)的发展已到了众多网民均已能通过微博、微信等社交媒体平台建立自己的主页,成为"自媒体"主体的今天,私人经历被置于众目睽睽之下的可能性远甚于梅罗维兹出版《地点感的失落》一书的年代——20世纪80年代。

二、表述方式

就表述方式而言,麦克卢汉在蔑视实证研究的结果、轻视逻辑推理的思想的指导下,文体散漫,以书籍写作,却模仿电视"马赛克"的表述方式。他忽视了这样的现实:电视的表述在很大程度上可说主要依靠图像,而书籍的表述尤其是理论性书籍的表述,却无法做到这一点。他的写作方式,如同一些西方学者所言,就像罗马式的蜡烛一般向四面八方散射,新固然新,但可说有悖印刷传播中信息表述的常规以及人们对印刷传媒信息表达形式的期待。这位以断言"媒介即讯息"等著称的传播学者,似乎在自己的写作中忘却了自己所言的印刷传媒迫使人们用一种线性的、因果关系的理性思维方式来"组织视觉经验"之说,其表述方式不顾印刷传播中人们的阅读、思考习惯,这似乎具有讽刺意味。或者,也许这是因为麦氏有意识地要向印刷传媒的"组织视觉经验"的方式挑战。我们对此自然无法妄求准确推测。只是,如果我们假设麦氏的表述方式是以挑战为动机,那么结论似乎将是:这种挑战如果成功,恰恰意味着质疑了麦克卢汉自己关于媒介特点的重要性的阐述——既然电视"马赛克"的表述方式用在印刷书籍中也能获得成功,那么两者在这方面的特点差异是否就无关紧要?虽然麦克卢汉"探针"式的语言——意在穿透人们的思维、与众不同的措辞,以及新颖大胆的比喻,起到了语出惊人的作用,但其写作的一些特点却有碍其著述的学术严谨性,这些特点有:缺乏严密的逻辑性、结构松散、不讲究严格的论证。麦克卢汉媒介理论的语言之文学色彩,可能使其论述"富有诗意",能打动许多人的心灵,但这并不能取代严密的逻辑性、结构的连贯性等所能带来的说服力。

梅罗维兹的媒介理论的表述方式,却较为注意结构,注意逻辑性、系统性、连贯性。不论措辞还是句子,结构都相对简单。虽然书中不乏新颖观点,但不是靠词汇和结构的别出心裁来引人注目,而是靠较为细致的论证。他的书佐证材料丰富,注意以实例说明观点。从结构上来说,他的书在说明写作此书的缘起、一些关键词的定义、此书的理论基础和要点等后,紧扣全书的主题"电子媒介对社会行为的影响",进行了层层深入的分析、阐述,一层紧扣一层,结构颇为缜密。比起麦克卢汉的表述方式,梅罗维兹理论的表述方式显然较为严谨,较为符合印刷传播中人们对表述方式的期待。

三、对社会变化的媒介技术动因论的解释

梅罗维兹的媒介理论对麦克卢汉的媒介理论的继承和发挥,最为突出的一点,是在对媒介技术与社会历史进程的关系问题上,梅罗维兹采取的基本立场与麦克卢汉的立场相同,即将传播技术及其变迁,视为社会变迁的动因。当然,两人的措辞不一,而且考察问题的方式也不尽相同,但是从本质上来说,两人的理论,可说都对社会历史进程做出了一种媒介技术动因论的解释。梅罗维兹的媒介理论形成于麦克卢汉的理论在红极一时后饱受批评的 20 世纪 80 年代,梅罗维兹对学术界对于麦氏理论的严重的媒介技术决定论倾向的批评,当然早已有所了解,因而他在书中始终避免称传媒技术、手段的变迁"完全"决定文化的进程或社会发展的进程,或使用其他绝对性的措辞。

但是纵观全书,梅罗维兹的《地点感的失落》所阐述的理论在分析媒介与社会变化的关系时,采取的基本立场似乎仍然没有超出麦克卢

汉理论的框框。在他的心目中,电视重新构筑了作为社会群体的普通民众同政界领导人之间、男士和女士之间,以及家长与儿童之间的社会关系型式;电视有效地使工作和政治的公共领域非神秘化,而传统上女士是被排斥在这个领域之外的;同样,电视使儿童接触到以往对他们而言遥远不可及的成人世界,从而使一代人同另一代人的各不相同的社会世界归于统一。① 梅罗维兹在书中将一系列不同的社会变化如当权者权力/权威的非神秘化,成年与童年分界线的模糊化,反对歧视妇女、反对传统地区分男女角色的斗争等,都归因于电子传播媒介,尤其是电视的出现。这同麦克卢汉的媒介理论可说如出一辙。而书中的几大部分的标题,处于"引言"和"结论"部分之间的四大部分分别为:"作为变化机制的媒介""从印刷(传播)情境到电子(传播)情境""新的社会情境"和"社会变化的三个方面",它们均强调以媒介为动因分析当代社会一系列变化的主题。当然,公允地说,此书作为一本专论电子传播媒介对社会行为影响的专著,论有专题,自有其本身的关注焦点,集中探讨传播媒介在当代社会变化中的影响作用,这一点无可非议,笔者无意也无理由对此进行苛责。问题在于,梅罗维兹所探讨、阐述的这些社会变化的出现,都经历过相当长的历史过程,在这些过程中,起影响作用的有一系列社会、历史原因,决非仅仅由媒介技术所致,对此梅罗维兹似不必回避,至少可简单地提及。虽然此书的主题和框架可能决定了书中不能以过多的篇幅一一讨论这些原因,以免喧宾夺主,冲淡对媒介影响的讨论,但至少可稍作交代而不宜忽略不顾。即以当权者权力/权威的非神秘化为例,我们认为,在人类历史上,当权者权力/权威的非神秘化已经历了很长的发展过程,这个过程可以说就是现代民主政治的发展过程。

中、外历史都说明,封建时代人们对当权者权力/权威的认识和态度,同现代社会人们对当权者权力/权威的认识和态度是迥然不同的。鉴于本章讨论的是西方学者梅罗维兹的媒介理论,这里就仅以西方的情况来论证。在西方漫长的中世纪,人们在封建专制统治和神权论的

---

① Nick Stevenson, *Understanding Media Cultures*, Thousand Oaks, California: Sage, 1995, p. 137.

禁锢下生存,封建王室的权力和教会的权力至高无上,不容置疑。神秘化的封建神权,不容人们对教会和教会支持的封建王室的一切做理性思考,不容人们对教会和封建王室的权力发起挑战。但是,伴随着生产力的发展,文化、政治等领域的革命也逐渐展开。当然,在本书有限的篇幅中,对种种与当权者权力/权威的非神秘化进程有关的因素进行探讨显然缺乏可行性。因此,这里仅简单地从思想意识的角度来分析:西方历史上的文艺复兴运动、宗教改革运动和启蒙运动,都与当权者权力/权威的非神秘化进程密切相关。伴随着西方资本主义生产方式的萌芽而兴起的文艺复兴运动,于14世纪至17世纪席卷西欧各国,极大地冲击了封建神学的思想统治。这场文化运动倡导人文主义,反对以神学为中心的封建文化,揭开了西方文化从中世纪的封建文化逐步向以资产阶级个人主义等为特征的现代文化过渡的序幕。当时先进的知识分子从希腊和罗马古典文化中吸取营养,对教会的神学教条产生许多质疑。他们"以人性代替神性,以世间的财富、艺术、爱情享受代替禁欲主义;他们相信自己的创造力,不相信神赐的力量;他们强调人生不应该消极遁世,而应该积极进取……"①在被学者们评论为孕育了西方近代文化的文艺复兴运动中,但丁、彼特拉克、薄伽丘等文化先驱在其作品中对教会阴暗面的谴责、对罗马教皇统治的抨击、对教士中存在的不学无术和腐败的揭露等,都是对当时神秘无比的教会权力的挑战。文艺复兴的蓬勃展开和人文主义思想的传播,对日后西方社会的方方面面产生了深刻的影响,其中包括对人们对当权者权力/权威的认识的影响。16世纪先在德国兴起、后迅速扩散至西方其他国家的宗教改革运动,反对罗马教皇对各国教会的控制,反对教会拥有地产,提倡以《圣经》为信仰的最高准则,不承认教会享有解释教义的绝对权威,强调教徒个人直接与上帝相通而无须由神父作中介。②这场运动的矛头所指,直接对准西欧封建制度的主要支柱——以罗马教皇为首的教会的神秘权力和权威,它同当权者权力/权威的

---

① 李纯武、寿纪瑜等编著:《简明世界通史》,北京:人民教育出版社1981年版,第316—317页。
② 辞海编辑委员会:《辞海》,上海:上海辞书出版社1979年版缩印本,第1011页。

非神秘化进程的联系,显然不难发现。18世纪欧洲兴起了启蒙运动,使法国资产阶级进步思想家伏尔泰、卢梭、狄德罗等人提倡的启蒙主义思想,以及德国资产阶级思想家莱辛、赫尔德等人倡导的人道主义、宗教容忍、政治自由等启蒙主义主张广为流传。当人们开始奉"理性"为思想和行动的基础时,其对当权者权力的认识,自然就同神秘化的权威观大相径庭。而"天赋人权"论的提出及逐渐被广为接受,更是同封建神权的专制格格不入,同神秘化的当权者权力/权威观格格不入。"天赋人权"论对西方国家政治体制和文化、意识的影响,可说是进一步推进西方国家的当权者权力/权威非神秘化进程的重要因素之一。所有这一切,都远远发生在电子传媒问世之前。

再以男女角色的传统分界线的模糊化、反对歧视妇女、反对传统地区分男女角色的斗争为例。梅罗维兹在书中将之归因于电视造成的情境合并。但是,历史事实表明,争取妇女享有与男士平等权利的妇女运动,在世界上已经历了长期的历史过程。且不论其思想渊源可以追溯到18、19世纪的女权主义思想,仅从实践的角度来说,第一波国际妇女运动出现于19世纪中叶,①比起电视媒介在世界上的普及早了一个世纪左右。

同麦克卢汉的理论一样,梅罗维兹的理论在对待传媒技术与社会变化的关系问题上,基本上只从传媒技术为因的角度去探讨问题,却忽视了这样的事实:媒介技术的发展本身,也是经济发展、科技进步等的产物。梅罗维兹甚至提出,由于电子传播媒介的迅速普及,当代社会将变得类似古代渔猎社会,人们在社会角色方面会享有"平均主义",因为他预见到电子计算机(电脑)将很快使人们具有电话和便捷式电子计算机终端,它们具有使人们获得中心研究数据库的任何数据的效能。这里,他未能充分认识到经济因素对于各种电子计算机技术的使用的制约作用。在电脑技术和电脑联网技术已有很大突破的当代,不少有关网络用户的调查已表明,经济收入和网络服务收费标准是决定个人能否成为网络用户以及上网后使用网络的频率及使用不

---

① 李曼琳:《国际妇女运动与女权主义的历史演进及其启示》,《云南师范大学学报(哲学社会科学版)》,2006年,第38卷第4期,第50—55页。

同的网络服务的重要因素。此外,梅罗维兹的媒介理论对社会制度同媒介制度的联系置之不理,忽视了社会意图/意向对于媒介模式的建立和媒介管理的影响。媒介在他的笔下实际上被描述成具有各种固有的特点的事物,而这些特点决定了它们通过改变社会情境对社会行为的影响,换言之,决定了它们的社会影响。但是,诚如威廉斯所指出的那样,媒介的应用离不开人们的社会意图/意向的影响。媒介是由具有社会意图/意向的人们所管理、使用的,任何一种媒介模式都和社会决策有关,任何一种媒介制度的设置都同整个社会制度有关。

诚然,应当承认,不同的媒介确有其自身特有的、区别于其他媒介的特点,这是不争的事实。但是,与此同时我们也应指出另一不争的事实:在不同的社会体制下,管理大众传播媒介的社会意图也不同,而管理决策直接影响媒介的具体操作。例如,在我国社会主义制度下,传播社会主义的精神文明、传播正能量是媒介管理中的指导原则之一,我国的媒介实践自然要服从这一原则。而在美国等西方国家的社会体制下,经受住市场的考验、营利是媒介管理背后的基本宗旨,其媒介业务操作自然服务于这一原则。以美国为例,美国传媒中的暴力内容或其他格调低下的内容虽不断遭到有识之士的猛烈抨击,却屡反不绝,不能消失,根源可说正在于营利是其传媒业的主要动因。而梅罗维兹的理论,却没有涉及媒介活动与社会体制及媒介管理的社会意图之间的联系。总之,梅罗维兹的理论像麦克卢汉的理论一样,在对待媒介与社会变迁的问题上,未能充分辩证地看待因果关系问题,既未能认识到原因和结果之间互为因果的相互作用,也没有认识到因果联系的复杂性。他的仅以媒介技术为动因的单因论解释,难以全面地说明传媒技术与社会变迁的相互作用。事实上,人类历史进程中的许多变化,都是由一系列社会因素而并非仅仅一种因素所促成的。

四、对媒介本身的特点和媒介内容的混淆

与梅罗维兹理论中对社会变化的媒介动因论解释相连的是,他虽然声称其著作在分析媒介的社会影响时探究的是媒介本身而不是媒介内容,但是他在书中一再把媒介本身的特点和媒介内容混淆在一起,在个案研究中言媒介技术而涉及媒介内容。他所列举的论证媒介

引起社会群体间的社会关系变化及人们的社会角色变化之个案研究,实际上都涉及媒介(为受众群体如女士、儿童)提供的信息之类型和信息量,等于是把这些当作变化的原因。当他谈到电视如何将人们卷入素来与自己无关的问题时,他也未能真正避开电视传播的内容。[①] 其实,梅罗维兹的媒介理论作为一种试图将媒介造成的信息环境同人们在各种社会情境下的角色表演联系起来的理论,作为一种在此基础上阐述电子传媒对人们的社会行为的影响之理论,本就无法避开对信息/内容的探讨。而且,在真实的传播活动中,传播内容与媒介本就无法分离。虽然无线电广播和电视并不同特定的讯息一起构成像印刷传播中的书籍和杂志那样有形的物体,但是在广电传播活动中二者却也无法截然分离。而梅罗维兹为显示自己的研究不同于以研究传媒内容为中心的研究传统,一味强调媒介本身的特点,人为地将媒介同内容分割开来,就难免陷入概念不够连贯的窘境。笔者认为,一味围绕媒介内容来研究媒介效果,固然并不全面、并不可取,但如果为了纠正这一偏颇而一味强调媒介本身的特点,试图完全踢开对内容的分析,则又矫枉过正,陷入了另一种偏颇。

五、梅罗维兹对媒介理论的贡献

尽管梅罗维兹的媒介理论在社会变化的媒介技术动因论的基本立场方面,是同麦克卢汉的媒介理论一致的,尽管在有些问题上,梅氏的理论似乎重蹈了麦氏理论的唯技术决定论的覆辙,但是,梅氏的媒介理论在考察的精细和表述的清晰上,可说远远优于麦克卢汉的媒介理论。作为麦克卢汉之后的媒介研究的重要成果,梅罗维兹的媒介理论显示了一批像麦克卢汉那样以媒介本身为其研究焦点的学者,在麦克卢汉之后的媒介分析研究中,取得了学术上的新进展。这些研究也许称不上重大的突破(至今人们提到媒介本身的社会影响时首先跃入脑海的依然是麦克卢汉),也许不一定在传播学发展的过程中最终能经受时间的考验而成为最为经典的著述,但是任何学科领域的发展,本无法做到时时有重大突破。细水长流式的进展,倒是常有的现象。

---

① 张咏华:《大众传播社会学》,上海:上海外语教育出版社1998年版,第66—74页。

有些研究虽然平淡无奇,却也可说是学术研究没有处于停滞不前的一个标志。因此,虽然笔者并不讳言自己对于梅罗维兹理论的缺陷的看法,却仍然认为这是一种颇有特色、颇有见地、颇有价值的媒介理论,是对媒介分析的重要贡献。他将媒介理论和社会行为理论勾连在一起,从而将英尼斯和麦克卢汉等所开创的聚焦于媒介(技术)本身的社会影响的媒介研究传统,由往往仅做宏大叙事式的研究、探讨宏观层面的媒介问题,推进到兼顾宏观与微观层面。用梅罗维兹自己对媒介环境论的研究的概括来说,"媒介问题在微观与宏观两个层次运作。在微观层面,关键问题是:对一种媒介而不是另一种媒介的选择会如何影响某一特定的情境或互动;在宏观层面,最主要的媒介(研究)问题是:一种新媒介被添入现存的媒介矩阵会怎样改变社会互动及整个社会结构"[①]。

梅罗维兹对媒介研究的贡献还不仅止于提出上述媒介理论,近年来,他又为呼吁持不同视角、思路的"研究阵营"(research camp)克服门户之见,吸收对方的有价值之处,做出了努力。在一篇归纳总结媒介研究的不同视角、思路的文章中,他将这些思路、视角归类于"批判的/文化研究的""使用与满足论的"以及"媒介/媒体理论的"三组考察方式,理性分析了这三组不同的考察思路、视角的价值与局限性,提出需要借助基于所有考察方式中有关媒介的叙事才能对许多媒介相关问题做出最佳阐述。[②] 他直言不讳地指出(美国)传播学界倾向于围绕这三组考察方式形成不同的研究"阵营",各研究阵营为解释媒介形成了自己的叙事,"每种叙事,尽管是以简单的形式,但都提供了探讨媒介的富有吸引力的概念论背景。每种叙事都有其价值很大的洞察可供另两种思路借鉴",然而,这些研究阵营的门户之见导致的"研究议程却相互排斥"。[③] 梅罗维兹强调,就媒介研究而言,基于三组不同视角、思路的叙事"都各有其自身的解释力",因而,对于某些媒介研究论

[①] Joshua Meyrowitz, "Understandings of Media," in *Research Library*, Vol. 56, No. 1, 1999, pp. 44 – 52.

[②] 参见 Joshua Meyrowitz, "Power, Pleasure, Patterns: Intersecting Narratives of Media Influence," in *Journal of Communication*, Vol. 58, No. 4, 2008, pp. 641 – 663。

[③] Ibid., p. 642.

题,"各研究阵营应当考虑到其自身的视角不如其他阵营的视角更为宝贵适用"①。他不满于各研究阵营使自身隔绝于向其他阵营学习的可能性的倾向,指出:"如果各研究阵营更多的研究者以开放的心态参照其他研究思路背后的设想,重新思考其基本设想,我们就能增进对于媒介的理解。"②作为一名被认为属于"媒介技术学派"或者说"媒介环境学派"的著名媒介理论家,梅罗维兹这种拥抱多样性的研究思路、视角及价值的开放态度难能可贵,他在倡导传播学界在传媒研究中进一步放弃门户之见的过程中的努力,在倡导根据研究问题本身的需要,相互取长补短以求增进对媒介的理解的过程中的努力,理应被视作他对促进媒介分析的理论发展之又一贡献。

---

① Joshua Meyrowitz, "Power, Pleasure, Patterns: Intersecting Narratives of Media Influence," in *Journal of Communication*, Vol. 58, No. 4, 2008, p. 642.
② Ibid., p. 644.

第五章 电脑与互联网技术盛行早期国外学者的媒介研究

　　以上几章中讨论的传媒理论,有一个共同点:把电视当作最重要的新媒介,在极为突出的位置上重点阐述电视传播。麦克卢汉的媒介理论,诞生于电视在全世界蓬勃发展的20世纪60年代。他笔下的新媒介,以电视为代表。他对人类传播发展进程的趋势乃至人类文化的变迁趋势的分析,亦以他对电视的特征及其社会影响的研究为基础。毕生致力于文化研究、将大众传播研究当作文化研究的一个重要部分的威廉斯,其一系列以探讨科技、社会制度与文化三者之间的关系为主要论题,从文化社会学的角度透视大众传播的重要著作——《漫长的革命》《传播学》和《电视:科技与文化形式》,发表于20世纪六七十年代。当时,诸如多媒体技术、虚拟技术之类的以电脑技术为基础的数字化信息传播新技术尚未流行。即使是在这几本著作中最后问世的《电视:科技与文化形式》出版时,电视也仍然无可否认地是笑傲传媒领域的后起之秀,稳稳占有社会信息传播系统中的最新媒介之地位。因此,在威廉斯将大众传媒既当作科技的产物又当作文化形式的表现进行阐述时,他对于电视的考察也在其论述中占据十分重要的位置。在20世纪80年代中期问世的梅罗维兹的媒介理论,也着重于对电视传播及其社会影响的探索研究。虽然当时电脑技术已开始显现其社会影响,梅氏在其著作《地点感的失落》中对电脑技术的潜在社会影响也并非毫不涉及,但是,总体而论,梅氏这一体现其媒介理论的著作,主要聚焦于电视传播,主要研究的是电视的出现对于社会信息环境的影响,以及这种影响对于人们的社会行为型式产生的影响。

可以这么说,电视的崛起与发展,在颇长的时期内曾是国外传播学界对媒介技术与社会的关系进行理论分析的推动因素,也是相关学者的媒介分析中的关注重点。这种情况,一直延续到了80年代中期。然而,从20世纪80年代后期起,以电脑技术(包括电脑联网技术)为基础的一系列数字化信息传播新技术和信息传播系统的作用日益凸显,其迅速发展引起广泛的瞩目。传播学界在对于媒介(技术)的理论分析中的关注重心,开始转移到这些比电视更新的传播新技术与新型传播系统上来,不少学者纷纷提出了以探讨它们为切入点的媒介分析理论、观点。本章将集中探讨(电视开始失却其最新传媒的地位这一时期)国外学者以更新的信息传播新技术与新型传播系统为关注重心的两项理论成果:(1)詹姆斯·贝尼格(James Beniger)在1986年的专著《控制革命:信息社会的技术与经济起源》中所阐述的"控制革命"论——一种通过信息传播新技术的发展,透视社会发展的信息化动向之由来的理论;(2)桑德拉·鲍尔-洛基奇(Sandra Ball-Rokeach)等1988年提出的关于基于电脑和互联网技术的最新媒介与原有媒介的特点之理论观点,她们是在对以电脑技术为基础的一系列信息传播新技术、新系统进行研究的基础上,阐述新、老媒介的特点的。

第一节 贝尼格的"控制革命"论

1986年,哈佛大学出版社出版了时任美国南加州大学安南伯格(Annenberg)传播学院副教授詹姆斯·贝尼格的专著《控制革命:信息社会的技术与经济起源》,书中表达的有关解释电脑技术等信息传播新技术在当代社会中的重要地位的新颖理论,迅速引起了美国学术界的广泛关注。这一理论通过信息传播新技术的发展,透视社会发展的信息化动向的由来,旨在探溯"信息社会"的起源。该理论将信息与信息加工处理在现代经济中日益增长的重要性,置于经济运作的变迁史中进行考察,认为人类社会当前对信息技术的仰仗,起源于由工业革命所引起的实际需要:工业革命在极大地提高经济运作的速率的同时,引起了经济运作中的系统控制/管理危机(crisis in control),克服控制/管理危机的实际需要,促使人类通过信息传播新技术革命,改进整个社会经济运作中的系统控制/管理。就其对于信息传播技术与社会发展的关系的论述而言,这是一种强调信息传播技术作为社会控制手段的功能之理论。此书出版后,获得了"美国出版者协会社会与行为科学最杰出书籍奖",《信息加工处理与管理》(*Information Processing & Management*)、《批评性评论》(*Critical Review*)、《美国研究杂志》(*Journal of American Studies*)等学术刊物和《纽约时报》书评专栏,均对该书的深度、广度和论述精辟赞誉有加。在随后的岁月里,贝尼格继续对社会发展的信息化由来进行研究,发表了一系列学术论文,充实有关"控制革命"的理论。

在传播学学者中,贝尼格属于文理兼通的专家。他既具有丰富的电子计算机科学知识,又有主攻历史学专业的学科背景。而且,在他的学术生涯中,他对于文科和社会科学的许多领域中前人的学术成果都进行了认真研究。贝尼格自初中时起,即非常爱好电子计算机科学。当他还是一名初中生时,他就于1963年夏天在美国国家科学基金会的资助下参加了俄勒冈州立大学的一项为期八周的数学与电子计算机科学进修项目。来自美国各地的30名学生在一起学习编程。这次经历,不但使贝尼格从此与电子计算机科学结下了不解之缘,而且使他萌生了这样一个念头:揭开电脑在当代社会中的重要性之谜,也揭开信息加工处理活动对于使社会走向当时被通俗地称为"电脑时代"的影响之谜。在此后的岁月里,贝尼格对于探密"电脑时代"/"信息时代"的兴趣有增无减,信息时代的起源终于成为他长期孜孜不倦地进行研究的领域。他的"控制革命"论,是他长期研究的成果结晶。这种理论把国民经济视为物质(material)加工处理系统,指出工业化加快了社会物质生产和消费的速率,使以往经济运作的系统控制/管理手段难以再有效控制大大加速了的物质生产与消费的运作过程,控制危机由此产生,信息加工处理技术与传播技术的突飞猛进,正是顺应了解决这种控制危机的需要,因为先进的信息传播新技术能对物质生产与消费过程施行有效的控制管理。

一、编制程序/计划和控制:基本的生命过程的重要一环

当贝尼格阐发"控制革命"论时,"信息社会""信息革命""技术化社会"等提法在工业发达国家已不再新奇。电脑走向普及、信息行业和服务性行业的劳动者在整个劳动力总体中所占比例急剧提高、信息产品和信息服务日益成为财富之源等现象,已成为发达国家的重要社会现实。学术界已一再有人发表著述,讨论信息社会或后工业化社会的到来,讨论与社会的信息化倾向连在一起的社会事件、社会变化现象和这些社会趋势。然而,贝尼格认为,许多有关信息社会的探讨,未能探究社会发展的信息化动向的起源。这种研究现状,不能令他满意,这使他萌生了从这一新颖的角度阐述信息社会的想法。

贝尼格注意到,在人类社会的发展史上,既有较为戏剧性的、具有令人激动的直接影响力的变迁事件和倾向,又有渐进得难以觉察的变化;人们的注意力往往集中于前者,但是,真正对于人类社会的发展具有更为长久的意义的,倒是后者。他主张,对于信息社会的研究,应探究当前时代的最为基本的动力,而不宜全神贯注于特定的,也许是昙花一现的事件与趋势。[①] 从溯源信息化动向的由来出发,贝尼格致力于研究如下问题:这场伟大的社会变迁是如何产生的?它为何会产生?为何在人类所珍视的种种事物中,偏偏是信息(包括信息产品和信息服务)而不是其他任何事物,独占鳌头地成为在世界上最发达的国家的经济中占支配地位的事物?它又为何不早不晚地在最近产生:信息的重要性由来已久,信息在所有历史时期的人类社会中均起重要作用,为何却偏偏是在最近,才以独特的、关键性的商品的形式出现?这些正是他的"控制革命"论试图解答的关键问题。

为了找到这些问题的答案,历史学的视角以及对于西方经济发展史的研究显然是必不可少的。但是,贝尼格认为,仅是历史尚不足以揭开信息在经济与社会中的关键作用之谜。答案还应从一切有生命的系统的性质中去寻找,从信息与控制的关系中去寻找。因而,他在

---

① James R. Beniger, *The Control Revolution: Technological and Economic Origins of the Information Society*, Massachusetts: Harvard University Press, 1986, pp. 2-3.

《控制革命》一书中首先对物质存在、对有生命的系统之性质和维持自身的方式,进行了探讨。"控制"(control)一词在贝尼格的笔下是广义的,泛指"对于预定的目标的有意图的影响"①。在他的心目中,生命本身必然包含着控制,这一点,不论是在细胞和有机体中还是在国民经济或任何其他有意图的系统中,都是同样的。② 非但如此,他还认为,正是有机体包含"控制"这一点,方可解释即使是最复杂的无机体同哪怕是最简单的有机体之间的差别。那么,有机体(有生命的物体)是如何实现控制的呢？ 在贝尼格看来,同"控制"的概念不可分割的是信息加工处理和交互传播这两种密切相关的活动,它们是任何形式的控制中的互为补充的因素。就信息加工处理而言,贝尼格指出,它对于任何有目的、意图的活动都是必不可少的,控制作为一种对于预定的目标施加有意图的影响的活动,当然也不例外。有目的、意图的活动是以目标为导向的,并且牵涉连续不断地将当前的状况同未来的目标相比较。贝尼格把当前情况比作输入信息,把目标比作存储的程序。在他看来,信息加工处理的基本问题,即把输入信息(当前情况)同存储的程序/计划(目标)做比较。他强调说,这种比较对于控制是不可或缺的。而与此同时,为了实现控制,控制者与被控制者之间必须发生双向互动。控制不仅仅牵涉由控制者向被控制者传递影响,而且必然包含由后者向前者传递前者的行为的结果(反馈)。由于传播(交流)对于控制过程极为重要,传播(交流)与控制双双成为现代控制论科学的共同课题,控制论的创立者之一维纳(N. Wiener)将控制论定义为关于整个控制与传播(交流)的理论领域,不论这种控制与传播(交流)发生在机器身上还是动物身上。③

在指出信息加工处理和传播(交流)这两种活动双双都是控制功能的不可分割的组成部分后,贝尼格进一步指出,在各个层次上,从人际关系到国际关系的各个层次上,一个社会维持控制的能力同其信息技术直接形成比例。贝尼格笔下的"技术"(technology)一词也是广义

---

① James R. Beniger, *The Control Revolution*: *Technological and Economic Origins of the Information Society*, Massachusetts: Harvard University Press, 1986, p.7.
② Ibid., p.vi.
③ Ibid., p.8.

的,它并非狭义地指应用科学,而是泛指对于物质(matter)、能量(energy)和信息(information)的加工处理这一自然过程之任何有意图的延伸。这一自然过程是一切有生命的系统的特征;一切有生命的系统都必须加工处理物质和能源以维持自己并抵制"熵"(系统趋于崩溃和混乱的趋势)。① 而信息加工处理虽然起源于物质世界的组织(organization),其存在完全仰仗于后者,但其重要性丝毫没有因此而稍减:由于控制对于物质和能源的加工处理是必不可少的,而信息又是实现控制所不可或缺的,因而信息加工处理和传播(交流),在它们使有生命的系统有别于无机的世界这一点上来说,可说界定了生命本身的意义。他举例说,呼吸纯属自然的生命功能,所以并非一种(科学)技术(technology),而与此形成对照,人类在水下呼吸的能力,则必然包含某种技术上的延伸。这样,从广义上来说,除了那些在有生命的系统中自然产生的能力外,其他能力中都牵涉技术;技术界定一个社会从事活动的能力的限度。贝尼格还提出,每种新的技术创新都扩展支撑(维持)生命的过程,从而增加对于控制及控制技术的需要。他觉得这一点可以解释为什么技术似乎一般会自动地进一步引出技术,也可以解释为什么物质和能源加工处理中的技术创新会导致对于信息加工处理和传播技术的进一步创新之需要。②

美国社会学界有一种观点认为,有生命的系统是开放的系统,对于它们而言,加工处理物质、能量和信息即是它们所做的一切。贝尼格对此深以为然。他的理论将社会视为一种加工处理系统,这种系统通过从环境中提取物质和能源并将之分配给社会成员,来维持自己;作为加工处理系统的社会不得不是开放的系统,因为社会必然包含着组织(organization),社会唯有成为开放的系统,才能抵制"集体能量的累进的衰变"③。他因而提出,有关有机体作为开放式的系统的观点,同样适用于社会系统。但是,与此同时,他还指出,社会系统又不同于

---

① 按照热力学的观点,由于分子的热运动,物质系统的分子总是要从有序趋向混乱,熵是表示系统无序性的量度。
② James R. Beniger, *The Control Revolution: Technological and Economic Origins of the Information Society*, Massachusetts: Harvard University Press, 1986, p. 10.
③ Ibid., pp. 36 – 37.

生物:社会是由相对自主的部分——个人、家庭、群体、团体(组织)组成的,这些组成部分可以为不同的甚至是相反的目的而行动;社会的这一特点,决定了对于社会而言系统加工处理必须依赖这些个别组成部分之间的交流。由于社会系统需要对这些组成部分进行协调和控制,与单个的有机物的情况相比,在社会系统中,信息处理和传播在物质和能源流动中所占比例更大。①

熟谙电脑技术的贝尼格,深知在电脑技术中,编制程序(programming)是进行控制的关键。但与此同时,他又回顾了 program(计划、程序等)一词所代表的概念在历史上演变的过程,指出:大体说来,"program"现已指"任何预先安排好的、指导随后的行为的信息"②。在他看来,所有控制都是按程序编排的,或者说有计划的(预先安排好的、预先布置好的)(programmed),控制仰仗于(包括目标以及为了这一目标而加工处理附加信息的步骤在内的)编码化的信息(对于过程施加影响正是为了实现目标)。关于程序,或者说计划或预先安排好的、指导随后的行为信息是如何实现控制的,贝尼格提出,这种信息(程序/计划),是通过确定决策实现控制的;控制的过程牵涉新信息(输入信息)同存储的形式和指令(编制的程序)之间的比较,以便从一连串预定的可选择的行为(可能的输出信息)中做出决定。换言之,他认为决策即控制,控制即决策,而使控制与决策成为可能的,正是信息处理和编程/设定计划。③

归纳而言,贝尼格的理论通过对物质存在的性质的探究,确立了信息处理与传播及其技术的重要性,并把编程和控制置于基本的生命过程的背景之中来认识:为了抵抗"熵",每一有生命的系统都必须通过加工处理物质和能源,来维持其组织;对于加工处理物质和能源的过程来说,控制是必不可少的,而信息处理和按程序/计划设定的决策,是对于物质和能源加工处理过程的控制赖以实现的手段。由此可见,编制程序/计划和控制可说是基本的生命过程的重要一环。

---

① James R. Beniger, *The Control Revolution*: *Technological and Economic Origins of the Information Society*, Massachusetts: Harvard University Press, 1986, p. 38.
② Ibid., p. 39.
③ Ibid., p. 48.

二、物质经济运转速率的大幅度提高对于社会控制的挑战

在确立了信息处理与传播及其技术在基本的生命过程中、在社会存在与社会控制中的重要性后,贝尼格的理论又着力回答了围绕信息化为什么在现在发生的一系列问题:信息社会为何不早不晚地在最近产生?对于人类社会历来非常重要的信息为何偏偏是在最近才成为独特的、关键性的商品和社会生产的重要资源?信息产业为何会在现在成为世界经济的主要部门?……在对于这些问题的探索中,贝尼格不仅以历史学的视角将当前社会的变化现象置于广阔的历史背景中去考察,而且运用传播学、经济学、社会学、系统学、广义的控制理论等多种学科的原理,对于现代西方经济发展史进行了深入研究。他指出,在现实社会中,信息处理与传播在物质和能源流动中所占的实际比例取决于一系列因素,其中包括人口的数量及人口的分散度(分布)、社会系统组织的复杂程度,以及(物质和能量)加工处理量和加工处理速率。① 其中,尤以(物质和能量)加工处理速率,同信息现在一跃而成为生产力发展的基本要素和主要资源紧密相关,同控制革命的发生紧密相关。

根据贝尼格的理论,这一切起源于工业革命带来的整个社会的物质经济运转速率的大幅度提高对于社会控制的挑战。他指出,在工业革命以前,在人类社会尚未应用蒸汽动力之前,即使是最大的和最发达的国家的经济系统,其运转速度实际上也是"人力的"速度,其(物质和能源的)加工处理速率,只是通过使用耕畜和使用风力、水力而稍稍有所提高,但是其控制始终处于人脑的信息处理能力所能及的范围之内。系统层次的控制可以通过相对固定的行政机构来维持。他认为,从社会控制的角度来说,工业化的最大的社会冲击力,在于它加速了整个物质经济的运转。"几乎一夜之间,随着蒸汽动力的利用,物质的流通可以加速十倍甚至一百倍,并且可以昼夜发生,实际上也可以在任何气候情况下发生,这导致了社会控制的广泛崩溃:严重的火车失

---

① James R. Beniger, *The Control Revolution: Technological and Economic Origins of the Information Society*, Massachusetts: Harvard University Press, 1986, p.38.

事、货车的误放、装载的货物的遗失、不能维持足够高的存货周转率等。"①贝尼格考察了美国经济发展史上因这种物质流通的加速而造成的控制危机问题,指出:19世纪中叶,社会发展中首次出现了这样的情况:对于物质流通的社会加工处理,在数量和速率方面都显示出超过系统控制它们的能力之兆头。控制危机由此诞生。信息处理和传播技术革新曾一度滞后于能源技术革新,滞后于能源运用于大批量生产和运输的技术之革新。控制危机的出现,激发了一系列应对危机的变化革新,并导致了一场控制革命。在这场革命中,采集、存储、处理和传播信息的技术与经济排列形式中,集中出现了许多迅速的变化革新。换言之,工业革命标志着人类利用能源能力的大飞跃,控制革命则标志着人类运用信息能力的相应的大飞跃。按照贝尼格的思路来观察,可以说没有工业革命,不可能激发出控制革命;没有控制革命,由工业革命所加速的物质经济运转就不可能有序地进行。

通过历史性的考察,贝尼格回顾了19世纪40年代起在美国铁路系统、金属加工业以及面粉、肥皂、火柴、罐头食品等消费品的市场销售等不同领域中出现的控制危机问题。他指出,在美国,控制危机首先于19世纪40年代出现在交通运输领域(铁路系统)。19世纪40年代和50年代上半叶,美国铁路系统出现了大发展。19世纪40年代,美国铁路系统铺设了近6000英里的新铁轨。而且地区间的铁路线投入运行。19世纪50年代上半叶(1851—1854年),美国四条连接东西部的重要铁路线投入运行。美国铁路里程在19世纪40年代几乎与运河里程持平,至19世纪50年代,铁路里程已增加至运河里程的几乎2.5倍。伴随着这一变迁,列车式样也发生了变化:公共马车式的车厢于19世纪40年代由能坐得下60人的"长车厢"所取代,货运列车车厢开始变得像(在美国沿用至今的)微型的棚车等。② 美国铁路交通业的迅速发展,将其铁路系统中的控制危机问题提上了议事日程。

美国早期的铁路大部分地段都是单轨的,随着铁路业的发展,火

---

① James R. Beniger, *The Control Revolution: Technological and Economic Origins of the Information Society*, Massachusetts: Harvard University Press, 1986, p.9.
② Ibid., 1986, pp. 208-214.

车班次增多,撞车的危险出现,严重的安全问题亟待解决。1841年10月5日,在伍斯特(Worcester)至马萨诸塞州的铁路线上,在一段此前一天刚通车的路段发生了一起两辆Western铁路公司的客运列车迎面相撞的惨祸,造成二人死亡,八人重伤致残,九人受轻伤。[1] 这一车祸事件在公众中引起了恐惧。事实证明,在美国,当时人们尚未习惯于以Western公司运作的每小时30英里的速度旅行。《控制革命》一书认为,美国经济运作中的控制危机就是以铁路交通运输的安全危机为起始的。贝尼格感到,对于信息传播研究者来说,最为耐人寻味的是:有关当局当时对这场车祸事件的调查,将这一惨祸归咎于设定程序/计划(预先设定指导随后的行为的信息)和传播沟通的失败。Western公司自己的调查,也发现"在将新的指令分发给列车员工时存在松懈现象",并得出结论说,"对于所有列车的总控制太松弛"。[2] 贝尼格评论说,该公司当时的"应急程序(规划)的编制对于诸如如何处理火车误点等问题缺乏精确性、详细性,也缺乏对于各个工作人员和各项职能之间的一体化安排。因而,Western员工中的指挥链可能不够明确"[3]。

这场惨祸对于美国铁路运输业来说无疑是一个沉痛的教训。这一教训把应对控制危机问题,提上了该行业的议事日程。Western公司开始在行政机构的组织、程序、规划的编制、信息处理与传播等方面采取一连串创新之举,以改进控制管理。这些创新之举,后来为其他铁路公司所仿效,起到了化解控制危机的作用。

根据贝尼格的分析,在美国,首先发生在铁路交通运输领域的控制危机于19世纪五六十年代蔓延到销售领域和生产领域,19世纪80年代初期影响到产品流通的消费环节。在19世纪50年代,随着备有谷物升运器的谷仓和仓库网络的激增,小麦、玉米、棉花贸易增多,商贸公司和其他运输者在保持这些商品的运货量记录方面和在控制其贸易方面,遇到了日益增多的困难,控制危机开始在销售领域出现。

---

[1] James R. Beniger, *The Control Revolution: Technological and Economic Origins of the Information Society*, Massachusetts: Harvard University Press, 1986, p. 221.

[2] Ibid., pp. 223–224.

[3] Ibid., p. 223.

此后,销售领域的危机又影响到商品从制造商运向消费者的流通。代理商发现大批量生产的消费品的经销日益困难;对于批发商来说,使数以百计的制造商和数以千计的零售商中的商品和现金一体化流动也很艰难。到 19 世纪 60 年代后期,随着大型百货公司和其他大零售商、大批发商的出现,销售领域的控制危机问题已转变为如何保持存货的快速周转问题。与此同时,19 世纪 60 年代控制危机也影响到了生产商。19 世纪 60 年代后期采用贝氏转炉法(酸性转炉法)的钢轨厂,钢的生产速度大增,但是在控制方面步履维艰。铁、铜、锌和玻璃等基本材料的生产商在维持其工厂中的竞争性的快速生产率方面也困难重重。到 19 世纪 80 年代,生产中的控制危机影响到了金属制造业。金属生产供应商的供应速度之快和供应量之大,使生产从铸件、螺丝到缝纫机、打字机、电子马达等各种产品的公司,在跟上这种供应速度和供应量时困难重重。此外,19 世纪 80 年代控制危机的影响到达了消费领域。由于连续加工技术的采用,燕麦片、面粉、肥皂、香烟、火柴、罐头食品、摄影胶卷等消费品的产量大幅度提高,消费如何跟上成了大问题。以燕麦片为例,1882 年,美国一家采用连续加工技术的厂商即能以两倍于全国消费率的量进行生产。显而易见,对于燕麦片消费而言,开拓新市场与刺激消费的需求,已达到了危机程度。[①]

事实上,许多行业的各家公司那段时间都开始面临这样的需要:刺激消费、使产品差别化,并建立消费者对其品牌的忠诚。

按照贝尼格的分析,正是 19 世纪 40 年代至 80 年代美国物质经济中的控制危机,激发了信息加工、行政管理和传播中的一连串创新,因为唯有通过这种技术创新,才能提高社会系统控制经济运转过程的能力,使之跟上物质和能源的加工处理速率和数量的需要。而这场创新于 19 世纪 80 年代初已达到某种高潮,从而使控制危机于 19 世纪末开始在很大程度上得到抑制。到 20 世纪初,伴随着行政控制的迅速增强以及工业组织、电信和大众传媒中的大量创新,控制革命作为对于控制危机的技术上与经济上的应答,已开始在全世界使社会的面貌焕

[①] James R. Beniger, *The Control Revolution: Technological and Economic Origins of the Information Society*, Massachusetts: Harvard University Press, 1986, pp. 219 – 220.

然一新。按这一思路来看问题,当今以电脑技术为核心的信息传播新技术的突飞猛进,可说乃是这场控制革命的继续。

三、广告业作为控制手段

贝尼格以三章的篇幅,描述了19世纪末20世纪初大批量生产和经销中的控制革命、大众消费中的控制革命,以及广义的控制革命,即数据处理和行政系统中的革新。他把大批量生产领域中的各种现代控制手段如自动控制,通过统计资料进行质控,通过市场反馈进行统计控制等,电报、传真、电话等电信传输技术,现代广告业,大众传媒,办公自动化硬件设备,电脑技术等,都视为服务于控制革命的技术手段。在论述大众消费的控制革命时,他对现代广告业在经济运转过程中所起的控制作用,进行了深入探讨。

归纳起来,贝尼格所描述的广告(同商标、品牌命名、消费者包装等手段一起)在消费领域的控制功能包括以下几个方面:

(1) 激发和控制消费需求。

(2) 引发消费者对品牌的忠诚,并可进而影响到产品价格及价格竞争。

(3) 使生产者能控制竞争对手进入市场。

(4) 使制造商能更好地控制大批发商和零售商,迅速地垄断其产品的经销渠道。

(5) 广告运动改变了广告代理商和广告客户之间的关系。

(6) 广告运动还被用于控制舆论或人们的聚合性行为。

贝尼格列举了1899年美国全国饼干公司为推出其新品牌"Uneeda饼干"而举行的首次耗资百万美元的广告宣传运动及其效果,来说明公众广告对刺激消费需求的作用。这场广告运动是由当时美国最大的广告代理公司 N. W. Ayer and Son 策划与操办的。这家广告代理公司为美国全国饼干公司要求宣传的产品选择了"Uneeda饼干"这一名称,然后以一场全国性广告运动将该产品介绍给一个又一个市场,依赖一系列广告手段——各个地区广告板上张贴的广告、电车上的广告和报纸广告,对"Uneeda饼干"大加宣传,这些广告手段成功地在消费者中引起了人们对一种新饼干之期待。由于这场一年耗资达

100万美元的广告宣传运动的效果,Uneeda几乎一夜之间成为家喻户晓的饼干。因此,尽管当时Uneeda是一种全新的消费品,其销售量却高达每月一千万箱。① 贝尼格指出,这一实例说明,"商标、品牌命名和大规模的广告运动可用于激发和控制消费需求,并且甚至可用于重新调整一个行业的整个行业结构"②。此外,由于广告可用于引发消费者对于品牌的忠诚,名牌产品的生产者也就可对其产品标价较高。虽然经济学家在理论上对于广告是否有控制价格竞争的效果,意见并不统一,但是在实践上,19世纪末20世纪初美国的营销专家不断鼓励商人以广告手段来控制价格竞争。显然,业界感到广告在消费领域的控制功能还表现为对于价格竞争的控制。

广告运动还使市场竞争对手间的关系受到影响。美国19世纪末20世纪初的营销专家相信,全国性的广告运动就其能维持产品差别化的范围来说,可以对竞争者进入市场构成严重的障碍。上述提到的美国全国饼干公司,当时曾利用那场宣传"Uneeda"的广告运动,作为阻挠许多地区性和私人品牌竞争者的障碍。③ 20世纪初,大量美国广告是为了创造商标中的无形资产,或者说制造"声誉垄断"④(使某一商标的产品在同类竞争产品中独占鳌头)。

广告运动还和商标、消费品包装等技术一起,为制造商提供了使其在处理与批发商和零售商的关系中处于主动地位的手段。在19世纪后期的美国,对于大多数制造商而言,经销牵涉同批发商和零售商就付款、批量折扣、广告津贴、货架展览、对于竞争对手产品的处理等问题,不断斗争、交涉。在产品散装、无牌子、未做广告的情况下,批发商可以控制制造商的产品进入零售商的货架,而零售商则通常可以通过集中出售利润率最高的商品来控制消费者的购物。曾有制造商如此感叹,"制造商站在商人门前的石阶上乞求他购买其产品。当时商

---

① James R. Beniger, *The Control Revolution*:*Technological and Economic Origins of the Information Society*, Massachusetts:Harvard University Press, 1986, pp. 344-346.
② Ibid., p. 346.
③ Ibid., p. 347.
④ Ibid.

人是贸易之王,制造商拜倒在他的脚下"①。此后,制造商设法通过使用商标、消费品包装和全国性的广告运动改变其同批发商和零售商的这种关系,使之对自身有利。美国全国饼干公司的经销实践,就是一例。由全国性的广告宣传所刺激产生的巨额销售,使该公司得以把发送货物融入自身的业务,其做法是:购入依靠佣金生活的售货员的小型送货推车,留下这些售货员作为公司的领取薪金的员工,使用这一送货队将 Uneeda 饼干直接交付给食品杂货店。这些售货员由营销办公室网络指挥,各人坚持跑指定的送货路线,以确保饼干新鲜、完整地到达消费者手中,并确保食品杂货商尽管利润率低(公司为扩大销售额而压低饼干价格)却仍然努力出售这一产品。②

根据《控制革命》一书的描述,美国全国饼干公司运用大规模的广告运动促销成功的实践,还改变了广告代理商和广告客户的关系,使之成为一种"联盟和同谋"的关系。该书指出,在整个 19 世纪,广告在美国被视为一种单纯的信息服务,并主要意味着出售出版物中的篇幅,当时广告代理商为竞争的客户提供服务是家常便饭。但是,约在 1900 年,当 Ayer 公司告诉全国饼干公司它已接受了另一家与之竞争的饼干商的广告时,后者作为当时这家广告代理公司的最大客户,以利益冲突为理由强烈地抗议。Ayer 公司于是迅速明确了如下原则:一家广告代理公司不应同相互竞争的客户打交道。不出 10 年,这一原则已被广为接受。今天,它已成为美国广告业的一项行业规范。由此可见,广告不但可使一家公司增强对于批发商、零售商、竞争者和消费者的控制,甚至还可以控制为它开展广告运动的代理公司。③ 此中所体现的广告和消费领域的控制之间的密切关系,十分耐人寻味。

贝尼格回顾了美国现代广告业 1890—1939 年期间的发展,认为:到 20 世纪 20 年代,在美国,广告作为刺激和控制消费的手段已确立了其地位。确实,由于广告在消费领域的作用,美国从 19 世纪 90 年代

---

① 转引自 James R. Beniger, *The Control Revolution: Technological and Economic Origins of the Information Society*, Massachusetts: Harvard University Press, 1986, p. 347.
② Ibid., p. 348.
③ Ibid.

起,即注意对广告业本身的管理。当时,美国广告商建立了俱乐部,开始进行有节制的自律。1898年,纽约州通过广告法,以便"防止误导性的和不诚实的(广告)表述"。1912年,美国联合广告俱乐部组成一家全国委员会,以推进公平的广告实践。1915年,美国广告者协会成立。1917年,美国广告代理公司协会成立……①由高速率的大批量生产商源源不断地提供的商品,必然要求大众消费紧紧跟上。广告业的发展正是顺应了社会经济运转的这一需要。而广告业的发展和广告业作用的发挥,离不开广告中的话语和形象进入千家万户。这一点,显然离不开面向公众的信息载体——大众传媒。

四、大众传媒和电脑技术的控制功能

贝尼格的"控制革命"论认为,现代广告业在消费领域的控制功能与大众传媒紧密相连。19世纪印刷技术的重大发展,为推动美国报业的大众化和现代化进程,奠定了重要的物质技术基础。从1833年起,以纽约《太阳报》的问世为标志,美国出现了廉价报("便士报"),报业开始向大众化与现代化进军。从19世纪40年代起,美国杂志的读者规模也有了较大发展。19世纪后期,美国报业完成了走向大众化和现代化的进程:1883年,美国现代报业的奠基人普利策买下了纽约《世界报》,将它办成了大多数美国新闻史学家公认的"美国首家(真正意义上的)现代报纸"②,从而揭开了美国现代报业发展的序幕。在美国现代报刊中,广告是其内容的重要组成部分。报纸杂志同广告业一起发挥了消费领域的控制作用。贝尼格的研究表明,"在美国,日报作为一种大众传播的工具之兴衰,完全同大众消费中(从控制危机)向控制革命之过渡相平行"③。

按每户人家对报纸的订阅量计算,美国报纸的日发行量,在1880—1890这10年,也就是众多连续加工技术的采纳者首次遭遇消费控制危机的时期(面临开创新的市场并刺激消费的迫切需要的时

---

① James R. Beniger, *The Control Revolution: Technological and Economic Origins of the Information Society*, Massachusetts: Harvard University Press, 1986, pp. 352-353.
② Ibid., p. 359.
③ Ibid., p. 361.

期),增长率最大,达83%。在1910—1930年这20年期间,美国报纸作为大众传媒的重要性达到顶峰,报纸日发行量稳定地达到每户1.3份,而这段时间按贝尼格的分析也恰恰是(从控制危机)向控制革命的过渡时期。同1850年的每户人家0.2份报纸和1900年的每户人家0.9份报纸的日发行量相比,[①]增长率之大,显而易见。

美国现代经济发展史上的大量事实证明,广告业和传媒业之间具有密切的互动关系。《控制革命》一书提供的数据表明,在美国无线电广播诞生时,美国广告费用中有48%归报纸,18%归直接邮寄,9%归杂志,3%归特殊的企业报纸(special business papers),2%归户外展示,其余20%归数以百计的其他更加专业化的媒介,如乡村周报等。[②]美国当时广告费用的分布显然表明广告业对报纸尤其是日报的强烈依赖。与此同时,报纸对于来自广告的收入,也依赖日深:1879年,美国日报的总收入中40%来自广告;至1919年,来自广告的收入几乎占美国日报的总收入的2/3。1902年,芝加哥的一家百货公司Mandel Brothers同《芝加哥论坛报》签约,约定全年在该报上以10万美元的一年统一收费率每周六天刊登公司的整版广告,此事一时成为重大新闻。无线电广播诞生后,作为一种新型的、具有自身优势的大众传媒,自然而然地进入了传媒领域的竞争,包括对广告收入的竞争,广告费用的分布由此发生了变化。到1940年,无线电广播已吸引美国广告总收入的10.3%;在这10个百分点中,8或9个百分点似可说是从报纸处争夺得来。[③]

与印刷传媒相比,广播在作为广告的载体时自有其优势。由于广播接收设备的轻便易带以及广播作为听觉媒介的性质,收听广播不但可以在各种不同的场所进行,而且可以在从事许多其他活动的同时进行;不但可以个人进行,而且可以由群体进行。这无疑有利于广播广

[①] Melvin L. DeFleur and Sandra J. Ball-Rokeach, *Theories of Mass Communication*, New York: Longman, 1982, pp. 40 - 41.

[②] 转引自 James R. Beniger, *The Control Revolution: Technological and Economic Origins of the Information Society*, Massachusetts: Harvard University Press, 1986, p. 361。

[③] 这几个数据,均转引自上书。

告的渗透。广播传媒在美国被大量用于播出广告,参与对大众消费的控制,可说势所必然。美国商业广播于 1922 年开始后,广告节目发展很快,而且在 1931 年美国经济大萧条时因祸得福:经济大萧条使人们待在家中的时间增多,恰恰为无线电广播收听时间的增多提供了条件,也为广播广告节目深入千家万户提供了机会。因此,在美国,广播广告节目在 1931 年后有了很大发展。电视媒介兴起后,传媒领域增添了后起之秀,它同样遵循美国大众传媒与广告业相互依赖的模式。商业电视广播在美国起始于 1939 年,初时播出广告只是在"有限的"基础上运作,真正可以出售电视广播时间给广告商是从 1941 年才开始的。数据表明,商业电视诞生后,美国广告费用的分布又起了新的变化:1945 年,无线电广播卷走美国广告总费用的 15%。而由于商业电视的迅速发展,1945—1954 年间,无线电广播在美国广告总费用中的百分比被削去一半。[1]

广电传媒的宣传作用不但为美国商业界所重视,也引起了美国政治界的注意,后者将之用于政治控制。早在 1923 年,美国第 30 任总统柯立芝(Calvin Coolidge)即开始运用广播媒介进行政治演讲。20 世纪 30 年代中期,在美国,总统竞选运动广播已确立了其作为任何影响公众舆论和公众投票行为的全国性努力中的关键一环之地位。[2] 从 20 世纪 60 年代起,广电传媒尤其是电视逐渐成为美国总统竞选运动中极为重要的工具。

贝尼格不仅将大众传媒视为控制技术,还将受众反馈研究视为控制技术。控制者与被控制者之间的双向互动,是有效控制必不可少的前提。虽说大众传媒尤其是广电传媒可以充当影响大众行为的有效工具,但是,这种影响要构成真正意义上的"控制",大众传媒的传播活动必须辅以受众反馈。不论是对于追求吸引和保留受众注意力的记者和节目安排者来说、对于试图刺激和控制受众的消费行为的广告商来说,还是对追求影响受众的意见和投票行为的政界人物来说,离开

---

[1] James R. Beniger, *The Control Revolution: Technological and Economic Origins of the Information Society*, Massachusetts: Harvard University Press, 1986, p. 366.
[2] Ibid., pp. 370 – 374.

了由受众传回的反向信息流动——反馈,便无从有效地实现其预期的影响。在这个意义上,贝尼格将包括受众调查在内的各种了解公众反馈的技术,都视为服务于公众消费领域的控制的手段。他指出,"市场反馈,即由零售商和消费者传回给广告商和其他追求控制公众行为的人士的信息流通,可以采取几种主要形式:有关受到广告宣传的产品的销售额或有关某一行业的总体销售情况的信息;描述产业机构或零售机构的其他特点的信息;大众传媒受众调查或广义的消费者调查。采集和处理所有这几种信息的技术在20世纪20年代到来之前即已出现。在整个20世纪30年代,即向控制革命的过渡阶段,这几种技术继续稳步发展"[①]。

在贝尼格的笔下,以邮寄明信片的形式进行的杂志读者率问卷研究、挨家挨户进行的市场访谈、分门别类并分州进行的商店研究、盖洛普(George Gallup)首创的报纸阅读习惯调查、盖洛普等人运用科学抽样法进行的全国性调查、尼尔森(Nielson)公司采用自动记录仪(audimeter)进行的广播受众监测调查等,都属于美国市场反馈技术中的创新,正是通过不断发展、日益系统与复杂的市场反馈信息采集、存储和处理技术,才使美国大众消费领域得以实现合理化控制。

如果说贝尼格的"控制革命"论将传统的大众传媒技术同消费领域的控制革命联系在了一起,那么对于广义的社会控制而言,他则将行政机构的改革和数据处理等信息硬件技术同控制革命联系在了一起。他认为,顺应经济运作急剧加速的行政控制的发展,既有赖于行政机构的结构改革,又仰仗于办公室硬件技术的改革,仰仗于行政机构编制、记录、存储和处理信息的硬件技术中的一系列创新,人事规划中的一系列创新,以及对内、对外传播中的一系列创新。贝尼格指出,在1880—1939年这段(控制革命的)关键时期,几种分离但互相联系的数据处理和计算硬件技术,即已有了"蓬勃发展"。[②] 在向控制革命过渡的阶段,人们逐渐形成了信息处理和计算技术可用于增强行政控

---

① James R. Beniger, *The Control Revolution: Technological and Economic Origins of the Information Society*, Massachusetts: Harvard University Press, 1986, p. 378.

② Ibid., p. 399.

制的观点。初时,这方面的运用仅在于统计材料的编写和总计分析,后又发展到大规模的数据处理,但是这些都还只是数字资料的处理。直到进入 20 世纪后,美国行政机构才意识到那些处理数字资料的硬件技术,也可用于处理广义的信息,并由此增强了行政控制。此后,美国行政机构日益注意使信息处理服务于对于个人的管理。贝尼格举出一系列实例,其中包括 1935—1936 年间美国政府进行系统的就业记录,来说明信息处理和计算技术如何服务于行政控制。1935 年,美国通过了《社会保障法》(Social Security Act),该法案要求美国政府做好 2600 万人民的就业记录,这意味着每天要处理 50 万张穿孔卡,这显然有赖于对信息处理硬件技术的运用。美国社会保障管理局(The Social Security Administration)为这项任务动用了 415 台卡片穿孔机、数据核对器、卡片分拣机和校对器(该设备是由 IBM 公司专门为这一任务而开发研制的)。[①] 信息处理技术在美国日常行政管理控制中的作用,由此可见一斑。

按照贝尼格的"控制革命"论来分析,当年的卡片穿孔机等技术,是控制革命中出现的技术创新,这场旷日持久的革命是信息社会的根源,其势头延续至今。"一系列因素支撑着这一势头:能源运用、加工处理速度和控制技术,这三者继续呈正螺旋形共同发展,一个因素中的发展导致其他两个因素中的改进——或者至少可说使后者成为可能。"[②]这三种因素之间的相互推动促进,成为当代社会信息化的动力。在这三者中,控制技术——信息处理和传播技术的发展本身,也会激发对这种技术的进一步发展的需要:对于控制而言必不可少的"信息处理和流动也需受到控制,因而信息技术必须继续在越来越高的控制层次上得到应用"[③]。从这个角度来看,20 世纪 50 年代起电脑技术的日新月异的发展,包括 50 年代商业电脑的出现、70 年代微处理器的问

[①] James R. Beniger, *The Control Revolution*:*Technological and Economic Origins of the Information Society*, Massachusetts:Harvard University Press, 1986, pp. 407－425.

[②] James R. Beniger, "The Control Revolution in the Development of the Information Society:Evidence from 24 Nations ,"《日本庆应义塾大学新闻研究所年报》,1998 年,第 1—25 页。

[③] 同上。

世、80年代个人电脑的开发等,既反映出控制革命的势头持续至今,又构成信息社会的重要技术标志。

五、"控制革命"论作为与信息传播新技术相关的重要理论

贝尼格的"控制革命"论,作为电脑等数字化信息传播新技术盛行早期阐述信息化由来的理论,是麦克卢汉以后具有重大影响的有关信息传播新技术的理论。笔者以为,贝尼格的研究具有如下特点:

(1) 关注历史。

(2) 直言不讳地将信息传播技术同社会控制联系起来。

(3) 在有关信息传播技术及其发展同社会变迁的关系问题上,探究的主要是信息传播技术发展的原因,是社会经济发展如何促成信息传播技术的突飞猛进。

与麦克卢汉以及英尼斯的媒介理论相比,贝尼格的理论虽然不似前者那样具有一个试图以信息传播技术及其发展作为主线把整个人类文明发展史串在一起的庞大体系,却同样体现了一种对历史的关注。如前所述,贝尼格对西方现代经济发展史做了深入研究。在《控制革命》一书中,贝尼格运用了翔实的史料,不但举出了大量经济发展史上的具体事例,而且引用了许多历史上的数据。贝尼格同麦克卢汉和英尼斯在这方面的不同,只是在于贝尼格对历史的关注,不似麦克卢汉和英尼斯宽泛,而是较为集中,主要聚焦于对工业革命以来的经济发展史的探索,其理论阐述中主要涉及的研究时间段,是工业革命以来的这段时间。也许在联系工业革命以来的社会发展这一点上,贝尼格的研究同威廉斯的研究倒具有更大的一致性。但是,威廉斯作为社会文化学派的学者,很自然地主要关注社会文化领域的发展。他着力阐述的,是伴随工业革命而发生的文化领域的巨变,是这场巨变中电视等传媒作为文化形式的发展由来。而贝尼格对工业革命以来社会发展进程的关注则主要体现为他对经济领域的发展进程的关注,他力求阐明的,是工业革命以来物质经济领域的迅速发展如何促使人类改进处理信息的技术并提高其运用信息的能力,以形成其运用能源的能力和运用信息的能力的新平衡,实现对于日益加速的经济运作过程的有效控制,这种控制是基于信息处理和传播的。

在美国等西方国家,由于自由主义的政治思潮在社会上具有根深蒂固的影响,对于不少西方学者来说,"控制"似乎并非一个受欢迎的字眼。"信息"在西方的传播学研究中似乎往往同"自由"而非"控制"联系在一起:"信息自由""表达自由""信息的自由流通"等,往往被当作理想大受赞扬。因此,信息传播新技术的问世,在西方易于被同赋予个人更多的信息自由联系在一起。近年来体现信息传播最新技术的因特(互联)网在西方乃至全世界倍受褒扬的特征之一,即网上信息流通的自由与互动。而贝尼格却通过把信息处理技术和信息传播置于社会经济系统发展的背景之中考察,把信息传播技术同社会经济系统的控制联系起来研究,把信息传播技术的控制功能当作核心问题来探讨。这不能不说是一种独具一格的研究。当然,我们在本书第二章中曾讨论到,早在20世纪50年代初期,加拿大学者英尼斯的媒介理论,曾把传播媒介的时、空倾向性,同一切文明对空间领域和时间跨度的控制联系起来探讨。尽管如此,贝尼格的理论仍然称得上在这方面自成一体。

在阐述媒介理论时,由于早先红极一时的麦克卢汉的媒介理论在有关信息传播技术及其发展同社会变迁的关系问题上,是将媒介技术及其发展视为社会变迁的动因的,因此他的理论的影响,容易造成媒介分析研究中的思维定式,使传播技术引发社会变化的一面,易受关注。但贝尼格在这一问题上,着重研究信息传播技术的变迁受到社会其他领域的变化的推动这一面,在信息革命、信息传播新技术的发展及其社会影响正形成学术讨论的热点时,冷静地探究信息社会和信息传播新技术革命的起源。这也是他的"控制革命"论的可贵之处。

当然,作为自身深谙电脑技术、文理兼修的著名学者,贝尼格对于信息传播技术的巨大作用也是极为重视的。如前所述,他指出技术界定一个社会从事活动的能力的限度。这与麦克卢汉提出的媒介是人体的延伸的著名论点是不谋而合的。但贝尼格的"控制革命"论更为难能可贵的是,它辩证地看待工业革命与控制革命之间的关系。在贝尼格看来,工业社会每种新的技术创新都扩展了支撑/维持生命的过程,从而增加了对于控制及控制技术的需要。

第二节 桑德拉·鲍尔-洛基奇等
学者论新、老传媒的特点

20世纪80年代后期,享誉美国乃至全世界传播学界的女学者、"媒介系统依赖论"①的创始人之一桑德拉·鲍尔-洛基奇,对以电脑及电脑联网技术为基础的一系列信息传播新技术、新系统进行研究,并与另一传播学者凯思林·里尔登(Kathleen Reardon)一起对新兴的传播形态与传统的传播形态进行了比较研究。她们以"独白、对话和电子对话"为题发表的研究成果(1988年),成为由罗伯特·霍金斯(Robert P. Hawkins)等人主编的《推进传播科学:大众传播与人际传播过程的合并》(Advancing Communication Science: Merging Mass and Interpersonal Processes)一书中的一章。这两位学者所探索的核心问题是:正在形成的信息传播新技术究竟意味着现存的社会传播形态即人际传播或大众传播形态的延伸,还是意味着人类传播的另一种社会形态的出现?

一、人类传播形态的十个方面的评判标准

在思索这一问题的答案时,这两位学者的研究焦点不在于新技术本身,而在于社会如何为传播的目的而改进它们。在桑德拉·鲍尔-洛基奇及其合作者的心目中,传播技术本身并不能构成社会传播形态;与其说是信息技术的形式上的特征决定了其对于传播的重要性,不如说是如下这一点决定了信息技术在这方面的重要性:它是否被人们以

---

① "媒介系统依赖论"试图观察媒介和整个社会系统中的其他系统怎样相互发生关系,并根据这些关系来解释媒介的社会效果。这一理论认为,大众传播媒介系统是当代社会结构中的一个重要组成部分,该系统与个人、群体、组织和其他社会系统均发生相互关系,其性质主要是依赖关系;大众传播媒介系统控制着三种信息资源:收集或创作信息的资源、加工处理信息的资源以及散布信息的资源,个人、群体、组织和其他社会系统乃至整个社会为实现自身的目标,均需依赖这些信息资源,由此产生媒介系统依赖关系,媒介的社会影响力,源出于此。

某种方式用于延伸他们通过其他传播形态业已进行的活动。① 她们认为,尽管已有足够的证据表明信息传播新技术的确已延伸了人们通过人际传播与大众传播形态所能进行的活动,但是,如果因此而觉得,一种新的传播形态的存在就意味着探索这种传播形态的理论和研究同探索其他传播形态的理论和研究没有可兼容之处,或认为它就意味着研究信息传播新技术的学者无法从有关人际传播系统和大众传播系统的知识中获益,那就陷入认识误区了。在她们看来,传播学界以往似过多地将研究注意力集中于各种传播形态之间的相异之处而不是相同之处上,传播学中出现了被有些学者称为"虚幻的两分法"(将人际传播理论与研究同大众传播理论与研究截然分开的非此即彼的两分法)的现象。她们提出,诸如视传电信会议、电子布告栏、双通道(双向)有线电视等信息传播新技术同人际传播及大众传播分享的共同点,分别超出了其互动性(交互性)和电子性的表面特征。它们同人际传播及大众传播形态或多或少地分享着一连串特征,正是这些共享的特征使之成为传播形态。在桑德拉·鲍尔-洛基奇及其合作者看来,为了弄懂任何传播形态的潜力,人们必须首先弄懂人类传播的基本特征是什么,然后方能在此基础上以它们作为评判标准去研究和对比每种形态的潜在用处。为此,她们列出了人类传播的十个方面的特征,以此为尺度去对比、分析现存的人际传播与大众传播形态,并将这两种传统的传播形态同以信息传播新技术为手段的新兴传播形态做比较研究。

诚如其研究成果的标题"独白、对话和电子对话"所显示的那样,她们认为根据信息流通的方式,大众传播是独白式的传播形态,人际传播是对话式的传播形态,而以当时正在崛起的数字化信息传播新技术为手段的传播,则是电子对话式的传播形态。

---

① Sandra Ball-Rokeach and Kathleen Reardon, "Monologue, Dialogue, and Telelog: Comparing an Emergent Form of Communication with Traditional Forms," in Robert P. Hawkins, et al. (eds.), *Advancing Communication Science: Merging Mass and Interpersonal Processes*, Newbury Park, California: Sage, 1988, pp. 135 – 161.

这两位学者提出的十个方面的评判标准分别为:①

1. 感觉上的可靠性
2. 地理范围
3. 反馈的性质

    A. 速度

    B. 完整性

    C. 时间限制

4. 潜在的互动性(交互性)

    A. 角色扮演

    B. 传播者和传播对象角色的不可分性

    C. 传播作为一种关系的产物

    D. 对于感情移入(empathy)的依赖

    E. 对于非语言传播的共同依赖

5. 控制权方面的潜在平等

    A. 发起传播活动

    B. 对于最接近的内容的控制

    C. 改变话题

    D. 对他人的(最接近的)传播行为的控制

    E. 结束传播

6. 内容特征

    A. 多样性

    B. 个人化的(内容)

    C. 亲密的(内容)

    D. 存储能力

7. 对于硬件的依赖
8. 对于软件技术(非传统的语言技巧)的依赖
9. 传播系统的潜在的集中化

---

① Sandra Ball-Rokeach and Kathleen Reardon, "Monologue, Dialogue, and Telelog: Comparing an Emergent Form of Communication with Traditional Forms," in Robert P. Hawkins, et al. (eds.), *Advancing Communication Science: Merging Mass and Interpersonal Processes*, Newbury Park, California: Sage, 1988, pp. 135–161.

10. 服务于造成信息依赖关系的目标之能力

    A. 个人目标

        （a）对社会的理解

        （b）自我理解

        （c）行动定向

        （d）互动定向

        （e）社交娱乐

        （f）单独娱乐

    B. 人际目标

        （a）共同分享的经验

        （b）共同分享的传播规则

        （c）有效的传播

        （d）活动协调

        （e）满意/和谐

        （f）群体认同（group identity）

    C. 社会目标

        （a）结合

        （b）控制

        （c）适应/变化

        （d）信念一致

        （e）冲突的解决

        （f）协调

        （g）不确定性的消除

二、人际传播形态同大众传播形态之比较

    桑德拉·鲍尔-洛基奇与她的合作者围绕上述十个方面，采用了一种五级度量表式的方法进行评定，从（程度）"很强"（＋＋＋＋）到"无"（一）。她们分别将人际传播同大众传播形态、将这两种形态同被她们称为"电子对话式的传播"的新兴传播形态进行比较、分析，并就这两种对比，阐述了她们的观点。就人际传播同大众传播的比较而言，她们认为：在"感觉上的可靠性"方面，人际传播形态强于大众传播

形态,因为人际传播能同时诉诸视觉、听觉、动觉、嗅觉、味觉和触觉,而大众传播形态仅能诉诸视觉、听觉和动觉;在"地理范围"这一点上,人际传播形态的传播范围较窄是不言而喻的,在大众传播形态中,传播范围得以大大扩展,这是公认的事实;在"反馈的性质"方面,人际传播形态具有即时的、完整的反馈的潜力,而大众传播形态中的反馈则是迟缓的,而且充其量只是部分的而非完整的,但是这两种传播形态中的反馈均受到时间的束缚;在"潜在的互动性"这一点上,人际传播形态具有高度的互动潜力,人际传播行为是一种人际关系的产物,由参与双方共同生产,参与者并未截然分化为传播者与传播对象两种角色,它允许传播参与者通过对于认知和行为技巧(如角色扮演和感情移入等)的使用形成复杂的关系,而大众传播形态则严重地限制潜在的互动性,不容许传播活动的参与者形成这样的关系,因为大众传播是独白式的,传播者与传播对象的角色区分是不易打破的,大众传播行为也不是人际关系的产物。

关于"控制权方面的潜在平等",这两位学者认为人际传播形态允许(但不能确保)控制权方面的平等,传播行为的双方都握有发起、决定和改变话题并调整或终止传播行为的控制权,而大众传播形态则不允许这种平等,虽说大众传播中的受众成员在对于媒介讯息的解释中握有主动权,可积极地创建自身的解释,但这也无法取代对于大众传播者的传播行为的控制。例如,受众成员固然掌握着打开或关闭电视机的控制权,然而打开或关闭电视机并不能等同于向大众传播者发起传播活动(传递有效反馈),也不能等同于引起大众传播者的传播行为的变化,或终止后者的传播行为;大众传播者不会仅因为有些人关闭电视机而停止其传播行为。在"对硬件的依赖"方面,桑德拉·鲍尔-洛基奇和她的合作者分析说,人际传播一般不依赖硬件(除了助听器之类的传播辅助器外),而大众传播形态则需要硬件设备。关于"对软件技术的依赖",她们指出,就语言和有关信息交流的规程的知识(在她们的心目中,这也是软件技术的形式)而言,在人际传播中,对于它们的要求,远高于大众传播。当两个或两个以上的个人进行人际互动时,他们必须分享基本的程序规则以避免混乱。有关"传播系统的潜在的集中性",她们提出,人际传播形态一般而言是分散的而非集中的

(除了在一些特殊的情况下,如政府试图强制人们使用某种语言而禁止双语制或试图限制内容的多样性),而大众传播系统却已历史地被构建成高度集中化的、相互依赖的全国性的(也许还是世界性的)系统。在十条标准中,这两位学者根据"为造成信息依赖关系的目标服务的能力"这一标准所做的人际传播与大众传播之对比,最为详细,并在阐述中引用了桑德拉·鲍尔-洛基奇本人所创立的"媒介系统依赖论"的一些观点。[1]

归纳起来,她们对这一问题的阐述,涉及如下看法:

第一,在服务于社会理解目标方面,由于人际传播地理范围(传播的有效距离)极其有限,并由于现代社会的复杂性,人际传播的潜力主要在于服务于同直接的个人环境有关的社会理解目标,而大众传播则有能力在事关社区、国家和世界的情况下服务于社会理解目标。而在服务于自我理解目标方面,情况恰恰相反:由于人际传播的互动性和内容特征,在为自我理解目标服务时,人际传播的效能强于大众传播。

第二,就服务于行动定向目标这一点来说,对于诸如消费、政治和娱乐活动等行动的定向目标,大众传播形态的卷入程度高于人际传播形态,这主要是因为大众传播已逐渐演变成将个人同经济的、政治的和社区的预警信息相联系,也同其他系统与组织相联系的系统。而在服务于互动定向方面,她们认为人际传播形态和大众传播形态的力量不相上下。

第三,关于服务于社会娱乐目标,这两位学者指出人际传播与大众传播形态都具有这种效能。但是,就单独娱乐来说,人际传播无法服务于这方面的目标。

第四,在服务于人际目标方面,人际传播形态显然比大众传播形态强有力得多。但是,大众传播形态对此也并非完全无能为力;从大众传播服务于个人目标与社会目标的影响力中,也衍生出一定程度的同人际目标有关的影响力。例如,大众传播媒介描绘的人际互动可能

---

[1] Sandra Ball-Rokeach and Kathleen Reardon, "Monologue, Dialogue, and Telelog: Comparing an Emergent Form of Communication with Traditional Forms," in Robert P. Hawkins, et al. (eds.), *Advancing Communication Science: Merging Mass and Interpersonal Processes*, Newbury Park, California: Sage, 1988, pp. 135–161.

起到示范作用,人们可能在现实的人际互动中模仿传媒的互动方式。

第五,关于服务于社会目标,桑德拉·鲍尔-洛基奇和她的合作者运用"媒介系统依赖论"的观点,认为:媒介系统同政治系统、经济系统和其他社会系统之间的结构依赖关系,在很大程度上关系到社会如何将大众传播技术转化为大众传播媒介系统;大众传播形态服务于社会目标的影响力,是这种结构依赖关系和其他特征(例如,大众传播的有效传播距离很长、地理范围极广等)的符合逻辑的产物。她们指出,在美国的社会背景下,这一切导致了集中化的大众传播系统,以便为实现其社会目标服务。①

三、电子对话式的传播形态同人际、大众传播形态之比较

在以这十条标准对人际传播与大众传播做了一番比较后,这两位学者又以这些标准将新兴的电子对话式的传播形态同人际传播与大众传播形态进行了比较。由于她们的这一研究成果发表于20世纪80年代后期,当时国际互联网在世界上的普及尚处于早期,她们首先承认,电子对话式的传播形态是一种处于"胚胎"状态的传播形态,即它尚未发展为稳定的传播系统,足以为之确立界限的特征尚处于逐渐形成的过程之中,因而她们的分析,主要是依据电子对话式的传播形态当时的状态进行的。总的说来,她们认为,虽然电子对话式的传播形态既显示出某些人际传播形态的特点,又显示出某些大众传播形态的特点,但是,将电子对话式的传播形态视为人际传播和大众传播形态的"混合物"并不能解释这种新兴的传播形态同后两种传播形态的整体区别型式(patterns)。在分别就上述十条标准展开对比分析时,桑德拉·鲍尔-洛基奇教授和她的合作者指出:电子通信系统的使用者之间的文字交往,比起人际传播或单通道(单向)有线电视等大众传播形态来,在"感觉上的可靠性"方面逊于后两种传播形态。

在这里,这两位学者似乎将电子对话式的传播形态概括为某种电

---

① Sandra Ball-Rokeach and Kathleen Reardon, "Monologue, Dialogue, and Telelog: Comparing an Emergent Form of Communication with Traditional Forms," in Robert P. Hawkins, et al, (eds.), *Advancing Communication Science: Merging Mass and Interpersonal Processes*, Newbury Park, California: Sage, 1988, pp. 135 – 161.

子文字传播,这恐怕与她们的论述发表于 80 年代后期有关。相对而言,在互动式的新媒介一族中,电子邮件系统、视传系统等电子文字系统崛起得较早。但是,如今距她们发表此论文已近 30 个年头,信息传播新技术又有了较大的发展,以数字化信息传播新技术为手段的传播方式已变得更加丰富多彩,尤其互联网产业以及新一轮的基于互联网技术与移动通信技术的移动互联网产业的发展,已使网上电视、广播,手机电视、广播,各种社交媒体包括视频类、移动视频类社交媒体等新生事物崛起于媒介之林,上述概括恐已无法确切描述当前的电子对话式的传播形态。

在"地理范围"/传播有效距离方面,鲍尔-洛基奇等指出,由于电子对话式的传播形态像大众传播形态一样包括通信卫星联结,它们在这方面的潜能应是相同的。

关于"反馈性质",电子对话式的传播形态中的反馈速度逊色于面对面的人际传播形态,因为前者缺乏面对面人际传播所具有的同时性特点。此外,虽然在电子对话式的传播中,参与者可能从事一种交替式的对话,而这是大众传播形态所做不到的,但是,电子对话式的传播中的反馈缺乏人际传播中的反馈之潜在的完整性。然而电子对话式传播形态中的反馈,也有优于另两种传播形态的特点:面对面人际传播形态和大众传播形态的反馈,都受时间的束缚(如面对面传播中的反馈的发出与接收得同时进行,即使是以观众来电直播电视节目的形式传递的反馈,其流通也显然受时间的束缚),而电子对话式的传播形态中的反馈不受时间的束缚——讯息的交流可以迅捷到只有几秒钟,也可以迟缓至几天、几周……

在"潜在的互动性"方面,电子对话式的传播形态介于人际传播和大众传播形态之间。电子对话式的传播形态需要交替传播者和传播对象的角色,而且,在电子对话式的传播中,传播者可以依赖非语言的图示改善文字传播。此外,在电子对话式的传播中,人际关系在一定程度上成为参与者共享的关注焦点,因而,至少可以形成某种程度的感情移入。凡此种种,都使运用信息新技术进行的电子对话式的传播形态,在"潜在的互动性"这一点上超越了大众传播媒介。

关于"控制权方面的潜在平等",电子对话式的传播形态被描绘成几乎同人际传播形态旗鼓相当。两者之间的主要差异在于电子对话式传播形态对于他人最接近的传播行为的控制权,逊于人际传播形态,而出现这一差异主要是由于它在交替对话的性质以及与此相连的互动性的潜力方面,逊于人际传播形态。然而,电子对话式传播的参与者确实共享发起传播活动(发送讯息)、控制传播内容和终止传播(停止传递讯息或拒绝做出反应)的能力。非但如此,在电子对话式的传播活动中,参与者常常可以匿名,而且他们之间的自然距离/物理距离可能跨度极大,由此导致了心理距离,这些都可能减少违反对话规则的后果,因此,在电子对话式的传播形态中,发起传播和终止传播活动,可能比人际传播中更容易。

在"内容特征"方面,就多样化、个人化而言,电子对话式传播形态虽然比不上人际传播形态,却超过了大众传播形态。

关于"对硬件的依赖",电子对话式的传播形态同大众传播形态的区别仅存在于数量上——前者对于硬件的依赖甚于后者。

就"对于软件技术的依赖"来说,任何旨在供普通公众使用的电子对话式的传播系统,都可能要求一定程度的"电脑技巧能力"(computer literacy),虽然对此要求并不高,却仍然会构成广泛采纳这种传播系统的障碍。但是,另一方面,对于普通软件的依赖同电脑语言翻译包(computer language translation packages)相结合,却为那些并不共享人际传播中传统的语言和其他软件要求的公众群体,打开了通往电子对话式传播之门。

关于"传播系统的潜在的集中化",桑德拉·鲍尔-洛基奇和她的合作者认为,集中化的情况部分地取决于传播系统的所有制。[1]

围绕"为造成信息依赖关系的目标服务的能力",这两位学者仍然就个人目标、人际目标和社会目标分别进行了阐述。

关于个人目标,她们认为,在她们开展这项研究时,电子对话式的传播形态在这方面的能力既低于人际传播又低于大众传播;但是,这

---

[1] Sandra Ball-Rokeach and Kathleen Reardon, "Monologue, Dialogue, and Telelog: Comparing an Emergent Form of Communication with Traditional Forms," in Robert P. Hawkins, et al. (eds.), *Advancing Communication Science: Merging Mass and Interpersonal Processes*, Newbury Park, California: Sage, 1988, pp. 135-161.

种传播形态可被用于理解和交流有关工作、娱乐、友谊和其他个人网络中发生之事的观点，或被用于了解社区的、全国的和国际大事。也就是说，电子对话式的传播形态在有些情况下可为几种人际目标服务。例如，当人们围绕有可能影响股市的国际事件进行电子对话，并由此而做出决策通过视传投资服务购入或卖出某些种类的股票时，电子通信系统就是在为个人提供对社会的理解和为个人提供行动定向这两种个人目标服务。

在人际目标方面，在这两位学者看来，电子对话式的传播形态服务于人际目标的能力较人际传播弱，但是由于这种新兴的传播形态在地理范围/有效传播距离、控制权的潜在平等、时间束缚等方面的特点，它可能发展成组织人际关系活动的新方式，尤其是对于那些不能同时出现在同一地理区域的人们更是如此。

在为社会目标服务这一点上，电子对话式的传播形态的效能，取决于这种传播系统扩散的水准以及其内容的多样性。但是，更为重要的决定因素，则是电子对话式传播系统同其他社会系统，尤其是经济和政治系统的结构依赖关系的性质。[1]

她们围绕上述十条标准进行评定的结果，如表 5.1 所示：[2]

表 5.1　人际传播、大众传播和电子对话式传播的差异

	人际传播	大众传播	电子对话式传播
1. 感觉上的可靠性	++++	++	+
2. 地理范围	+	++++	++++
3. 反馈的性质			
A. 速度	++++	+	+++
B. 完整性	−+++	+	++
C. 时间限制	++++	++++	−

---

[1] Sandra Ball-Rokeach and Kathleen Reardon, "Monologue, Dialogue, and Telelog: Comparing an Emergent Form of Communication with Traditional Forms," in Robert P. Hawkins, et al. (eds.), *Advancing Communication Science: Merging Mass and Interpersonal Processes*, Newbury Park, California: Sage, 1988, pp. 135–161.

[2] Ibid., pp. 141–142.

(续表)

	人际传播	大众传播	电子对话式传播
4. 潜在的互动性(交互性)			
A. 角色扮演	++++	+	++
B. 传播者和传播对象角色的不可分性	++++	−	++
C. 传播作为一种关系的产物	++++	−	+
D. 对于感情移入的依赖	++++	+	++
E. 对于非语言传播的共同依赖	++++	−	+
5. 控制权方面的潜在平等			
A. 发起传播活动	++++	−	++++
B. 对于最接近的内容的控制	++++	+++	−
C. 改变话题	++++	−	+++
D. 对他人的(最接近的)传播行为的控制	++++	−	++
E. 结束传播	++++	−	++++
6. 内容特征			
A. 多样性	++++	++	+++
B. 个人化的(内容)	++++	+	+++
C. 亲密的(内容)	++++	−	++
D. 存储能力	+	++	++++
7. 对于硬件的依赖	−	++	++++
8. 对于软件技术(非传统的语言技巧)的依赖	++	+	+++
9. 传播系统的潜在的集中化	+	+++	+++
10. 服务于造成信息依赖关系的目标之能力			
A. 个人目标			
(a) 对社会的理解			
(i) 直接的个人环境			
(ii) 社区、国家、世界	+++++	+++++	+++++
(b) 自我理解	++++	++	+
(c) 行动定向	++	+++	+
(d) 互动定向	+++	++	+
(e) 社交娱乐	++++	+++	++
(f) 单独娱乐	−	++++	+

(续表)

	人际传播	大众传播	电子对话式传播
B. 人际目标			
（a）共同分享的经验	++++	++	++
（b）共同分享的传播规则	++++	++	+++
（c）有效的传播	++++	++	++
（d）活动协调	++++	+	++
（e）满意、和谐	++++	+	+
（f）群体认同	++++		++
C. 社会目标			
（a）结合	++	+++	++
（b）控制	+	++	+++
（c）适应、变化	+	+++	+
（d）信念一致	+	+++	+
（e）冲突的解决	+	+++	+
（f）协调	+	+++	++
（g）不确定性的消除	+	++++	+

根据桑德拉·鲍尔-洛基奇等人的观点，传播学界需要改变一系列有关传播的观念。首先，要改变典型地将人类传播区分为大众传播与人际传播的思维定式。学术界惯于将人际传播视为有限数量的个人之间的传播，将大众传播视为向人数众多的公众进行的传播；然而这种区分法对于这两位学者所称的"电子对话式"的传播系统却不适用：由于电子对话式的传播形态既不同于人际传播与大众传播，又分别同人际传播与大众传播有些相同之处，而且它还很可能对人际传播与大众传播的性质产生影响，因此，电子对话式传播形态的出现鼓励学术界拓宽视野。她们感到，拓宽传播理论与研究的思路，将是一种积极的改变，可使学术界摆脱传播理论研究缺乏远见的专门化现象。其次，关于传播时间的概念也需改变，因为电子对话式传播形态的出现，已打破了以往那种通过一种特定传播手段进行的传播活动不是具有同步性（要求讯息的传递和接收在同一时间发生，如广电传播），便是具有非同步性（异步性，即讯息的传递和接收行为并不发生在同一时间，如通过印刷传媒进行的传播、通过个人间信件往来进行的传播等）

的状况；在电子对话式传播中，讯息的传递和接收可能发生在同一时间，但是，讯息的接收也可能发生在较迟缓的时间。再次，学术界关于私人交谈的概念也需改变：学者们以往习惯于认为私人交谈只可能在面对面谈话和耳对耳的电话通话这两种情况下发生，然而电子邮件系统和视传信号传递系统却已使远隔千里的个人之间可以进行经过中介（电子或光纤）的私人交谈。[1]

四、审慎的预测

这两位学者对于预测电子对话式传播系统的发展之社会影响相当审慎。尽管如此，她们还是提出了一些有关新媒介同传统大众传媒的关系的看法。她们提出，电子对话式的传播系统的发展，将通过对于大众传播系统的影响，间接地改变个人生活和社会生活的组织方式。当时，电子报刊书籍等电子对话式传播系统的发展，已在促成大众传播的讯息制作和发送方式的变化。面对这种情况，两位学者断言：这些变化不大可能改变大众传播的社会形式；最有可能成为大众传播形态的变化之源的，倒是大众传播系统集中化程度的改变（出现非集中化/分散化）和大众传播内容的多样化状况。她们还指出，电子对话式的传播不大可能取代传统的人际传播和大众传播。就像既定类型的大众传播长期以来已通过自我调节来适应每种"新"的类型那样（如报纸使自己适应无线电广播的发展，电影使自己适应电视的发展），当代大众传播系统也很可能进行自我调节以适应电子对话式的传播。

从20世纪90年代中后期以来世界各地传媒上网的实践来看，正像以往每当一种新的大众传媒进入大众传播信息市场与其他媒介竞争市场份额都曾导致社会传播系统的结构调整一样，因特（互联）网的迅速发展正引起传播领域中的新的结构调整，各种各样的新老传播渠道正进入一个激烈竞争的新时期。在这场新的竞争中，传统的大众传

---

[1] Sandra Ball-Rokeach and Kathleen Reardon, "Monologue, Dialogue, and Telelog: Comparing an Emergent Form of Communication with Traditional Form," in Robert P. Hawkins, et al. (eds.), *Advancing Communication Science: Merging Mass and Interpersonal Processes*, Newbury Park, California: Sage, 1988, pp. 135–161.

媒为了在正在经历调整的社会传播系统结构中占有自己的位置,与迅速崛起的网络这一新传媒并肩发展,以自己的方式采纳信息传播新技术,加盟(因特)互联网(包括移动互联网),这是传统的大众传媒调节自己以适应新的社会传播环境的具体体现。这些年来传统媒体在这方面做出了种种努力——从上网推出其内容,到创建自身的网站,到走向媒体融合,推出网络版、手机版,建设官方微博、微信平台,推出客户端等,马不停蹄地开展着采纳数字化创新事物的实践。这里无疑牵涉到传统的大众传媒同新型的网络传媒的关系问题。随着大众传媒上网过程的继续,传统的大众传媒将越来越需要处理好自身与新型的网络传媒的关系,而这一关系显然不同于以往这些传统传媒间的相互关系。处理好同新型的网络传媒的关系,将是传统的大众传媒调节自己以顺应人类传播发展新潮流时必不可少的环节。

此外,桑德拉·鲍尔-洛基奇和她的合作者对于电子对话式的传播形态的未来走向同民主进程的关系,也发表了自己的看法。针对美国传播学界对这一问题众说纷纭的情况,她们指出,有两种看法是走极端的。一种是极端悲观主义的看法,认为社会将因此走向专制,个人隐私将受到破坏,以信息为基础的社会控制的潜在集中化将开创或维护政治专制。另一种则是极端乐观主义的看法,认为社区与民主将因此增添新的活力,工作和住宅区将会农村化,地球村将会出现,全世界人民在这个地球村里都能和谐地进行信息传播和交流。在桑德拉·鲍尔-洛基奇和她的合作者看来,这两种走极端的看法都不足取,这些走极端的想象,都不大可能变为现实。

桑德拉·鲍尔-洛基奇不但在美国传播学界是久享盛名的学者,在国际上也是享有很高知名度的学者。她与她的合作者于 80 年代后期提出的对于信息传播新技术或由信息传播新技术的社会应用而形成的新的传播系统、传播形态的分析,显示了以电脑互联网技术为主要代表的信息传播新技术以及以它们为中介的传播,已经引起传播学界的高度重视。这可说是其有关阐述的重要性的主要方面。具有社会学学科背景的桑德拉·鲍尔-洛基奇并非对信息传播新技术本身感兴趣,她所关注的是人们和社会如何变信息传播新技术为传播系统,而这些传播系统又会如何改变人们的个人生活和社会生活。在她们的研究中,这一点始终是焦点所在。正是为了阐述这一问题,她们较为细致地分析了由信息传播新技术的应用所形成的新的传播形态同传统的人际传播与大众传播相比较而呈现的特征。随着20世纪90年代以来以电脑技术、互联网技术、移动通信技术为主要代表的信息传播新技术的进一步发展与应用,尤其是互联网(包括移动互联网)的迅速发展,她们的一些分析已日益成为传播学界的共识。例如,她们曾分析了信息传播新技术本身或应用它们的传播系统的"互动性特征",觉察到在应用信息传播新技术进行传播的过程中传——受双方角色互换的可能性,并发现在以信息传播新技术为中介的传播过程中,讯息发送和接收行为并不一定要同步发生等。这些现已为传播学界公认。而且,"电子对话式"说法的提出并作为对基于互联网的传播形态的概括,在当下社交媒体已极为盛行的今天看来,可以说意义犹新。当然,她们的另一些分析,则或尚有待于以信息传播新技术为中介的传播新实践进一步发展的检验,或已因当前传播新实践的发展而显得需要修正。例如,她们主要将电子对话式的传播形态概括为某种电子文字传播,这符合她们发表论述的80年代后期的实际情况。我们在上文已指出,相对而言,在互动式的新媒介一族中,电子邮件系统、视传系统等电子文字系统崛起得较早。但是如今,随着以数字化信息传播新技术为手段的传播方式变得更加丰富多彩,这种概括已显得陈旧。当然,人们对任何创新事物的认识,都要经历一个逐步深化的发展过程,这一过程和创新事物本身的发展过程同步。我们不应对桑德拉·鲍尔-洛基奇等人在20世纪80年代后期的有关阐述求全责备。重要的是,她们的有关研究提供了分析当前传媒新环境的一种思路,即从传播的一些基本方面入手,对新老传播方式进行比较分析,从中把握新型传播系统的特征及它们所代表的人类传播新变化。

  伴随着数字化技术的进一步发展,连接全球的网上传播新方式不断涌现。随着信息传播数字化态势的进一步发展,随着在线传播(包括移动互联网上的在线传播)手段的进一步丰富,学术界的有关研究也在进一步推进。在下一章中,本书将集中探讨在世纪之交问世的两种更新的理论。

第六章 世纪之交的媒介研究:希勒的数字资本主义论和卡斯特尔的网络社会理论

在上一章中我们已经讨论到在以电脑技术为核心的信息传播新技术迅速崛起时,传播学界在20世纪80年代后期提出了一些新的媒介分析理论、观点,以阐释比电视更新的传播新技术与新型传播系统。在本章中我们将集中关注伴随着电脑技术和互联网技术的日新月异,在世纪之交问世的两种理论:美国传播学者丹·希勒(Dan Schiller)在《数字资本主义》一书中提出的从政治经济学视角解读国际互联网/因特网的数字资本主义论,以及系统阐述基于这些信息传播高新技术的新型传播系统之理论:卡斯特尔在其《信息时代三部曲:经济、社会与文化》中阐述的分析当下媒介转型和社会变迁的互动之理论,这是一种以宽广的社会理论视野考察问题的理论。

第一节 希勒的"数字资本主义"论

20世纪90年代以来,伴随着因特网在全世界的蓬勃发展,伴随着其用户规模的迅速扩大、各项应用功能(包括网上新闻传播)的开发、其对传统传媒乃至整个社会的冲击力的显现,因特网作为新一代传媒在传播学界成为广受关注的重要课题,在社会上也成为热门话题。在分析、阐述因特网及其崛起过程的著作中,美国传播学者丹·希勒的《数字资本主义》(1999年出版;平装本2000年问世)把网络技术的发展置于同社会经济和制度的互动之中进行考察,提出了一种关于因特网的政治经济学理论,在西方学术界和网络业界产生了较为广泛的影响。

一、政治经济学的视角

任何在社会上产生广泛影响的创新事物的崛起,总是会在社会上和学术界引起评论、分析的热潮。而创新事物的前景中的变量和不确定性,总是给评论者提供想象的空间,从而使有关论著,往往或充满对其前景的美好遐想,或充满对其所孕育的问题和危机的忧思。有关因特网的众多论著,也不例外。有的作者将因特网同自由和民主等联系在一起,为网络社会的数字化生存,描绘出一幅充满欢乐的图景;有的作者则对网络空间中弥漫的各种问题大加批评。《数字资本主义》一书的与众不同之处,在于该书既不像一些一味乐观的论著那样,由因特网引发的表象上的变化推论出网络对于解决现代社会种种问题的作用,把网络社会数字化生存的前景描述得美妙无限,也不像有些悲观的网络批评那样发出情绪化的议论。《数字资本主义》扎扎实实地由分析网络从在其发端地美国兴起到在全世界蓬勃发展的历史着手,展示出因特网技术同宏观经济与制度的关系。希勒在引言部分,开门见山地提出了对网络神话的质疑,"我们都听说过这样的预言:因特网将把我们带入一个和平美好的世界,它将振兴儿童教育,迎来一个健康的直接民主时代,并最终创造条件,实现微软总裁欢呼的那种'没有摩擦的资本主义'……上述预言取决于两个相互关联的假设。第一个假设是,网络组成一个内容丰富的信息宝库……第二个基础性假设完全是一种乐观主义观点:通过探索网络中不断增加的电脑线路和储量巨大的数据仓库,社会将告别野蛮,以某种方式演变为一个更加温和、更加友好的场所。上述假设是否成立?有什么证据可以证明信息正在进入一个脱离了各种主流经济关系和社会制度的王国?在电脑网络的感召下,贫困与统治正在慢慢消失？……"①他直率地指出此类预言是"乌托邦式的幻想",表达的是"一种古老的愿望"。

希勒对电脑网络空间的潜力持怀疑态度。他指出,电脑网络空间非但远远没有将人们带入高科技的伊甸园,而是恰恰相反,正被人们熟悉的市场体系的作用所征服。"电脑网络与现存的资本主义联系在一起,大大拓宽了市场的有效影响范围。事实上,因特网恰恰构成跨国程度日益提高的市场体系的核心的生产和控制工具。"②他在书中用两章的篇幅,回顾了在因特网的发源地美国,从20世纪50年代起至20世纪90年代后期的数十年间,计算机技术(电脑技术)和网络技术的发展,如何在美国新自由主义经济的背景中展开,追述了数十年间美国工商企业追求不断扩大生产和商务活动的规模及拓展业务范围、跨国公司走向全球化的脚步、美国政府的"新自由主义"电信政策和电信业向市场导向的转变等,如何作用于因特网的发展过程。他认为,"因特网正在带动经济政治向所谓的数字资本主义转变。然而,这场时代的转变对大多数人来说并不吉祥"③。希勒深入研究了在美国的政治经济环境下发端的因特网的兴起史。他不但梳理了因特网从由美国国防部控制的阿帕网到向深入千家万户、面向公众的全球性网络发展的历史,而且梳理了美国企业联网的发展史,通过历史性考察,揭示了因特网同资本全球扩张之间的关系。美国的企业,在市场利益的驱动下数十年来积极采纳电脑技术和网络技术,并且试图通过在国会游说等活动对美国政府关于电信业发展的决策,施加影响。美国企业于20世纪50年代末即已开始使用计算机/电脑。60年代中期,美国已有约35000台电脑投入使用。到1966年,美国工商企业已经建立了2300个联机系统。④ 企业踏上了公司服务网络化的征程,将网络视为削减成本、提高生产效率的有效途径。美国商业用户围绕按其意愿开

---

① 〔美〕丹·希勒:《数字资本主义》,杨立平译,南昌:江西人民出版社2001年版,《引言》,第11页。
② Dan Schiller, *Digital Capitalism*, Massachusetts: MIT Press, 2000, p. xiv.
③ 〔美〕丹·希勒:《数字资本主义》,杨立平译,南昌:江西人民出版社2001年版,《引言》,第15—16页。
④ 同上书,第5页。

第六章 世纪之交的媒介研究:希勒的数字资本主义论和卡斯特尔的网络社会理论

发企业网络系统以及提升网络服务的自由度的总目标,从20世纪50年代中期到1970年,提出了内容详尽的政策议程。

面对企业要求放松对电信的监管的呼声,美国政府先后通过了一系列对商业用户、电脑公司和网络服务提供商有利的优惠政策。从20世纪60年代中期起,美国联邦通信委员会通过一系列程序对计算机业和电信业的界限进行重新划定,将蓬勃发展的网络业中越来越多的部分划到放松控制的计算机/电脑行业一边。美国政府的电信市场放松管制政策,为商业用户提供了最大限度的自由,为网络业的商业化发展,提供了政策背景。从政治经济学的视角出发,《数字资本主义》为人们描绘了当时在内联网、外联网及国际互联网(因特网)的发展过程背后信息传播技术进步、市场体系的影响、电信业务的发展、政府有关决策的引导等一系列因素的复合互动过程。

希勒把商业用户对网络系统日趋复杂和普遍的依赖性以及与此相伴随的席卷全球的电信发展高潮,置于资本主义生产快速走向跨国化的背景中去考察。在他看来,对于试图跨国推行生产整合战略、目光瞄准全球市场的跨国公司来说,"高级网络系统日益成为必不可少的基础设施"[①]。以美国为首的市场经济发达国家的跨国公司在将业务拓展到国外的同时,也建立起大批为其世界各地的分支机构提供服务的电脑通信系统。这些跨国公司在倡导市场自由竞争原则和输出美国的新自由主义思想的过程中,扮演了重要的角色。

在追述了网络的兴起和跨国化发展的历史后,《数字资本主义》分别用专章阐述了因特网向传媒业和教育领域渗透的历史。希勒把电脑网络空间比作一个"庞大的建筑工地,在那儿各种政治经济工程正在进行之中"[②]。他认为建立新的消费媒介是其中最为雄心勃勃的工程。他分析了因特网同传统的传媒系统聚合联姻的现象,把电脑工业中激烈的市场竞争,电脑业巨头微软、英特尔公司开辟新业务的战略,因特网上的市场商机的吸引力,大型公司在紧跟网络发展新潮流中的

[①] 〔美〕丹·希勒:《数字资本主义》,杨立平译,南昌:江西人民出版社2001年版,《引言》,第54页。

[②] Dan Schiller, *Digital Capitalism*, Massachusetts: MIT Press, 2000, p.89.

地位争夺战等,视为驱使电脑业和传播业在因特网上会聚、推动因特网朝着消费媒体服务方向发展的因素。潜在的网络化数字化传播消费市场就像未经开垦的处女地,不仅使传媒机构怦然心动,而且使雄心勃勃地追求开拓新的网络服务业务的电信公司等怦然心动。一场抢滩网上媒介传播领地的争夺战由此掀起。面对因特网用户规模的骤然扩大,一些本已在提供专用在线服务的美国商业公司迅速重新进行市场定位,瞄准网络化的消费媒介市场。美国在线和微软公司的微软网络/微软在线(Microsoft Network)就是其中突出的例子。它们"追求将自己摇身一变为媒介公司,制作原创的内容在万维网上发布"①。至1997年,微软公司已在这方面耗资2亿美元,而美国在线投资或创建的在线业务部门已达约50家。② 与此同时,对于美国传媒业来说,由于控制发行/发送渠道对于市场竞争力的重要性,争夺发行/发送渠道控制权的竞争长期以来一直在进行,因特网的横空出世使美国传媒业敏感地意识到因特网搭建了一个能融合原有的各种差别化的媒介发行系统的通用技术平台。有此发现,传媒公司当然也都希望先发制人,上网进入新一轮竞争,而不会将此平台拱手让给跃跃欲试利用网络闯入媒介市场的电信公司等。伴随着传媒公司上网开辟提供内容服务的新天地和电脑业大公司开辟网络服务新业务的双重奏鸣曲,产生了因特网和传统传媒业的会聚联姻。

希勒指出,因特网同整个媒介体系的深刻的三重变化密切相连,这三重变化即从"大众"营销转向"阶层"营销、从全国性营销转向跨国营销、从可以被称为或然性的营销转向个性化营销。③ 在集中探讨网络技术向高等教育渗透的专章中,作者指出,电脑网络空间促进了市场对教育的接管和商业教育模式的扩散。在美国这样一个商业化的影响渗透到社会生活的方方面面的国家,教育同商业的联姻已经历了一个相当长的过程,但是,长期存在于教育和商业之间的明显区别的逐步消失,则始于20世纪70年代。按照希勒的分析,导致这种现象产

---

① Dan Schiller, *Digital Capitalism*, Massachusetts: MIT Press, 2000, p. 96.
② Ibid.
③ Ibid., p. 134.

生的主要原因是三个相互联系的变化：(1) 公司内部教育开始冲击后中等教育（postsecondary education）作为州政府提供的一项准公共服务的地位；(2) 成人教育及再教育打破了学校教育服务于年轻人毕业后的职业生涯的观点；(3) 以因特网为突出代表的信息传播新技术，扫除了横在大学与工厂之间的各种物理的与社会的障碍。[①]《数字资本主义》描述了这些变化，并且以事实向人们展示，在美国，教育已演变为牟利手段，营利性教育提供商已纷纷涌进教育市场，包括高等教育的核心地带，教育开始转化为数字资本主义的前沿，社会学习的某些最敏感的过程正在被置于市场逻辑之下，任其支配。

运用政治经济学的视角和历史研究的方法，《数字资本主义》通过对美国社会中因特网发展的历史及其向传媒、教育领域渗透的过程的分析，向读者展示了网络同现实世界的经济和制度的密切联系。

二、批判性脉络

《数字资本主义》以冷静的笔触，展示了网络的发展并未在本质上改变现存社会的权力关系和消除不平等及以强凌弱现象的事实，全书显示出批判性的脉络。作者希勒援引了因特网发展过程中的许多数据，但是，在进行分析和理论阐述时，希勒没有简单地把这些数据当作唱响因特网狂欢曲的理由，而是洞察到因特网社会影响的复杂性。他从多个方面质疑数字化。"首先受到质疑的是因特网环境的输出，即从美国和发达国家向发展中国家输出新自由主义经济制度，从而为发达国家的跨国企业建构发展的空间。"[②]希勒看到了这种输出对穷国电信业的冲击。在经济全球化的背景下，因特网的冲击波，使跨国企业和电信网络的跨国化发展如虎添翼。1996年年底，世贸组织新加坡会议提出了一份协议，决定取消对价值5000亿美元的电脑和软件产品的贸易关税。在该会议上签署了《关于信息技术产品的部长宣言》的28个国家的电信设备出口量占全球的84％，个人电脑销售量占全球

[①] Dan Schiller, *Digital Capitalism*, Massachusetts: MIT Press, 2000, p.146.
[②] 孙五三：《质疑数字化——席勒的〈数字资本主义〉读后》，《国际新闻界》2000年第6期，第59—63页。

的88％,而人口仅占全球的20％。美国公司占这些设备和产品的全球贸易额的大部分,因而是该宣言的最大受益者。1997年2月,世贸组织又一次签署大宗贸易协议,同意开放大约70个国家的基础电信市场,这些国家占世界电信市场的94％。《纽约时报》曾评论说,"这一协议第一次授权世贸组织进入70个签约国境内,检查它们对其经济的一个重要领域解除管制的速度和效率……如果世贸组织发现故意拖延的证据,在理论上,它可实施惩罚"[1]。希勒洞察到自由化政策渗透到世界电信业对穷国电信业的猛烈冲击。这些国家原有的电信服务系统是国有的,一般采用交叉补贴的原则,以国际长途电话高收费补贴国内电信服务业务。而在上述协议后,在国际市场的压力下,国际长途电话收费大幅度下调,其损失不得不通过提高市话收费弥补,结果导致跨国企业享用便宜的国际长话服务,而贫困人口的普通电话服务不足的问题,则被忽略。

电信设施和因特网的发展没有消除全球电信分布不平等现象。在美国国内,网络化经济也没有消除社会分裂为贫富两极的现象。这是希勒质疑数字化的又一个方面。希勒用美国电信业等行业的主要公司在营销方面实施"双重推销"计划、将市场分为两个部分的事实,对此进行论证。电信业是最典型的例子。美国电子运营商一方面特别注重为"强力用户"服务,积极为富裕的郊区住宅区和商业园区服务,另一方面许多公司在承接网络扩建工程时都故意避开贫困社区。市场逻辑使许多公司开始进行推销战略转移,由对市场全面出击转向将重点放在高消费群体上。其结果是低消费社群的需求被忽视。市场逻辑、商业模式和广告商的影响使因特网上出现"数字化差异"——富有的且受过良好教育的网络用户同贫困的非白人非网络用户之间的分化。

希勒对数字化的又一个质疑是,网络和传统传媒系统的联姻并没有改变广告商通过广告费和赞助形式操纵商业化媒介的现象。在美国,当电脑业和传播业会聚于互联网时,大型媒体公司如时代华纳和迪士尼等,在同电脑产业大公司如微软和英特尔公司等的日趋激烈的

---

[1] Dan Schiller, *Digital Capitalism*, Massachusetts: MIT Press, 2000, pp. 46-48.

竞争中,力求把网络用于"高级资本主义最神圣的目的:销售"①。广告商很快就抓住了新兴的网络消费媒介。

在教育领域,网络对教育商业化产生了显著影响。在希勒的笔下,因特网的发展和介入教育,是教育开始转化为"数字资本主义前沿"的主要原因之一。网络使教育提供商有了接近目标群体的有利可图的新途径。营利性教育产业成为数字资本主义的新的节点。希勒认为,不论是在电信领域,还是在传媒领域或教育领域,跨国公司都在不断积聚界定和影响社会制度的力量。在网络时代,两三千家大型公司既是在网络化生产线上工作的工人的雇主,又是广告商,并且正在日益成为教育者。它们不仅控制着经济,而且控制着卷入社会再生产的社会制度网络。② 在该书的结尾部分,希勒所给的结论是:数字资本主义并没有消除市场制度的长期弊端——不平等和以强凌弱,而是助长了这些弊端。

三、资料、数据丰富

《数字资本主义》一书的批判性,是以丰富的数据资料为基础的。作者希勒参照了大量的企业报告,引用了大量的实证数据,指出了电信、金融、汽车、电器、计算机和其他行业的企业界巨头进行信息技术投资及参与网络建设、发展同资本全球扩张及拓展全球市场之间的联系。举例而言,"80年代末,美国100家顶尖企业在电子通信技术上的总支出,最低为一年2000万美元,最高为一年10亿美元,平均数为一年5000万至1亿美元。在各个经济活动领域中,处于领先地位的企业都追求将(电脑)网络融入生产、流通、营销和管理的核心活动……制造商,从波音公司到通用汽车公司,竞相建立网络系统,期望通过在企业内部数以千计的员工中分享企业信息并且日益同客户和供应商分享企业信息,来提高其战略能力。为了加速产品进入市场的过程,药品和电器制造商在多个节点建立了超国家研究和开发机构,这些节点

---

① Dan Schiller, *Digital Capitalism*, Massachusetts, MIT Press, 2000, p.204.
② Ibid., p.205.

由网络联结起来"①。通过这些发生在电脑网络发展过程中的事实,可以看出拓展全球市场的欲望,成为当年这些企业巨头参与网络建设的驱动力。它们最先从创建内联网做起,后又创立外联网,最终在网络技术的发展过程中,走向接入因特网的阶段。希勒通过引用企业联网发展史中的大量实证数据,论证了自己的观点:因特网并不是一个脱离了主流经济关系和社会制度的王国,恰恰相反,电脑网络空间已成为广义政治经济体系的重要组成部分。

在阐述因特网向传播领域和教育领域的渗透时,希勒同样以大量的数据材料,说明网络同市场体系及市场发展进程的联系。例如,他援引了美国风险投资商向信息技术公司投资的数据和例子,说明资本对新兴的因特网市场的操纵。在讨论传播业会聚于因特网时,希勒援引了一系列传媒上网建立网站和开通网络业务的数据和实例。微软公司和英特尔公司的业务开拓以及这两家公司为争夺引导因特网市场发展新潮流的地位而采取的一系列措施、行动,成为希勒在探讨网络和传媒业的专章中援引的重要例子。

《数字资本主义》问世于世纪之交。有关因特网创造奇迹的赞美声可说构成了当时因特网研究的主调。希勒能以政治经济学的视角、批判的目光来审视因特网的发展史,以大量的事实,揭示影响网络发展及其方向的经济和制度原因,是难能可贵的。该书以其批判性和资料翔实性,为学术界考察网络新媒介提供了一种重要的理论思路。希勒的理论,作为网络时代媒介研究的重要成果,为充实传播学研究的媒介分析理论宝库做出了贡献。当然,我们也应看到,作为一名美国学者,希勒的研究对象主要是美国社会中因特网的发展,他是在这种研究的基础上提出其因特网理论的。肯定该理论的学术意义,并不意味着要将该理论的种种论点,奉为放之四海而皆准的观点。各国国情不同,因特网被推向世界的过程背后,固然有跨国公司利益扩张、市场逻辑、源于美国的新自由主义政策在其市场强势的伴随下扩散等一系列复杂因素在起作用,但是,因特网在世界各国的发展,必然要在各国特定的国情下展开,其进程将同各国的经济、政治过程发生互动。网

---

① Dan Schiller, *Digital Capitalism*, Massachusetts: MIT Press, 2000, pp. 14 – 15.

络技术是一把双刃剑,它造福还是造祸,取决于人类如何驾驭该技术、使用该技术。由于网络发端于资本主义头号强国美国,美国社会的经济运作体系、逻辑、政策等,在其诞生阶段不可能不留下烙印。《数字资本主义》向人们提出了警惕这些向世界蔓延的警示。但是,当因特网在全世界的扩散已成为无可否认的现实时,发展中国家除了迎头赶上,别无选择。处于存在各种不平等现象的世界经济、政治、文化秩序之中并不是发展中国家的选择,却是它们必须面对的严酷现实。要扭转局面,光靠口号解决不了问题,发展中国家只有积极参与网络建设,在参与中努力赢得主动权,才有希望争取通过自身的努力,逐步改变因特网发展的游戏规则。重要的是在参与过程中要保持冷静,不断理性地分析网络同并不完美的世界现实之间的联系,分析网络在向何处去。希勒的理论,可以促使我们冷静。这就是该理论的价值所在。

第二节 卡斯特尔社会学视野下的社会、经济新形态

卡斯特尔在世纪之交出版了《信息时代三部曲:经济、社会与文化》,在书中系统阐述了一种网络社会理论,其中包含关于基于数字化信息传播高新技术的新型传播系统(他称之为"互联网星系")之理论。这是一种以宽广的社会理论视野考察和分析当下媒介转型和社会变迁的互动之理论。[①] 现执教于美国南加州大学安南伯格新闻与传播学院及该校政策、规划与发展学院以及国际关系学院的卡斯特尔具有深厚的社会学背景。也许正因为他是从宽广的社会理论视野来分析当代社会的"互联网星系"的,才使得他的《信息时代三部曲:经济、社会与文化》对于推动世纪之交的传播学这一跨学科领域的研究,意义尤为深远。卡斯特尔2012年获得一年一度的挪威霍尔堡国际纪念奖,即是其国际影响力的有力证明。霍尔堡奖学术委员会的颁奖词如此评价卡斯特尔的网络社会等研究:"卡斯特尔是城市研究、新信息技术

[①] 本章中关于卡斯特尔的理论的部分内容,笔者曾用于论文《卡斯特尔笔下的媒介转型》中,该文已发表于《文化与传播》2014年第2期。

和新媒体技术研究领域的重要社会学家,他的思想和著作对我们理解网络社会中城市经济与全球经济的政治机制具有形塑作用。"①

常被称为西方新马克思主义学派城市社会学代表人物的卡斯特尔,并非专门从事传播学研究的传播学家,其名著《信息时代三部曲:经济、社会与文化》也并非仅关注当今社会新媒介的著作,而是整体分析当下正在形成的新的社会结构、社会形态,并将"互联网星系"这种新的传播系统嵌入其中加以阐述的著作。因此本章中我们对其理论的解读,将先探讨其关于社会、经济新形态的论述,随后再解读其媒介转型理论。当然,我们从本书的研究目标出发,将更多地着墨于其三部曲对于媒介分析的重要理论贡献。

一、信息传播新技术革命:分析新的社会形态的切入点

作为著名的大学教授和互联网研究者,卡斯特尔具有不同于一般西方学院派学者的经历与特点。在西方高校学者中,他的学历和社会经历均有异乎寻常之处。根据其三部曲的第一部《网络社会的崛起》中译版译者序以及我国若干学术刊物文章中的介绍,卡斯特尔出生于西班牙巴塞罗那市的一个贵族家庭。但他从大学时代起就积极参与社会(抗争)运动,并一再遭受挫折,但积极的社会参与态度矢志不变。而当他作为成熟的学者在高校牢固立足后,他对社会运动和社会问题的高度关注,使他在社会学研究领域做出了独树一帜的贡献,并在国际上产生了很大的影响。他的社会经历对其研究不无影响。在下文对其理论的讨论中我们将看到这一点。

在卡斯特尔的学术生涯中,他高度关注社会发展过程及其中的问题,关注城市和区域发展,笔耕不辍,撰写并出版了都市与社区社会学、信息技术社会学、网络社会学等领域的 26 部著作,外加 22 部合作编写的著作,并在学术刊物上发表了 100 多篇学术文章。其著作《信息时代三部曲:经济、社会与文化》的英文版在 20 世纪末首次出版后,又于 21 世纪初的几年中出了第二版,迄今印刷了 22 次,在 2010 年的重印版中还增添了新版序言,被翻译成包括中文在内的多种语言;《互

---

① 转引自《文汇报》2012 年 4 月 9 日的报道《本年度霍尔堡国际纪念奖颁奖》。

联网星系》(牛津大学出版社 2001 年)被译成 17 种外文版本……卡斯特尔因其卓越的学术成就获得了一系列重大的学术荣誉,包括:古根海姆奖(Guggenheim Fellowship)、美国社会问题研究学会颁发的赖特·米尔斯奖(C. Wright Mills Award)、美国社会学协会颁发的罗伯特和海伦·林德奖(Robert and Helen Lynd Award)、麻省理工学院颁发的凯文·林奇城市设计奖(Kevin Lynch Award of Urban Design)、马德里市颁发的都市主义奖章(Medal of Urbanism),等等。[①] 当然,就媒介分析而言,尤为重要的是 2012 年度的霍尔堡国际纪念奖。

在信息革命的浪潮席卷全球,世界经济、社会与文化产生巨变的现实语境下,《信息时代三部曲:经济、社会与文化》这部视野开阔、框架恢宏的著作,并不是仅为阐述媒介理论而做,而是为了对于这样一种"集体性的分析尝试"有所贡献:"旨在以可得的证据与探索性的理论为基础,了解我们的新世界。"[②]但是,卡斯特尔是以信息传播新技术作为探究的切入点的,因而,书中实际上包含了卡斯特尔在社会学视野下观照信息社会传媒体系的理论。在该部著作的总导言中,他开门见山地指出,"在公元第二个千禧年即将结束之际,若干具有历史意义的事件改变了人类生活的社会图景",而在他列举这些事件时,他首先谈到的是"以信息技术为中心的技术革命开始以加快了的速率重新塑造社会的物质基础"。[③]

尽管对信息传播新技术革命及基于这些技术的传播新形态的阐述分析在书中占据极其显要的位置,并且甚至可说信息技术分析的脉络贯穿于全书,但是卡斯特尔刻意表明自己并非技术决定论者,而是持有技术与社会辩证互动关系的观点,并指出,这种互动,在法国年鉴学派第二代著名史学家费尔南·布劳代尔(Fernand Braudel)等一批最好的史学家的著述中已有描述:技术并不决定社会,而是体现社会;社会也并不决定技术发明,而是运用技术发明。在解释自己为何要选

[①] 关于卡斯特尔的著述和获奖情况的信息获自南加州大学安南伯格新闻与传播学院网页上对卡斯特尔的介绍。
[②] Manuel Castells, *The Information Age*: *Economy*, *Society and Culture*, Vol. 1, *The Rise of the Network Society*, Oxford, UK: Wiley-Blackwell, 2010, p. 4.
[③] Ibid., p. 1.

择以信息技术革命作为切入点来分析正在形成的新型经济、社会和文化的错综复杂时,他明确写道,这"并非暗示新的社会形态和过程的出现是技术变迁的结果。当然,技术并不决定社会,社会也并不提供技术变迁进程的细节,因为许多因素,包括个人的创造性和企业的冒险进取精神,会干预科学发现、技术创新与社会应用的过程,因而最终的结果取决于一种复杂的互动型式"①。有意思的是,卡斯特尔不仅洞察到信息技术革命渗透到人类活动的整个范畴,而且提出了"技术即社会"的命题,认为"没有社会的技术工具也无法理解或描述社会"②。

卡斯特尔笔下的信息技术概念是个广义的概念。他笔下的信息技术不仅指微电子、电脑、电信、广电以及光电子技术汇聚在一起的整套(信息)传播技术,还包括遗传工程及其日益扩展的发展和应用。这与许多传播学者对这一概念的用法是不同的,卡斯特尔的理由是,遗传工程聚焦于对于生物信息符码的解码、操纵以及最终的重组,并且生物学、电子学和信息科学似乎在其应用、材料以及(更基本的)概念思路诸方面,正在汇聚和互动。③ 像尼葛洛庞蒂等数字化分析家一样,卡斯特尔感到20世纪末人们经历了历史上少有的几次时代间隔之一,在这一时期,历史上的稳定状态"被急剧发生且帮助建立下一个时代的重大事件打断"。在他看来,20世纪末的历史间隔,其特征是:"围绕着信息技术而组织的新的技术范式改变了我们的'物质文化'";信息技术革命是个重大事件,"贯穿于人类活动的全部领域,不是作为外源的冲击,而是作为编织此类活动的'质地'";当下这场技术革命中人们经历的变迁之核心,是"信息处理和传播的技术"。④ 这种阐述信息传播技术、社会和历史变迁的关系之视角,同本书第二章中讨论的哈罗德·英尼斯将传播置于人类历史运转的轴心位置进行考察的视角,显然有相通之处。而其"技术即社会"的说法,也令人联想起麦克卢汉

---

① Manuel Castells, *The Information Age: Economy, Society and Culture*, Vol. 1, *The Rise of the Network Society*, Oxford, UK: Wiley-Blackwell, 2010, p. 6.
② Ibid.
③ 〔美〕曼纽尔·卡斯特:《网络社会的崛起》,夏铸九、王志弘等译,北京:社会科学文献出版社2000年版,第34页。
④ Manuel Castells, *The Information Age: Economy, Society and Culture*, Vol. 1, *The Rise of the Network Society*, Oxford, UK: Wiley-Blackwell, 2010, pp. 28–30.

著名的"媒介即讯息"。正像麦氏的说法并非对媒介所下的定义而是蕴含媒介的社会影响的一种观点一样,卡斯特尔的说法也并非对技术的界定而是蕴含着技术在社会进程中的作用的一种观点。我们将在本章最后一节中对这种观点予以评析。

二、当下社会信息技术范式的特征

卡斯特尔认为,新技术群集于公司、组织和机构周围,形成了新的社会—技术范式,并提出为了探索社会转型,需要弄清当今信息技术范式的特征。

科技范式/技术范式和范式转变(paradigm shift)的概念,最早是由美国著名科学史家和科学哲学家托马斯·库恩在《科学革命的结构》这一经典科学史著作中提出的。在库恩的笔下,"范式"这一概念指的是科学研究工作得出的成果,是科学实践的公认范例,包括定律、理论、应用、科学仪器等,为特定的、连贯的科学研究传统提供模型。[①]范式转变指的是在科学范畴里,这种特定、连贯的学科模型的转变,是该学科基本理论从根本假设上的改变。库恩提出的这两个概念,后经其他学者如英国经济学家克里斯托弗·弗里曼、委内瑞拉技术发展研究者和经济—社会发展研究者卡洛塔·佩里兹(Carlota Perez)等人的进一步阐述、拓展,被用于阐述经济等其他领域中渗透到各个方面的创新群集,以及其他领域重大的根本性变迁。卡斯特尔应用了源自库恩的科学史理论的观念,用信息技术范式来解释当今社会技术转型的本质,并力求厘清构成信息技术范式核心的一系列特征。他将这一范式的核心概括为以下五大特征:

第一个特征是信息就是该范式的原材料:这些是作用于信息的技术,而非仅仅作用于技术的信息,后者是以往技术革命中的情形。

第二个特征涉及(信息)新技术的无处不在的渗透性。他指出,由于信息是人类所有活动必不可少的组成部分,我们的个体存在和集体存在的所有过程,均直接受到(信息)新技术媒介的影响。

[①] 〔美〕托马斯·库恩:《科学革命的结构》,金吾伦、胡新和译,北京:北京大学出版社2003年版,第9页。

第三个特征指的是使用这些新技术的任何系统或关系群的网络化逻辑。在卡斯特尔看来,网络形态似乎能很好地适应日趋复杂的互动以及源自此类互动的创造性力量之发展型式,这些发展型式是难以预测的。借由新近可用的信息高新技术,网络形态可在所有类别的组织与过程中实质上得到施行。倘若没有这些信息新技术,网络化逻辑便会因过于麻烦而无法实施。然而,我们却需要网络化逻辑去建构那些没有结构的部分,并同时保持弹性,因为那些没有结构的部分正是人类活动中创新的驱动力。

第四个特征与网络化相关,表现为信息技术范式是基于弹性的范式。通过重新排列组合其组成部分,不仅过程可以被扭转,而且组织和机制也可更改,甚至可以根本改变。新技术范式构造的独特之处,在于其重新构造/配置的能力,这是以不断的变迁和组织的流动性为特征的社会中之决定性特点。由于组织的物质基础可以被重新设定和修整,颠覆规则而不毁坏组织已成为可能。

这场技术革命的第五个特征是:特定的技术日益聚合成为高度融合的系统,在该系统中,原本分散的技术发展轨迹已无法区分。微电子、电信、光电子和电脑现已全部整合进信息系统。尽管芯片制造商和软件编程商之间依然存在一些行业上的区别,并且这种区别还将持续存在一段时间,但这样的区别也在模糊化,这不仅因为软件程序被写入芯片硬件中,也因为商业公司在战略联盟和合作项目中被日趋整合。[①]

可以看出,除了强调信息已成为当下社会过程的原材料、社会生产的重要资源外,卡斯特尔对于当下信息技术范式的特征分析,更多的是从信息高新技术的社会影响、其在社会过程与组织形式等中的社会应用、它们与正在形成的社会新形态的互动,以及这些技术的融合性这几个层面着手的。这是他宽广的社会学视野的体现,也昭示着其关于信息传播媒介的观点,将同其对于社会过程、结构及社会形态的发展脉络的分析不可分割地交织在一起。

---

① Manuel Castells, *The Information Age: Economy, Society and Culture*, Vol. 1, *The Rise of the Network Society*, Oxford, UK: Wiley-Blackwell, 2010, pp. 69-71.

三、信息高新技术渗透下新经济形态的特征

卡斯特尔的《信息时代三部曲》如其副标题"经济、社会与文化"所示,必然要以信息科技革命的效应在经济、社会、文化领域的弥漫,作为核心议题。信息高新科技在经济领域的渗透、使用及其与经济形态的互动,是卡斯特尔在这部著作中着力阐述的重要论题。

卡斯特尔以翔实的资料,阐述了以信息科技革命为物质基础的崭新的经济形态,论证分析了这种新经济的结构与动态,以信息化、全球化、网络化概括了其三大基本特征,并强调了它们之间的相互交织,指出:催生崭新而独特的经济系统的,是一系列因素的历史联动,即经济的知识—信息基础、其全球性的伸展度、其基于网络的组织形式,以及信息科技革命之间的历史联动。[1]

卡斯特尔认为在20世纪最后25年中在世界范围内浮现的这种崭新的经济形态,其首要特征是信息化,"因为在这一新经济中,单位或者行为者(不论它们是公司还是区域抑或是国家)的生产力和竞争力从根本上来说取决于其有效生产、处理及应用基于知识的信息的能力"[2]。但与此同时,在他的笔下,信息化经济同工业化经济之间的差异,并不在于经济增长之来源上的不同;在他看来,知识与信息处理不论是在工业(化)经济中还是在信息化新经济中均是经济增长的关键因素。卡斯特尔认为新经济的独特之处,在于其"向基于信息科技的技术范式转型,从而使得成熟工业经济所包含的生产力潜能得以彻底发挥。新技术范式首先改变了工业(化)经济的范围与动态,创造出全球经济,并在既有的经济作用者之间,以及它们与大批新加入者之间,助推出新一波竞争浪潮"[3]。凭借信息科技日益增长的力量,信息化农业、信息化制造业和信息化服务业得以产生,其活动以融入劳动过程的信息和知识为基础进行生产与分配。[4]

---

[1] Manuel Castells, *The Information Age: Economy, Society and Culture*, Vol. 1, *The Rise of the Network Society*, Oxford, UK: Wiley-Blackwell, 2010, p. 77.
[2] Ibid.
[3] Ibid., p. 99.
[4] Ibid., p. 100.

在强调当今社会—经济转型的信息化特点时,卡斯特尔使用了"信息主义"的概念,将之用作同"工业主义"相对照的概念,用作"新技术范式"的替代式概念。在他的笔下,在"工业主义"的发展模式中,生产力的主要来源"是生产要素(劳动力、资本和自然资源)伴随着新能源的运用在量的方面不断增长";而与此形成对照的是,在"信息主义"的发展模式中,生产力的主要来源是"以信息和技术为基础,把生产要素的结合与使用加以最优化的质的能力"①。

卡斯特尔把经济行为的全球化视为新经济的又一特征。他强调,信息高新科技在经济领域的渗透与应用,催生了经济行为的全球化。以互联网技术为核心代表的信息新技术的迅猛发展及其应用功能的开拓,为"世界经济"(a world economy)转型成为"全球化的"新经济奠定了物质基础,在这种新经济中,"生产、消费和流通的核心活动及其组成要件(资本、劳动力、原材料、管理、技术和市场)均是在全球范围组织的,不是直接这样进行的,便是通过经济作用者之间的连接网络进行的"②。

卡斯特尔对"世界经济"和"全球化经济"(a global economy)的区分,确是精细、中肯之论。从历史上看,经济运作的规模化、市场的拓展、世界市场的开辟,可以说是工业化社会出现以来始终存在的现象。历史上西方探险家们的行为,说到底与寻求开辟世界市场的动机相联系;不断扩张的规模经济、不断拓展市场、开辟世界市场,可以说是资本主义生产、资本主义商品贸易与生俱来的特点。③ 经济运作规模化的旷日持久的发展过程,对于起协调、管理作用的传播活动的要求日益增加;这一过程中的新市场的开拓,也对资本、产品等的流动性和经济活动运作者的通信、传播能力提出了更高的要求。经济全球化意味着经济运作规模化通过旷日持久的发展过程达到了极致。④ 此时,"全

---

① 〔美〕曼纽尔·卡斯特:《千年终结》,夏铸九、王志弘等译,北京:社会科学文献出版社 2005 年版,第 4 页;Manuel Castells, *The Information Age*: *Economy, Society and Culture*, Vol. 3, *End of Millennium*, Oxford, UK: Wiley-Blackwell, 2010, p.8.
② Manuel Castells, *The Information Age*: *Economy, Society and Culture*, Vol. 1, *The Rise of the Network Society*, Oxford, UK: Wiley-Blackwell, 2010, p.77.
③ 张咏华:《中外网络新闻业比较》,北京:清华大学出版社 2004 年版,第 103 页。
④ 参见上书,第 103—106 页。

第六章 世纪之交的媒介研究:希勒的数字资本主义论和卡斯特尔的网络社会理论

球能够作为一个单位实时或在选定时间中运作"①。这种极致的到达,即经济全球化的出现,是同信息科技革命奠定的物质基础分不开的。历史发展到了20世纪末叶,诚如卡斯特尔所指出的,"基于信息与传播科技提供的新的基础设施,并且伴之以政府和国际机构所实施的解除管制和自由化政策的关键性助推,世界经济得以变成真正全球性的"②。毫无疑问,国际互联网(先是通过电脑接收终端,后又加上通过移动终端)就是新的基础设施的杰出代表。以全球金融市场为例,新的信息系统和通信、传播技术的使用,使资金得以迅速穿梭于各经济体之间。历史上"首次出现资本在全球整合的金融市场中,24小时全天候实时运作"③。我们认为卡斯特尔将"世界经济"同"全球化经济"加以区别,不仅较为精确地描述了20世纪最后1/4的时间以来人类社会经济形态的转型,而且可以说避免了陷入关于"全球化"的兴起年代的争议。

在《信息时代三部曲》中,卡斯特尔基于全球市场、商品与服务市场的全球化——国际贸易的增长与转变、全球化对(vs.)区域化、生产的国际化——多国公司和国际生产网络、全球化的劳动等方面大量的数据、实例展开论证,还从政治经济学等视角透视了经济全球化。诚然,到了21世纪的今天,伴随着经济全球化现象的日益凸显,上述领域的经济全球化现实对于我们来说已经并不陌生,大量的经验性材料,也已并不很难从不同的信息源获得。但是,卡斯特尔的著作在分析这些经验性材料时始终注意在充分肯定技术因素的重要作用的同时,有机地融入对于技术因素同政策性因素等其他因素的联动之论述,并以翔实的材料予以论证,实属难能可贵。卡斯特尔洞察到,技术或企业都不能自行发展出全球化经济,政府决策在建立新的全球化经济的过程中起关键性作用。他写道,"关键作用者乃是政府,尤其是最富裕国家的政府、西方七国首脑会议及其附属的国际机构、国际货币

---

① Manuel Castells, *The Information Age: Economy, Society and Culture*, Vol. 1, *The Rise of the Network Society*, Oxford, UK: Wiley-Blackwell, 2010, p.101.
② Ibid., p.102.
③ Ibid.

基金组织、世界银行以及世界贸易组织"①。他认为,解除管制、自由化和私有化这三项相互关联的经济政策奠定了全球化的根基,因为这些起始于美国和英国的政策,传遍欧盟,"在世界上成为大部分国家的主流政策以及国际经济系统的共同标准"②。事实确实如此,不论技术发展的态势有多强,也不论运作经济的企业以其经济实力在社会上有多大力量,经济的运作毕竟是在特定的政策环境中展开的,经济发展模式或者说经济范式的形成和确立,终究同决策因素分不开。在这一点上,他同(我们在本书第三章中讨论的)另一位著名的西方马克思主义者威廉斯的媒介观有相似之处。威廉斯的媒介观,强调科技、社会制度与文化之间的复杂关联,并力求审慎地在其论述中反映这种复杂关联,重视社会制度机构、权力或资本的分配、社会结构、习俗等对同时作为科技与文化形式的传媒的制约作用。

  网络化是卡斯特尔概括的以信息新技术革命为物质基础的新经济形态的第三个重要特征。当下的新经济是网络化的。在新的历史条件下,"生产力的增长是通过在企业网络之间互动的全球网络产生的,竞争也是在这一互动的全球网络中展开的"③。经济的转型和重构,引发了生产与企业组织形式的重构,出现了新的组织形式。就生产的组织形式而言,工业化时代传统的、典型的生产组织模式是"福特式"的,其主要特征是"标准化""大量生产"(或者说"大规模生产"):这一模式要求劳动分工、设备工具标准化以及零部件标准化,在此基础上,通过机械化的、装配线的生产过程组织标准化产品的大批量生产/大规模生产。这一模式下的经济活动,需要以垂直型/科层制的大企业组织形式,实现对大范围市场的控制。而在以新技术范式为核心的新经济中,为适应新的历史条件,"大量生产"正在向以需求和客户为导向的"弹性化生产"转移。卡斯特尔认为,这是最先显现并"最为广

---

① Manuel Castells, *The Information Age: Economy, Society and Culture*, Vol. 1, *The Rise of the Network Society*, Oxford, UK: Wiley-Blackwell, 2010, p.137.
② Ibid.
③ Ibid., p.77.

泛的组织演变趋势"。① 与信息化、全球化相伴随,在向新经济转型的过程中,经济、制度及技术等环境的快速变迁带来不确定性,市场需求更加复杂多变,"在质和量两个方面都变得无法预测",市场也"在世界各地日益分化而难以控制",而快速的技术变革又"淘汰了单一用途的生产设备"。② 此时,"大量生产"的系统就显得过于僵化和成本过高而受到挑战。"弹性化"生产作为对这种挑战的应对由此产生。"弹性化"生产具有需求导向、客户导向的特征,根据客户的需求决定生产,更能适应当下社会急剧变化的环境下市场的风云变幻。

而生产的组织形式是同企业作为经济活动主体的组织形式交织在一起的。诚如卡斯特尔所指出的,大量生产的模式奠基于由规模经济所导致的生产力提升,这是在基于装配线的、机械化的标准化产品的生产过程中实现的,这一生产过程是在一种特定的组织形式控制大范围的市场之条件下展开的,这一特定的组织形式即"根据垂直整合原则,以及制度化的社会与技术分工而组构的大企业"③。或者,通俗地说,就是传统的垂直型/科层制的大企业组织形式。换言之,大量生产模式的实施,有赖于传统的垂直型/科层制的大企业组织形式。大批量的标准化产品生产面临的危机也意味着对垂直的、层级与功能区分僵化的企业组织形式的挑战。"弹性化"生产必然要求作为经济活动主体的企业在管理上向"水平化"转变,更加强调企业组织内部和外部的各种联系、协作和合作关系。④ 在新经济中,传统的大型企业如果不思变革就必然会因管理制度僵化而面临危机,而一些机制灵活并建立起了广泛的联系网络的小型企业,则显示出了其对于弹性生产系统的适应性。但是,卡斯特尔审慎地指出,中小企业的"重振的活力(renewed dynamism)还是受制于在新的全球经济中依然占据经济实力结

---

① 〔美〕曼纽尔·卡斯特:《网络社会的崛起》,夏铸九、王志弘等译,北京:社会科学文献出版社 2000 年版,第 190 页。
② 同上书,第 191 页。
③ Manuel Castells, *The Information Age*: *Economy*, *Society and Culture*, Vol. 1, *The Rise of the Network Society*, UK: Wiley-Blackwell, 2010, p.166.
④ 谢俊贵:《凝视网络社会》,《湖南师范大学社会科学学报》2001 年第 5 卷第 3 期,第 44 页。

构核心的大企业"①。在卡斯特尔看来,新经济模式下企业组织形式的转型,关键不在于规模,而在于由垂直的科层化系统转变为水平化公司。在新的生产与市场结构条件下,不仅垂直整合的大公司无法完成其任务,独立的小型商企也无法完成任务。突出协调合作的网络化组织形式才能使企业有效应对不确定性的挑战。水平化公司体现的正是这样的组织形式,其网络化的逻辑不仅体现为采用网络化策略,而且体现为企业作为经济作用者的组织形式的网络化。水平化公司模式的精髓在于:公司本身必须变成一个网络,并使得内部结构中每个元素都活跃起来,这常常延伸成公司中的单位去中心化,各单位被赋予更多的自主权,甚至允许它们相互竞争,只是得在公司的共同整体策略下展开竞争。② 卡斯特尔笔下的水平化公司,本身就是如下这样动态的、被策略性地规划的网络:它们是以去中心化、参与和协调为基础的,由能进行自我规划、自我导向的各单位所组成。③ 在卡斯特尔看来,信息化全球经济的组织形式是"网络企业"(network enterprise),其"手段系统是由各自主目标系统之部分交织而成的","它借由处理信息而将信号转变为商品",从而使信息化—全球化经济的文化物质化。④ 当然,卡斯特尔所说的网络,是社会学意义上的网络,并不专指国际互联网;而从历史的角度来说,企业组织变革作为应对经常变化的操作环境的反应,也并非始于互联网时代。但是"组织变革一旦开始,新信息技术便可以大大增强其可行性"⑤。在当今的经济、技术环境中,连接的触角伸向全球的电脑互联网络,以及通过移动通信终端能够将线上连接随时延伸到任何时空的移动互联网络,构成了支撑新组织形式的基础设施。

在应对"大量生产"模式和传统的垂直僵化的企业组织构型的危机之过程中,企业界采用了各种模型:以管理阶层—工人合作、多功能

---

① Manuel Castells, *The Information Age: Economy, Society and Culture*, Vol. 1, *The Rise of the Network Society*, Oxford, UK: Wiley-Blackwell, 2010, p. 166.
② Ibid., p. 176.
③ Ibid., p. 178.
④ 〔美〕曼纽尔·卡斯特:《网络社会的崛起》,夏铸九、王志弘等译,北京:社会科学文献出版社2000年版,第214—215页。
⑤ 同上书,第212页。

劳动力、全面的质量管理和不确定性的降低为特点的"丰田式"模型；奠基于创新根源的"显性知识"(explicit knowledge)与"隐性知识"/"默示知识"(tacit knowledge)之间的组织性互动的"知识创造公司"模型；以自身网站为运作核心的、以互联网解决方案供应商思科公司为代表的思科模型（思科公司身体力行地应用它推销的网络化逻辑，"把同客户、供应商、伙伴和员工的关系全部组织进互联网，并通过优秀的工程、设计和软件，将大部分互动加以自动化"）；以由网络所促成的企业项目而不是个别的公司或形式化的公司集团为实际的运作单位，企业项目在不同的活动场域里被执行的跨国界模式（在这一模式中适当的信息对公司的表现至关重要）；等等。企业界还推出了各种组织安排形式，其中包括公司间的网络化、公司策略联盟、向中小企业转包生产任务等。① 卡斯特尔对这些分别进行了考察，但他没有简单地断言它们的成败优劣，而是指出，其成败"取决于其对各种制度环境及竞争性结构的适应能力"②。

第三节　卡斯特尔笔下的传媒转型及其对社会认同的影响

　　一种新的文化，即真实虚拟的文化，正在形成，在这一新的文化中，多形态传播的数字化网络已囊括所有文化表现和个人经验，从而使虚拟性成为我们的真实性的一个根本维度。

　　　　　　　　　　——摘自卡斯特尔：《信息时代三部曲：
　　　　　　　　　　经济、社会与文化》，《序言》，2010

　　尽管卡斯特尔首先是一个社会研究家而不是以研究传播现象为术业专攻的学者，但是当此社会的急剧变迁以信息传播新技术革命为物质基础的时代，他的社会研究自然而然要大量涉及传播系统的转变

---

① 卡斯特尔对这些模型和组织安排形式的考察、分析，参见 Manuel Castells, *The Information Age: Economy, Society and Culture*, Vol. 1, *The Rise of the Network Society*, Oxford, UK: Wiley-Blackwell, 2010, pp.163–215。

② Ibid., p.179.

和媒介文化的转型。他在《信息时代三部曲》中以相当大的篇幅,阐述了传播系统的转变与真实虚拟的文化的形成。而这一主题无疑是传播学领域的核心论题之一。本节中我们将围绕卡斯特尔针对这一主题的观点专门进行一番探讨。

一、基于数字化技术的传播系统转型:"互联网星系"横空出世

卡斯特尔的《信息时代三部曲》描绘了基于现代传媒技术的传播系统转型:"互联网星系"的横空出世。一切文化,都是借由传播手段、工具而传播、展现的文化。因而传播技术革命的影响,必然带来文化本身的变迁。而对于变迁的透视,离不开历史的、纵向比较的视角。卡斯特尔在《信息时代三部曲》中对当下的传媒系统和媒介文化的变迁的描述,也在很大程度上是以历史的、纵向比较的视角展开的。他借用了媒介理论家麦克卢汉的"谷登堡星系"的提法,并创造出了两个衍生的提法:"麦克卢汉星系"(指以电视为主导性媒介的传媒系统)和"互联网星系",对传媒系统及相应的媒介文化的演变脉络进行了描述和分析。卡斯特尔对于前两者以及占主导地位的传媒体系由"谷登堡星系"向"麦克卢汉星系"的转变之阐述,援引了麦克卢汉和一些其他媒介研究者、分析家的理论观点,如波兹曼的"印刷(传媒)偏好系统性的解说,电视则适合于偶发性的对话"之观点[1],但在以下一系列问题上有所超越,提出了独具一格的观点。首先,关于电视传播为何盛行,卡斯特尔虽然引用了一些学者从心理学角度提出的人们选择"抗拒最少的路径"、选择信息获取和处理在心理成本上付出最少的媒介渠道的观点,但超越了与之相联的以人类本性解释这种逻辑的根源之论点,而是认为这些应归因于"辛苦工作一天后回到家庭生活的状况,以及个人和文化参与缺乏可以替代的其他选择"[2]。他认为,正是在其社会中这样的社会条件下,才使得"最少费力综合征",同电视一经在历史场景里出现就迅速而普遍地成为占主导地位的传媒之盛行状况,形成关联。

---

[1] 〔美〕曼纽尔·卡斯特:《网络社会的崛起》,夏铸九、王志弘等译,北京:社会科学文献出版社2000年版,第411页。
[2] 同上书,第410页。

第六章　世纪之交的媒介研究：希勒的数字资本主义论和卡斯特尔的网络社会理论

其次，关于以现代传媒为中介的大众文化的社会效应，卡斯特尔没有在这种效应正确与否的问题上纠缠，也没有在显性和隐性信息问题上纠缠，而是认为关键性的议题是："尽管大众传媒是单向的传播体系，但是真正的传播过程却并非单向的，而是有赖于信息解读过程中信息发送者与接收者之间的互动。""传媒并非诱发行为产生的自变项（自变量）。不论是显性的或是隐性的媒介讯息，都是经过位于特定社会环境中的个人理解和处理的，由此修改了讯息原本意图达到的效果。"① 他还认为，所谓的"大众文化"模型/模式会同其他模型/模式相互竞争（其他模式由历史遗迹、阶级文化以及通过教育传承的精致文化的诸方面构成）。② 当然，大众传媒的效果绝非微不足道。传媒，尤其是视听传媒，是传播过程的基本材料；文化主要是通过传媒提供的材料来运作的。电视为意在向社会传播的一切过程，包括政治、商业、体育与艺术，提供了舞台。③ 既然传媒舞台上的一切过程的观看者具有一定程度的自主权，是互动的主体，那么，这就开启了通往"麦克卢汉星系"的分化的通道，开启了通往传媒转型的通道。④ 卡斯特尔的这一观点，也同他的如下观点顺理成章地融为一体，即认为（以互联网为核心的）新传播系统的兴起作为媒介史上的重要变迁，具有同以往的媒介系统相联系的历史纽带。

再次，他在从社会交往角度描述当今人们生活于其中的世界时，创造性地改用了麦克卢汉媒介理论中的"地球村"概念，提出："我们不是生活在一个'地球村'里，而是生活在全球化生产、地方化分配的顾客导向的一座座村舍中。"⑤ 这一改用，以"一座座村舍"的隐喻把经济全球化、分配地方化、消费（包括媒介消费）个性化等当下的社会现象均概括无遗，可谓神来之笔。

对于"互联网星系"，卡斯特尔从互联网作为"众网络之网络"的

---

① Manuel Castells, *The Information Age: Economy, Society and Culture*, Vol. 1, *The Rise of the Network Society*, Oxford, UK: Wiley-Blackwell, 2010, pp. 363–364.
② Ibid., p. 363.
③ Ibid., pp. 363–364.
④ Ibid., p. 365.
⑤ Ibid., p. 370.

"万维网"(World Wide Web)形式、互联网起源中蕴含的文化因素及其中的张力、网上虚拟社群同实体世界中的社区的区别和关系等方面,论证了它同"麦克卢汉星系"的区别。卡斯特尔把"万维网"称为国际互联网/因特网中众网络的"弹性网络"。在这里,各种利益与文化"和平共存";在这里,事业机构、企业公司、团体组织与个人都可以设立自己的"站点",接入万维网站点者均可制作其自身的由各种文本和图像拼贴组成的"主页";在这里,各种兴趣与项目得以组合,基于这些群集组合,个人与组织得以在一个名副其实的个人化、互动式传播的全球网络中,展开有意义的互动。① 可以说,"个人化""互动式""弹性网络""群集组合"等,是卡斯特尔描述"万维网"时使用的关键词。

在卡斯特尔的《信息时代三部曲》问世时,互联网起源于美国国防部的阿帕网以及它从连接位于高校的4个节点开始投入运作,已广为人知,其发展在从军用走向民用的历程中首先经历了一个走向教育科研部门民用的过程,也已广为人知。但是,卡斯特尔却在考察其起源,敏锐地抓住了许多人往往会忽视的一点——美国个人电脑的"反文化",将之同军事/科研建制机构一起列为互联网的两个来源,并认为两者具有共通的基础——大学世界。在美国历史上,高等学府在某种情况下是(以各种形式对抗、批判资本主义主流文化的)"反文化"的重镇。因此,我们认为卡斯特尔这里将个人电脑的"反文化"视为互联网的来源之一,指的是互联网崛起之初大学里的年轻人——第一代使用者那种反抗话语权不平等、崇尚自由接入、崇尚特立独行的观点表达和文化展现的文化特征。在卡斯特尔看来,在互联网扩散的过程中,这种"反文化"根源依然在"非正式性与自我导向的传播"中留下了烙印,即在那种认为众人为众人做贡献,然而各人有自己的声音并期待得到个性化的回答的想法中,留下了烙印。在卡斯特尔的笔下,与互联网的来源相关联,以电脑为中介的传播的多元化形式中孕育着"自文化"(me culture)与各个个体的共同理想之间的张力。②

---

① Manuel Castells, *The Information Age: Economy, Society and Culture*, Vol. 1, *The Rise of the Network Society*, Oxford, UK: Wiley-Blackwell, 2010, p.383.

② Ibid., p.385.

第六章 世纪之交的媒介研究:希勒的数字资本主义论和卡斯特尔的网络社会理论

卡斯特尔将网上的"虚拟社区"/"网上社区"作为一种新型的社群/社群形式展开了分析。他从社会交往分析中关于"强纽带"(strong tie)和"弱纽带"(weak tie)的区分的角度,阐述了这种社群形式的特点,指出:互联网特别适合于发展多重的弱纽带,个人可以在局部的社区/社群中拥有多重成员身份,而弱纽带在以低成本提供信息和开拓计划时很有用。在社会交往中,互联网的优势是容许人们和陌生人以平等的互动型式形成弱纽带,在这种型式中社会特征在设框限定甚至阻碍传播方面影响甚少。而"弱纽带,不论是线上还是线下,都有益于具有不同社会特征的人们的相互联系,从而将社会交往性拓展至超越社会界定的自我识别疆界。在这个意义上,互联网可能可以在一个似乎处于迅速个人化及公民冷漠过程的社会中,对增强社会黏合有所裨益"[①]。他不赞成将"虚拟社区"同"实体社区"(physical community)相对立,而是认为:这两者是不同的社区/社群形式,具有特定的规则和动态,并和其他形式的社区/社群互动。在他看来,虚拟社区比观察家通常认定的还要稳固;互联网上有互惠的支持,即使是在仅有弱纽带相连的使用者之间。卡斯特尔认为,虚拟社区/社群既是真实的社群,又不是。说它们是真实的,因为它们确实是社区/社群。但它们又不是实体社区/社群,并不遵循后者所遵循的那些传播和互动型式。但它们并非"不真实"的,只是在不同的现实层面上运作而已。它们是人际的社会网络,大都基于弱纽带,高度多样化且特定化,而且依然能够通过持久互动的动力机制形成互惠和支持。它们并非与其他社会交往形式相隔离。它们将大众传媒的迅捷传播同人际传播的渗透性结合在一起。[②]

在卡斯特尔的笔下,传统意义上的大众传播正转型为基于互联网的传播。卡斯特尔考察了国际互联网和形形色色的数字化技术在传统传媒业中的渗透带来的巨大变化,认为它们改变了报纸和所有大众传媒的工作过程。通过在《信息时代三部曲》初版问世后继续考察传

---

① Manuel Castells, *The Information Age: Economy, Society and Culture*, Vol. 1, *The Rise of the Network Society*, Oxford, UK: Wiley-Blackwell, 2010, pp. 388–389.

② Ibid., p. 389.

媒转型的现象,卡斯特尔在该书2010年的新版序言中明确提出:"新闻的数字化及其不懈的全球/地方处理已改变了报纸和广电业的新闻编辑室。因而传统意义上的大众传播现在也已在生产和发布两个方面都是基于国际互联网的传播了。"①他透视了传统的大众传媒同基于国际互联网的传播网络之间的日益交互渗透,指出主流媒体正使用博客和互动网络等发布其内容并与受众互动,将垂直传播形式同水平化传播形式相混合;传统媒体(如有线电视)时而以利用数字化技术生产和发送许多不同种类内容的能力而自动生产的内容作为材料。②

卡斯特尔如数家珍地梳理了各种数字化技术,包括移动互联网络技术,以及形形色色的网上传播方式在大众传媒业中的运用,认为一种多形态的、多渠道的数字化传播系统正在形成,这种传播系统融合了所有媒介形态,这种传媒转型趋势在进入21世纪以来已更为强化并在更大规模上显现。③ 在他看来,随着Web 2.0和Web 3.0技术的发展,一种转变了大众传媒的新的传播形态已经出现,他将之称为"大众自传播"(mass self-communication)。这一概念可说形象化地概括了这种新型传播形态在内容和传播范围方面的两大特点:用户生成的内容之嵌入体现了自主性——用户的自主传播,而开源和传播的触角伸向接入网络的公众,则体现了其面向大众的开放性特点。他极为重视移动无线通信/传播及其多种应用技术同国际互联网的技术融合,认为移动无线通信及其多种应用技术把传播能力贯穿于移动无线网络,从而增添了接入互联网的接入点,实现了连续不断的连接性。④ 如今,人们,尤其是年轻人,可以随时随地以手机或平板电脑接入微博、微信,从他们的这种行为中我们不难看出这种连续不断的连接性。

二、"真实虚拟"的网络文化及人类生活时空维度的变迁

文化形成和发展于传播过程之中。符号学和文化学研究的成果

---

① Manuel Castells, *The Information Age*: *Economy*, *Society and Culture*, Vol. 1, *The Rise of the Network Society*, Oxford, UK: Wiley-Blackwell, 2010, p. xxvii.
② Ibid., p. xxx.
③ Ibid., p. xxvii.
④ Ibid., p. xxx.

告诉我们:在客观世界与主观世界之间架起桥梁的是符号世界/象征世界;"现实"是通过象征再现而被认知的。而符号的生产和消费是所有传播形式的基础。人类文化在所有社会中均存在于象征环境中。在这个意义上说,卡斯特尔笔下的真实虚拟的社区/社群是由产生真实虚拟的新的传播/沟通系统支撑的。这个时而被他称为"互联网星系"的传播/沟通系统,成为新的象征环境的基础,同网络时代的文化模式形成紧密的勾连。卡斯特尔认为,在这个传播/沟通系统中,"现实本身(人们的物质和象征存在)完全陷入且浸淫于虚拟意象的情境,那是个'假装'(make believe)的世界,在其中表象不仅出现于屏幕中以便沟通经验,而且本身变成了经验"①。这是一种基于多种传播形式、符号表现形式的数字化和网络化的新型传播系统,形成于由这一系统支撑的象征环境之中的文化。卡斯特尔称之为"真实虚拟的文化",是因为这种文化最主要的特征是所有的文化表现都会聚在一起,存在于多媒体的数字化世界之中,从而"建构出一个新的象征环境,使虚拟性成为我们的现实"②。

卡斯特尔分析了当下网络社会的文化模式的特征。

首先,广泛存在的社会与文化差别导致使用者/观众/读者/听众之间的分化。讯息不仅在发送者的策略下为市场所支配,同时日益由媒体使用者依据各自的兴趣和互动能力的优势而多样化。正如有专家所言,在新型传播系统中,"黄金时段即我的时段"。

其次,使用者之间逐渐出现了社会分层化的现象。不仅对多媒体的选择局限于那些有钱有势的人,而且在利用互动使自身受益方面,文化和教育上的差异也是一个决定性的因素。从这一点来看,多媒体世界将主要区分两种不同的人:从事互动者(the interacting),以及被互动者(the interacted),前者能为自己选择多方向的传播交流线路,后

---

① Manuel Castells, *The Information Age*:*Economy*,*Society and Culture*,Vol. 1,*The Rise of the Network Society*,Oxford,UK:Wiley-Blackwell,2010,p.404;并参见〔美〕曼纽尔·卡斯特:《网络社会的崛起》,夏铸九、王志弘等译,北京:社会科学文献出版社 2000 年版,第 463 页。

② Manuel Castells, *The Information Age*:*Economy*,*Society and Culture*,Vol. 1,*The Rise of the Network Society*,Oxford,UK:Wiley-Blackwell,2010,p.403。

者则仅被提供有限的套装化(prepackaged)选择。

再次,所有种类的讯息在同一系统(即使该系统是互动性的与选择性的)中传递,这就导致所有讯息都被整合在一种共识模式之中。内容混淆的倾向进一步加剧,不同的传播模式倾向于相互借用符码而难以区分。对使用者而言,同一个沟通模式下各种讯息容易切换,这缩短了认知与感受卷入的各种来源之间的心灵距离。讯息保留了其作为讯息的独特性,正因为如此,当它们在象征沟通的过程中混杂在一起时,它们便在此过程中混淆了符码,从而开创出一个由不同意义的随机混合组成的多面向的语义环境。

最后,多媒体最重要的特征,也许在于其以多种多样的方式容纳了绝大多数文化表现。其问世形同终结了视听和印刷传播媒介之间、通俗文化和精深文化(learned culture)之间、娱乐和信息之间,以及教育与劝说之间的分离乃至区别。所有的文化表现,从最糟的到最佳的,从最精英的到最通俗的,都汇集在这个数字化世界中,后者以巨大的非历时性的超文本连接了交流(传播)的心灵之过去、今天和未来的表现形式。这样,多媒体就构建了一种新的象征/符号环境,使虚拟成为我们的现实。①

可以看出,卡斯特尔对与新传播系统形象相伴的网络文化特征的概括,具有批判性的色彩,他看到了互联网上存在严重的不均等现象,或者说鸿沟(尽管他使用了"分化"而非"鸿沟"一词)。初时是普及度的严重不均等,现在则是信息获取质量上的严重不均等,这种鸿沟把人们分成了从事互动者和被互动者。

在卡斯特尔看来,正是对一切文化表现的无所不包与全面涵盖,展现了建立在对多种传播模式的数字化、网络化整合的基础上的新传播系统之特性。因而对于所有讯息来说,在这个整合系统中"出席"抑或是"缺席",决定了讯息是否能有效沟通并实现其社会性;在该系统中"出席"的讯息能够做到这些,而那些"缺席"的讯息"则被化为一种

---

① Manuel Castells, *The Information Age: Economy, Society and Culture*, Vol. 1, *The Rise of the Network Society*, Oxford, UK: Wiley-Blackwell, 2010, pp. 402-403.

个人想象或者被日益边缘化的面对面接触亚文化"①。

卡斯特尔作为视野开阔的社会研究者在考察当下的媒介变迁时极为关注的另一个问题是：将大多数文化表现包含在（基于信号的数字化和电子化生产、分发和交流的）整合传播系统中，这种文化现实对于社会形式和过程将造成怎样的后果？他认为，这种情况对于社会形式和过程会产生重大的后果。他从两个方面对此进行了阐述。一个方面是，这种情况大幅度削弱了外在于传播系统的传统讯息发送者的象征权力。另一个方面是，新传播系统根本性地改变了人类生活的基本维度：空间与时间。当地点方位被重新整合进功能性的网络中时，就出现了流动空间（space of flows）。而当往昔、当今与未来可以被预先设定而且在同一讯息中彼此互动时，时间就被消除/抹去。（信息）流动空间和无始无终的时间（timeless time，又译为"无时间的时间"）是信息化时代新文化的物质基础，超越和容纳了历史上流传的再现系统的多种状态。②

这里我们看到，流动空间和无始无终的时间是卡斯特尔分析数字化、网络化的整合传播系统带来的人类生活时空维度的变迁时的重要概念。这同当年麦克卢汉在其媒介理论中提出、现已为传播学界耳熟能详的电子传媒缩短了人们之间的时空距离的观点，有相似之处。而流动空间的概念，同我们在本书第四章中讨论的梅罗维茨提出的信息环境造成的社会场所之概念，也有相似之处。但我们不能也无意武断地据此推断麦克卢汉和梅罗维茨对卡斯特尔分析新传播系统的社会后果的影响，只想由此指出学术积累对于一个领域的研究之重要性。事实上，卡斯特尔对于时空概念的阐述，首先强调了其复杂性，并且在进行论证时明确地指出：在信息技术范式以及由当下社会变迁过程诱发的社会形式与过程之联合效应下发生的空间和时间的被转变，其真实的面貌同"技术决定论"的常识性推断大相径庭。③ 在论证这种转变时，卡斯特尔分别对流动空间和无始无终的时间进行了阐述、分析。

---

① Manuel Castells, *The Information Age: Economy, Society and Culture*, Vol. 1, *The Rise of the Network Society*, Oxford, UK: Wiley-Blackwell, 2010, p. 405.
② Ibid., p. 406.
③ Ibid.

卡斯特尔发现,在信息传播新技术革命的影响下,与数字化、网络化新传播系统的崛起相伴随,日常生活、时间和空间的物质基础出现了转变,流动空间由此被构建出来。因而,当今网络社会的空间,不仅包括原来意义上的地点场所空间(space of place),还包括新浮现的流动空间。卡斯特尔通过考察世界上若干不同地方的情况,从现实的角度对流动空间的概念展开了讨论。与此同时,他也从社会理论的视角对此进行了探讨。在他的笔下,流动是社会的表现(expression)。当此社会正经历一种结构性转型之时,新的空间形式与过程也正在浮现,这种新的空间形式就是流动空间。信息化社会"是围绕着流动而建构起来的,包括:资金流动,信息流动,技术流动,组织互动的流动,影像、声音和符号/象征的流动"①。他依据社会理论,将空间这一概念界定为共享时间的社会实践的物质支撑,空间将时间上同时发生的实践聚集在一起,并认为任何物质支撑均具有象征意义。而流动空间,则"是通过流动展开的共享时间的社会实践的物质组织"②。他认为,流动空间作为信息化社会中的主导性过程与功能之物质支撑形式,可以至少从三个层面的物质支撑的结合来加以描述。"第一个层次,即流动空间的第一个物质支撑,是由一个电子交换的回路构成的,它们一起构成了我们认为的社会网络中的策略性关键过程的物质基础。"流动空间的第二个层次,由节点(nodes)与枢纽(hubs)构成。"流动空间以电子网络为基础,但这种网络连接了特定的地点场所,后者具有被清楚界定的社会、文化、环境等特征。"流动空间的第三个重要层次,是占主导地位的管理精英的空间上的组织。它们"行使指导性功能,流动空间围绕着这些功能而被连接"③。

在阐述流动空间作为新的空间形式的浮现的同时,卡斯特尔也探讨了流动空间同地点场所空间的关系,并洞察到中间的悖论。他明确承认,人们依然生活在地点场所(地方)里,但是"由于我们社会的功能与权力是在流动空间中组织的,其逻辑的结构性支配根本地改变了地

---

① Manuel Castells, *The Information Age: Economy, Society and Culture*, Vol. 1, *The Rise of the Network Society*, Oxford, UK: Wiley-Blackwell, 2010, p.442.
② Ibid.
③ Ibid., pp.440-446.

点场所(地方)的意义与动态;而经验则因与地点场所(地方)相关联而被从权力中抽离出来,且意义日益与知识分离"①。他还注意到了这样一种支配性/主导性趋势,即一个网络化的、非历史的流动空间,旨在将其逻辑加于分散的、区隔的地方,后者变得越来越彼此不相关联,越来越无法共享文化符码。在他看来,两种空间逻辑之间的这种矛盾(他称之为结构性"精神分裂",schizophrenial),构成毁坏社会的交流、沟通渠道的威胁。为医治这种"精神分裂",他给出的"药方"是,"在这两种空间形式之间刻意建造起文化的、政治的与物质的桥梁"②。

对于时间维度的变化,卡斯特尔提出了这样的假设:"网络社会的特征是生物的与社会的节奏性及与之关联的生命周期观念的破灭",并认为,"当某个特定环境——信息范式和网络社会——的特征导致在该环境中运作的现象之序列秩序发生系统性的紊乱之时,无始无终的时间就产生了"③。在论证这种序列秩序正在发生系统性紊乱时,他列举了网络社会的一系列现象:刹那间完成的资本交易、弹性时间企业、可变的工作时间、以质疑死亡来寻找永恒、瞬间的战争以及虚拟时间的文化等,指出这些现象在发生时系统性地混合了各种时态。换言之,时间性的概念正发生变化。对于传播学领域而言,尤其值得一提的是他关于虚拟时间的文化分析。他认为,电子整合的多媒体系统,以两种不同的形式促进了社会中时间的转化,这两种形式是同时性(simultaneity)和无始无终性(timelessness)。"一方面,瞬间流传全球的信息,混合了来自跨越邻里街区的现场报道,为社会事件和文化表现提供了前所未有的即时性(immediacy)。""另一方面,在同一个传播渠道里,并且根据观看者/互动者的选择,传媒中各种时间的混合创造了一种时间的拼贴:不仅各种体裁混合在一起,它们的时间安排也在同一个平面的水平上同步,没有开端,没有结束,没有序列。多媒体超文本的无始无终性是我们文化的关键特色,塑造了在新文化环境中接

---

① Manuel Castells, *The Information Age: Economy, Society and Culture*, Vol. 1, *The Rise of the Network Society*, Oxford, UK: Wiley-Blackwell, 2010, p.446.
② Ibid.
③ Ibid., pp.476, 494.

受教育的儿童的心灵与记忆。"①他勾勒出了一幅"既属永恒,又属瞬间"的虚拟时间的文化图景。

当然,卡斯特尔并未将无始无终的时间视为当下社会唯一的时间形式。他细致地分析说,"无始无终的时间属于流动空间,而时间纪律、生物时间以及由社会决定的序列,则是全球地方(地点场所)的特征,在物质上构造与解构我们的区隔化的社会。空间塑造了我们社会的时间,从而逆转了一个社会趋势:流动导致无始无终的时间,地方(地点场所)则受限于时间"②。换言之,当下社会依然见证着流动空间所构造的无始无终性同地方空间的时间性两种时间形式的并存,这里涉及两者互为对照的逻辑。这种时间维度的冲突性分化,可以说是当今信息化社会的结构性矛盾的一个方面的反映。

三、信息化时代的社会认同问题和互联网对社会运动的影响

作为一名曾经积极卷入社会反抗运动的人士,作为曾师从持"行动的社会学"这一思想的著名法国社会学家阿兰·图海纳的学者,作为曾深受马克思主义影响的城市社会学家,卡斯特尔对社会运动可说有着特殊的关注。他极为关注城市转型期的冲突中社会运动的作用和影响。他对于20世纪60年代后期至70年代中期的社会运动,如人权运动、女权主义运动、环境主义运动等均做过考察研究,并认为那段时间发生的此类文化社会运动是信息化社会里文化斗争的前导。③ 在《信息时代三部曲》中,卡斯特尔以第二卷《认同的力量》阐述了信息化时代的社会认同问题,尤其是社会认同危机及与此紧密相关的社会运动问题。

在《信息时代三部曲》的第二卷《认同的力量》中,卡斯特尔分析、讨论了全球化与社会认同的相互冲突的趋势。他在书中开门见山地提出了这样的论点:"我们的世界,以及我们的生活,正在被全球化与

---

① Manuel Castells, *The Information Age: Economy, Society and Culture*, Vol. 1, *The Rise of the Network Society*, Oxford, UK: Wiley-Blackwell, 2010, pp. 491-492.
② Ibid., p.495.
③ Joanne Roberts, "Theory, Technology and Cultural Power: An Interview with Manuel Castells," in *Journal of Theoretical Humanities*, Vol. 4/No. 2,1999, p.37.

认同这两种相互冲突的趋势所塑造。"①他认为,认同是行动者意义——行动者对其行动的目的之象征的确认——的来源。认同的建立有三种形式与起源:赋予合法性的认同(legitimizing identity),即由社会中占支配地位的制度刻意引介以延伸、扩展并合理化其对社会行动者的支配;抵抗性的认同(resistance identity),指那些处于被支配逻辑所贬抑或污名化的位置/情况的行动者产生的认同,这些行动者由此在不同或相反于既有社会体制的原则基础上建立抵抗和生存的战壕;规划性的认同(project identity),指产生于这样的情况下的认同:当社会行动者基于他们能获得的不论什么文化材料而建立了一种新的社会认同,以重新界定其在社会中的位置并通过这样做而寻求整个社会结构的变化。他还考察了这几种认同之间产生动态变化的可能性,指出:由抵抗起始的认同可能会导致一些规划,也可能沿着历史进程而在社会制度中变成支配性的,从而成为合法性的认同以合理化其支配。②

从认同的角度,他把当前的全球化、网络化时代视为充斥着不确定性的认同危机的时代,并认为抵抗性的认同也许是社会中最重要的一种认同建构,这种认同会以各种集体抵抗形式,去对抗否则无法忍受的压迫。《认同的力量》试图描绘这样一幅与认同的力量相关的20世纪最后1/4的时光的图景:伴随着技术革命、资本主义的转型和国家主义的让位,集体认同强有力的表现波涛汹涌,广泛席卷。在他看来,这些集体认同的表现"代表文化独特性和人民对于其生活和环境的控制,向全球化与世界主义发起挑战。这些集体认同的表现是多种多样、高度丰富的,沿着每种文化以及每种认同形成的历史来源之曲线前行"③。在他的笔下,它们包括积极主动倡导变迁的运动(proactive movements),也包括各种反应性/应对的运动(reactive movements)。前者(积极主动倡导变迁的运动)追求在根本层次上改变人类的关系及其与自然界的关系,如女性主义运动和环境主义运动,后

---

① Manuel Castells, *The Information Age: Economy, Society and Culture*, Vol. 2, *The Power of Identity*, Oxford, UK: Wiley-Blackwell, 2010, pp. 1 - 2.
② Ibid., p. 8.
③ Ibid., p. 2.

者(各种反应性/应对的运动)"为了神、民族、族群、家庭和地区等千年来存在的根本范畴而建造反抗的战壕",这些根本范畴现在"处于技术—经济力量与起改造作用的社会运动相结合而又相矛盾的攻击的威胁之下"①。他用涉及世界上不同国家和地区的文献资料,对一系列消极抵抗和积极抵抗全球化的集体认同展开分析、讨论。这些抵抗同全球化过程中出现的问题、矛盾——贫富的两极分化、社会排斥带来的被排斥者的厌恶、环境日益恶化等——紧密相连。

当然,挑战社会现状的社会运动并非信息化时代所特有,但是卡斯特尔的《信息时代三部曲》将之同信息化时代和信息化时代的传播系统联系起来讨论,因为在他看来,"新的强有力的技术媒介,如世界性的互动的电子电信网络,为不同的奋战者运用,扩展和加强了他们的斗争"②。他感到,那些对网络化、全球化构成真正挑战的运动、最有前景的积极求变的运动,是渗透入互联网的运动。可以说,由于对基于信息传播新技术的互联网等强大的传播媒介的广泛应用,那些挑战、抗拒全球化的运动本身也"全球化"了。

四、认同在行动者心目中的内化过程之重要性

在卡斯特尔看来:认同这一概念,当它指涉社会行动者时,它"是在一种文化特性或一套相关的文化特性的基础上构建意义的过程,而这一或这些文化特性被赋予优先于其他意义来源的位置"③。卡斯特尔强调意义的建构必定要经过在行动者心中的内化过程。"认同是行动者享有和建立的意义之来源,是经由个别化的过程而建构的";尽管认同"也可以发源于占支配地位的制度,但是唯有当社会行动者将之内化,且将其意义围绕着这个内化过程建构时,它们才会成为认同"④。

---

① Manuel Castells, *The Information Age: Economy, Society and Culture*, Vol. 2, *The Power of Identity*, Oxford, UK: Wiley-Blackwell, 2010, p. 2;参见〔美〕曼纽尔·卡斯特:《认同的力量》,夏铸九、黄丽玲等译,北京:社会科学文献出版社 2003 年版,第 2 页。
② Manuel Castells, *The Information Age: Economy, Society and Culture*, Vol. 2, *The Power of Identity*, Oxford, UK: Wiley-Blackwell, 2010, p. 2.
③ Ibid., p. 6.
④ Ibid., p. 7. 并参见〔美〕曼纽尔·卡斯特:《认同的力量》,夏铸九、黄丽玲等译,北京:社会科学文献出版社 2003 年版,第 3 页。

他将国家认同危机视为导致苏联解体的一个重要因素:"人类历史上最强大的国家之一竟在74年后不能创造国家认同";在他看来,在苏联的历史上,曾经有段时间"平等和人类大团结的理念在苏联公民中开始扎根,因而总体上一个新的苏联认同感开始形成",但是,他感到这种苏联国家认同感太脆弱,太依赖于人们对自己国家以及外部世界的信息之缺乏,因而抵抗不住经济停滞以及对原本缺乏的信息之了解带来的震撼。① 他对苏联解体的这种解读,显示出一种新颖的视角。

从《认同的力量》的阐述所指涉的特定背景即网络社会崛起的角度而言,卡斯特尔认为网络社会的崛起对晚期现代性时期的认同过程形成质疑,因为对大多数个人和社会群体来说,网络社会是"基于地方和全球的有系统的分裂(disjunctions)的"。换言之,就认同而言,网络社会中包含着一个悖论。因而,合法性的认同所催生的公民社会在网络社会处于解体状态。在网络社会崛起时代,(意识的)主体(subjects)的建构(它是社会变迁过程的核心)采取的是与在现代性及晚期现代性中不同的路径,当主体被建构时,不再以公民社会为基础,而是作为社区抵抗的延长(prolongation)。规划性的认同也不由公民社会建构,在网络社会中,如果规划性的认同终究能够发展起来,那么就是在社区抵抗中产生的。②

从传播学的角度来说,交往/传播是社会成员形生意义共享、内心默契和社会归属感的必经过程;社会认同与传播/交往形影相伴。早在1916年,美国实用主义哲学家、芝加哥学派的代表人物、社会学家、教育家杜威就在其《民主与教育》(Democracy and Education)一书中用一句简单但又发人深思的话评说传播:"社会不仅通过传递、通过交往/传播而存在,而且我们可以正当地说社会存在于交往/传播之中。"③卡斯特尔对于互联网应用(包括电脑上网和移动终端上网)在社会领域的渗透中产生的社会影响之分析,突出关注社会运动、社会认同问题的特征,可谓抓住了交往/传播过程与社会发展过程的关系中

---

① Manuel Castells, *The Information Age: Economy, Society and Culture*, Vol. 2, *The Power of Identity*, Oxford, UK: Wiley-Blackwell, 2010, p. 42.
② Ibid., pp. 11–12.
③ John Dewey, *Democracy and Education*, New York: Macmillian Co., 1916. p. 5.

极为重要的一环,为我们考察和分析在当今特定的转型期,社会移位现象和结构转型所要求的社会调适对社会成员的挑战,考察和分析在这样的背景下社会认同建构过程的特殊性,并在这种考察和分析的基础上研究交往/传播在社会(共同体)建设中的功能作用,研究交往/传播在夯实这种建设的基础——社会认同中的作用,提供了一种很有价值的视角和重要的启示。

第四节 卡斯特尔的数字化新媒体研究的若干特点

卡斯特尔是国际上声誉卓著的社会学家,尤其是城市社会学家。他以宽广的社会学研究视野所展开的数字化新媒体研究,受到国际学术界的高度评价。鉴于卡斯特尔在新媒体研究领域的国际影响,我们有充分的理由认为,他对于当下社会的传播现象具有独到的研究,这突出地体现在其《信息时代三部曲:经济、社会与文化》中。他在这一领域的研究,具有一系列的特点。

一、对多元文化的刻意追求、综合的考察视野和辩证的观点

第一,卡斯特尔对信息化时代的传媒变迁及社会变迁的研究,突出地表现出对多元文化的刻意追求。就像他本人在为中文版所写的序言中所言,他的《信息时代三部曲:经济、社会与文化》"尝试从全球视角着手","针对不同的社会,研究不同的文化与知识传统"[①]。卡斯特尔在阐述其以社会学视野观照信息社会的传媒体系的理论时,对经济、文化、社会诸方面的阐述和分析,都是基于来自世界上不同国家和地区、不同文化背景的实例和事实性资料展开的。并且,他较为客观地分析了网络社会的传媒转型同社会变迁之间的互动之一般趋势及普遍特征在不同文化脉络中的变体,显示出一种跨文化的理解。

第二,卡斯特尔的新媒体研究,正如《信息时代三部曲:经济、社会

---

① 〔美〕曼纽尔·卡斯特:《网络社会的崛起》,夏铸九、王志弘等译,北京:社会科学文献出版社 2000 年版,《中文版序》,第 1 页。

与文化》这一书名所展示的,具有综合的考察视野。《信息时代三部曲》作为其在这一领域的代表性著述,涉及宽广的社会研究的多维度视角,引用了史学、社会学、传播学、政治经济学、经济学(包括产业经济学)等领域的著述。这些丰富的征引,有力地说明了他是把社会传播系统向"互联网星系"的转型置于经济、文化、社会环境中加以考察的。

第三,卡斯特尔在该领域的研究,体现出辩证的特点。例如,《信息时代三部曲》对于网络社会文化特征的阐述,洞察到市场对讯息的支配,又考察了传媒使用者个体的能动性,以及个体以其互动能力和兴趣使讯息多样化的现象。卡斯特尔指出了广泛的文化和社会差异,又不否认个体的选择性在媒介消费中的作用,并用文化、教育差异等社会因素在传媒使用者社会分层化中的决定性影响,诠释数字化时代互动使用者和被互动者的分化,从而体现了一种批判的立场。

二、新的超越与对发展中国家的高度关注

卡斯特尔的《信息时代三部曲》等著述的另一个特点是,它们从涵盖世界上不同地方、不同文化的翔实的资料数据出发分析问题,旁征博引,但与此同时又体现出新的超越。

其一,尽管对信息技术的分析可说是《信息时代三部曲》的主线,从这一点上来说,其思路同当年的麦克卢汉不无相同之处,并且书中对麦克卢汉及其理论有多处涉及,但是如果我们将卡斯特尔对"互联网星系"的阐述同麦克卢汉对"谷登堡星系"的阐述相比较,将他对新传播系统改变了空间与时间维度的阐述同麦克卢汉对电子媒介超越时空距离的阐述相比较,都不难看出这种超越。作为一名社会学家,卡斯特尔强调了时空概念的复杂性,这在麦克卢汉的媒介理论中似乎是看不到的。此外,他在《信息时代三部曲》的第一卷中提出的"我们不是生活在一个'地球村'里,而是生活在全球化生产、地方化分配的顾客导向的一座座村舍中"的观点,创新性地超越了麦氏的"地球村"隐喻——麦氏的隐喻仅概括了电子媒介使人与人之间的距离骤然缩短、使他们之间的交流不再受阻于空间距离等现象,而未能概括在交流不再受阻于空间距离的情况下文化等因素造成的不同,而卡斯特尔的"一座座村舍"的比喻,显然蕴含了这样的概括。

其二,将分析因特网/国际互联网的起源同讨论网络传播的特点联系起来的大有人在,但人们一般容易从因特网的前身美国国防部的阿帕网诞生时未设计控制中心的战略考虑和原始宗旨(从通信传播技术国际竞争的战略考虑出发建立分散式的信息指挥系统)这一角度,将之同网络传播的去中心化等特点联系起来。而卡斯特尔则从建制机构和文化两个维度考察互联网起源,从中洞察到"大学世界"这个共同的基础,并将因特网扩散过程中"非正式性与自我导向的传播"倾向解读为"反文化"根源留下的烙印。这种分析,且不论准确度如何,确有与众不同之处。

其三,学术界对"全球化",尤其是"经济全球化"问题展开过大量讨论,但对于"全球化"的发端年代问题,却有不同的说法。而如前所述,卡斯特尔在《信息时代三部曲》中,提出了"世界经济"不同于"全球化经济"的观点,认为全球化经济是这样一种经济,它"能够作为一个单位实时或在选定时间在全球规模运作",是建立在信息传播科技革命奠定的物质基础上的,并且是在政策性因素所起的关键性助推作用下产生的。[①] 这种将"世界经济"同"全球化经济"的概念加以区分的观点,也体现出卡斯特尔的理论对既有的相关理论的超越。

其四,对于传媒领域的融合,传播学界分析者甚多,但往往在技术层面谈得较多,而卡斯特尔进一步将之同一些相关行业的区别的模糊化联系起来,同商业公司通过战略联盟和合作项目的整合联系起来,从而隐含了对行业结构层面变化元素的考察。

此外,卡斯特尔的信息化时代研究在以世界性视野考察当下的媒介转型和社会变迁的过程中,对发展中国家给予了较大关注。他在研究的过程中,长期以来行走于世界上许多不同的国家和地区,其中也包括我国。在《信息时代三部曲》的每一卷中,他都对发展中国家不吝笔墨。例如,在第一卷中,在阐述"信息化经济的文化、制度与组织"时,他对中国、韩国的情况,都展开了探讨。又如,在第三卷《千年终

---

① Manuel Castells, *The Information Age: Economy, Society and Culture*, Vol. 1, *The Rise of the Network Society*, Oxford, UK: Wiley-Blackwell, 2010, p.101.

第六章 世纪之交的媒介研究:希勒的数字资本主义论和卡斯特尔的网络社会理论

结》中,他以大量的篇幅、数据资料,对非洲、亚洲等地的发展中国家的情况展开了讨论,并指出:"发展中国家是过去半个世纪亚太地区经济增长和技术现代化过程中的驱动力量。"①也许尤其值得一提的是,他在其著述中讨论了中国的信息化进程和社会变迁发展。例如,在第三卷《千年终结》中,他专注于第四章"亚太的发展与危机:全球化与国家",设专节讨论"具有社会主义特色的中国:发展中的民族主义"。在他的笔下,中国通过改革开放,"审慎地将自己融入世界,改变了世界的历史"②。相对于很多西方人看待中国改革开放政策指引下的经济增长和国际贸易竞争力提升的矛盾态度,卡斯特尔指出很多人对于中国的社会和政治特点有"很深的误解"。他提出了自身的见解:"前提是:中国的现代化和向国际开放过去是,今天仍然是一项深思熟虑的政策,迄今都是由中国共产党领导层设计。"③他认为,"21世纪初中国的共产主义政体代表了发展中国家和革命国家的历史性结合"④。在这一专节中,卡斯特尔根据其掌握的资料,对我国融入世界、融入全球经济的过程,对我国在1997—1998年亚洲经济危机中应对危机、展示自身经济实力的过程和策略展开了探讨。尽管作为西方学者他难以彻底脱离西方的思维定式展开分析,但是,他能够在分析千禧年之际中国所面临的一系列问题的同时,承认"中国仍能表现出一个发展中国家的特征……如果中国在过渡到信息时代时成功地管理了全球化并整顿了社会,这意味着发展中国家至少在1/5的人类中是存活并且健全的,而且如果世界上的国家面对全球金融市场越来越觉得无力,它们可以寻找替代方案并在中国经验中得到灵感"⑤。进入21世纪后,卡斯特尔继续关注中国的发展,并在我国《南风窗》杂志对他的专访中就中国公共政策的制定发表了明确肯定中国特色的社会主义道

---

① 〔美〕曼纽尔·卡斯特:《千年终结》,夏铸九、黄慧琦等译,北京:社会科学文献出版社2003年版,第292页。
② Manuel Castells, *The Information Age: Economy, Society and Culture*, Vol. 3, *End of Millennium*, Oxford, UK: Wiley-Blackwell, 2010, p.317.
③ Ibid., p.313.
④ Ibid., p.317.
⑤ 〔美〕曼纽尔·卡斯特:《千年终结》,夏铸九、黄慧琦等译,北京:社会科学文献出版社2003年版,第295页。

路并指出市场经济和对外开放的重要性的观点:"中国不可能变成一个大的资本主义国家,因为这样会不稳定,相反,今天的中国要更加强调有社会主义特色的发展道路,不然,矛盾就会爆炸。中国要有社会主义的特性,可是不能封闭市场,不能断绝跟外面的接触,也不能只采纳西方式的资本主义道路……为了社会与政治的稳定,中国需要制定社会主义的公共政策,尤其是在医疗、住宅、教育和环境等方面。"① 作为一名执教于美国高等学府的西方学者,卡斯特尔能用如此开放的态度看待中国特色的社会主义道路,可谓难能可贵。

三、局限与不足

我们在本节的以上部分讨论了卡斯特尔的数字化新媒体研究的若干优势。但是"金无足赤",任何学术著述都难以做到毫无局限性。从全面理解学术著述和理论所需要的审慎评析的角度来说,解读不足也应成为了解的一环。这里我们将试图展开这一环。

卡斯特尔的《信息时代三部曲》是一部将社会理论同详细的来自经验研究的信息融为一体的著作,内容覆盖面甚广。它颇像一幅巨大的拼图,内容有些分散,隐伏着时而使受众沉浸于斑斓分散的拼块而对整幅图的全况把握不清的问题,这似乎可说是其不足之一。数量极大的定义、假设和理论洞见,加上事实性数据资料如势不可当的水流冲击着读者的认知,"令读者时而有些摸不着头脑"②。有学者认为,卡斯特尔这部书中搭建的拼图好比经历了这样的工序:他"用风干的木头钉了一个框架,将之分为几个并列的部分,然后开始置入绚烂多彩的事物和花卉,它们充斥于每个角落,溢出边沿,并在框架松散的接合处长出无定向的嫩枝,直至原来的设计很难认出"③。以第一卷《网络社会的崛起》为例,仅是目录就有4页多,而目录上列出的章、节、点的

---

① 阳敏:《给市民社会一个生长的空间——专访西班牙著名社会学家曼纽尔·卡斯特》,《南风窗》2005年第2期,第32—34页。
② Alberto Melucci,"Review of *The Rise of the Network Society*," in *American Journal of Sociology*, Sept. 1997, Vol. 103/No. 2, pp. 521-523.
③ Charles Tilly,"Review of *The Power of Identity*," in *American Journal of Sociology*, May 1998, Vol. 103/No. 6, pp. 1730-1732.

标题,每一条均涉及内容丰富的问题。而这一卷的参考文献长达50页,列出的参考文献达1000条之多。再以第二卷《认同的力量》为例,此书顾名思义集中考察的是"认同的表现,尤其是社会运动中出现的认同的表现"[①],但严格说来最后三分之一的内容从"认同与社会运动偏离开去,转而对国家危机及其原因和后果展开延伸讨论",转而分析世界范围内"国家如何正在失去权力但并未丧失影响力"[②]。对此,哥伦比亚大学的查尔斯·蒂利在该书的书评中甚至批评说,当卡斯特尔转而进行这种分析时,"他声称的对认同的聚焦不见了"[③]。尽管卡斯特尔在讨论"权力衰落的国家"那一章中设立了"国家的认同化"一节,但该节不仅篇幅极短(在长达64页的这一章中,该节仅占不到3页),而且从内容上看,实际上是在阐述国家的制度机构及国家的结构性危机。

另外,个别概念、断言似乎还有可商榷之处或有回避问题实质之嫌。例如,他在第一卷中断言"技术即社会",依据的无非是"没有社会的技术工具也无法理解或描述社会"。看来作为社会学家的卡斯特尔虽然不想陷入技术决定论,但就他提出"技术即社会"这一点来看,他的这个命题在强调技术对于社会的重要性的同时,似乎忽视了社会这个大的概念中蕴含着很多要素,决非仅仅包含理解或描述的技术工具。社会的要义中包含由彼此互为依赖的人组织而成的共同体,也包含社会制度等。可以说这同他全书中对不同的社会脉络、对传播的政策环境的关注和讨论是相矛盾的。而当他用"技术并不决定社会,而是体现社会;社会也并不决定技术发明,而是运用技术发明"这句话,来描述技术与社会的关系时,尽管体现了一种辩证的观点,却没有把社会与技术这两个概念的涵盖面的大小体现出来。

此外,与此相连的是,也许是想避开任何决定论的缘故,卡斯特尔作为著名的西方马克思主义的城市社会学家,在这部阐述当下社会变迁、媒介转型的著作中,并没有旗帜鲜明地讨论社会变迁的根本决定

---

① Charles Tilly, "Review of *The Power of Identity*," in *American Journal of Sociology*, May 1998, Vol. 103/No. 6, pp. 1730–1732.
② Ibid.
③ Ibid.

因素问题。

尽管卡斯特尔的《信息时代三部曲》阐述当下社会变迁和传媒转型的理论并非全然没有局限性或不足，但瑕不掩瑜，这部在国际上产生了重大影响的著作，是一部研究范围很广、主旨宏大、非常值得研读的著作。书中的许多理论洞见，体现了他"对于当下社会的令人敬佩的把握"，为我们研究当下的传媒转型乃至整个社会的转型，提供了丰富的"思考材料"，只是"读者需要做大部分的思考"[①]，以深刻理解其理论观点并从中获益。

---

① John Boli, "Review of *End of Millennium*," in *American Journal of Sociology*, May 1999, Vol. 104/No. 6, pp. 1843–1844.

第七章 中国的媒介分析

在以上几章中,我们所探讨的是几位西方学者的媒介理论和媒介观。而媒介分析作为传播学中的重要研究领域,在我国学术界同样受到了很多关注。虽然我国传播学研究起步较晚、历史尚短,我国学术界在传播学理论建设方面,很难说已形成自己独特的、系统的理论,也没有出现像麦克卢汉、威廉斯那样以独树一帜的媒介理论闻名遐迩的媒介研究大师,但是,我国传播学术界的成果发表、学术会议交流等学术活动表明,20世纪90年代中后期以来,我国学术界进行了许多有关媒介研究/媒介分析的探索,发表了大量的有关论文。尤其是随着建设信息高速公路的热浪和一波又一波互联网发展热在全世界的高涨,媒介分析中的一系列核心问题——信息传播新技术、新媒介的特点,传播技术和媒介的发展、转型与更新及其社会影响等,已成为在我国举行的一些传播学研讨会的热门话题,也成为不少新闻传播学学术刊物涉及的重要内容。此外,不少专门涉及媒介分析领域的书籍也已出现。

作为一本试图专论媒介分析的专著,本书毫无疑问应该将我国学术界的有关研究包括在内,笔者即使力有不逮,亦应尽最大努力以科学研究的严肃态度认真地予以探讨。因此,本章将力求对我国学术界这方面的成果进行一番梳理和探讨、分析。限于资料、时间等方面的原因,本章的这种梳理,难以在对所有学术成果的总体进行通览的基础上进行。因此,笔者做了一些选择,拟通过如下几项研究,透视我国

的媒介分析研究的概况及特点:

第一,通过对《新闻与传播研究》《国际新闻界》《新闻大学》和《新闻记者》1996—2012年的内容进行梳理分析,找出其中涉及媒介研究的文章篇数、在刊物内容中所占的比重与论题。在此需要说明的两点是:(1)选择这四家刊物的原因,仅是出于对三种情况的综合考虑:地域分布(这四本刊物,两本在北京出版,两本在上海出版)、兼顾主要面向研究界与主要面向业界的刊物,以及可行性因素(主要是指刊物对笔者而言的易获得性)。笔者无丝毫忽视其他新闻传播学刊物之意。(2)对这四家刊物的选择,是本书初版时做出的;在此次修订的过程中,笔者保持了这种选择,一来由于当初的选择自有其理由,二来也是想实事求是地保留此书的发展脉络;而研究跨度达17年之久,加上初版时曾进行若干年的刊物内容梳理分析,修订时笔者将内容梳理分析分成了20世纪90年代后期的5年和进入21世纪的12年两个部分。

第二,通过对同一研究时段内几次全国和国际学术研讨会的内容做类似的分析,进行这种梳理。这里笔者只可能把范围限于自己所熟知的几次学术会议,无法妄求全面包括我国新闻传播学界所有学术会议。

第三,通过对若干集中阐述信息传播技术与媒介发展进程关系等媒介分析著作的研究,探讨我国传播学术界关于媒介分析的研究在书籍这一层面的成果。笔者坦承,由于自己所掌握的资料十分有限、所读所知也十分有限,且研究只能建立在对资料文献的掌握的基础上进行,局限性在所难免,遗漏大约也在所难免,但这绝非出于故意。倘若本章对我国传播学界有关媒介分析的研究之梳理能起到抛砖引玉的作用,笔者的期望即已达到。

第一节 概况透视

通过我国新闻传播学领域近年来学术刊物的内容、学术会议上的论文交流以及书籍的出版,我们可以管窥学术界的研究动向。

一、学术刊物：对媒介分析的兴趣有增无减

学术刊物往往是人们观察学术界最新动态的一个窗口,因此,笔者希望以分析若干国内新闻传播学的学术刊物为切入口(按季刊、双月刊、月刊排列,尽管近年来很多季刊已改为双月刊),进入对于近年我国学术界有关媒介分析的研究之梳理(见表 7.1—表 7.8)。[①]

表 7.1　《新闻与传播研究》媒介分析类文章发表篇数(1996—2000 年)

年份	文章总篇数	媒介分析类文章篇数	所占比例
1996 年	50	2	4%
1997 年	46	7	15.22%
1998 年	49	8	16.33%
1999 年	50	8	16%
2000 年	51	14	27.45%
	总计:246	总计:39	平均占比:15.85%

表 7.2　《新闻与传播研究》媒介分析类文章发表篇数(2001—2012 年)

年份	文章总篇数	媒介分析类文章篇数	所占比例
2001 年	62	12	19.35%
2002 年	48	9	18.75%
2003 年	50	5	10%
2004 年	63	8	12.70%
2005 年	62	8	12.90%
2006 年	52	11	21.15%
2007 年	54	8	14.81%
2008 年	84	12	14.29%
2009 年	90	13	14.44%
2010 年	83	18	21.69%
2011 年	79	14	17.72%
2012 年	83	16	16.28%
	总计:810	总计:134	平均占比:16.54%

[①] 在本章以下的梳理中,"媒介分析类文章"指的是:总体来看以论述信息传播新技术、新媒介的特点,传播新技术与传媒发展、传媒运作的关系及同社会的关系为主的文章及讨论那些以此为聚焦点的理论的文章。笔者在统计篇数中没有把报道式消息、文摘等包括进去。

表 7.3 《新闻大学》媒介分析类文章发表篇数（1996—2000 年）

年份	文章总篇数	媒介分析类文章篇数	所占比例
1996 年	104	5	4.81%
1997 年	117	5	4.27%
1998 年	117	4	3.42%
1999 年	108	8	7.41%
2000 年	119	13	10.92%
	总计：565	总计：35	平均占比：6.198%

表 7.4 《新闻大学》媒介分析类文章发表篇数（2001—2012 年）

年份	文章总篇数	媒介分析类文章篇数	所占比例
2001 年	128	20	15.63%
2002 年	101	11	10.89%
2003 年	93	16	17.20%
2004 年	85	5	5.88%
2005 年	82	7	8.54%
2006 年	89	7	7.87%
2007 年	96	12	12.5%
2008 年	109	7	6.42%
2009 年	99	9	9.09%
2010 年	92	13	14.13%
2011 年	100	10	10%
2012 年	133	12	9.02%
	总计：1207	总计：129	平均占比：10.69%

表 7.5 《国际新闻界》媒介分析类文章发表篇数
（1996—2000 年；1998 年度第 5—6 期合刊）

年份	文章总篇数	媒介分析类文章篇数	所占比例
1996 年	114	19	16.67%
1997 年	111	9	8.11%
1998 年	99	13	13.13%
1999 年	103	21	20.39%
2000 年	97	26	26.80%
	总计：524	总计：88	平均占比：16.79%

表7.6 《国际新闻界》媒介分析类文章发表篇数(2001—2012年)

年份	文章总篇数	媒介分析类文章篇数	所占比例
2001年	84	17	20.24%
2002年	90	10	11.11%
2003年	95	14	14.74%
2004年	98	12	12.24%
2005年	101	5	4.95%
2006年	191	20	10.47%
2007年	178	37	20.79%
2008年	189	21	11.11%
2009年	168	16	9.24%
2010年	154	22	14.29%
2011年	144	15	10.42%
2012年	153	14	9.15%
	总计:1645	总计:203	平均占比:12.34%

表7.7 《新闻记者》媒介分析类文章发表篇数(1996—2000年)

年份	文章总篇数	媒介分析类文章篇数	所占比例
1996年	298	6	2.01%
1997年	342	7	2.05%
1998年	339	7	2.06%
1999年	374	19	5.08%
2000年	427	31	7.26%
	总计:1780	总计:70	平均占比:3.93%

表7.8 《新闻记者》媒介分析类文章发表篇数(2001—2012年)

年份	文章总篇数	媒介分析类文章篇数	所占比例
2001年	316	30	9.49%
2002年	353	26	7.37%
2003年	366	31	8.52%
2004年	330	23	6.97%
2005年	360	24	6.67%
2006年	374	41	10.96%

(续表)

年份	文章总篇数	媒介分析类文章篇数	所占比例
2007年	392	31	7.91%
2008年	336	24	7.14%
2009年	320	40	12.5%
2010年	307	59	19.22%
2011年	304	43	14.14%
2012年	271	50	18.45%
	总计:4029	总计:422	平均占比:10.47%

媒介分析类文章在这些刊物中所占百分比在研究时段中的变化情况,可见图7.1—图7.8:

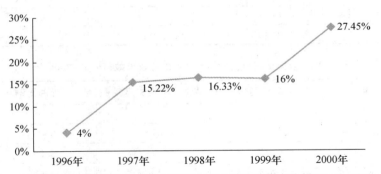

图7.1 《新闻与传播研究》媒介分析类文章在总篇数中所占比例(1996—2000年)

图7.2 《新闻与传播研究》媒介分析类文章在总篇数中所占比例(2001—2012年)

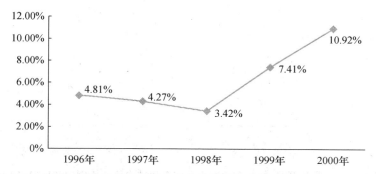

图 7.3 《新闻大学》媒介分析类文章在总篇数中所占比例（1996—2000 年）

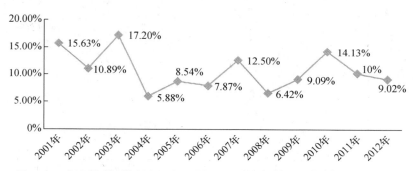

图 7.4 《新闻大学》媒介分析类文章在总篇数中所占比例（2001—2012 年）

图 7.5 《国际新闻界》媒介分析类文章在总篇数中所占比例（1996—2000 年）

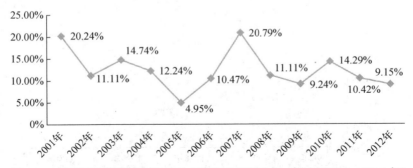

图 7.6 《国际新闻界》媒介分析类文章在总篇数中所占比例(2001—2012 年)

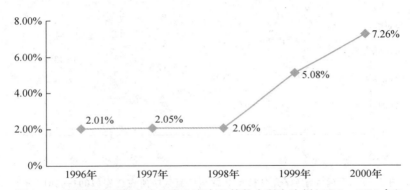

图 7.7 《新闻记者》媒介分析类文章在总篇数中所占比例(1996—2000 年)

图 7.8 《新闻记者》媒介分析类文章在总篇数中所占比例(2001—2012 年)

从以上图表中可以清楚地看出如下几点：

第一，这四种刊物在笔者的研究所覆盖的 17 年中无一例外地都经常刊登媒介分析类文章。

第二，在四种刊物中，《新闻与传播研究》与《国际新闻界》这 17 年间发表的媒介分析类文章，不论是篇数还是在总篇数中平均所占百分比，均大于其他两种刊物，而《国际新闻界》更为突出。近年来，《国际新闻界》还先后每年刊出综述我国新媒体传播研究的文章和我国微博（客）传播研究综述。

第三，四种刊物中，《新闻记者》刊登媒介分析类文章的篇数，在 1996—2000 年的 5 年间在总篇数中所占比例最小，但 1999 年、2001 年该刊发表的媒介分析类文章篇数与往年相比明显增多，占比明显增大。而在进入 21 世纪后的 12 年间，此类文章的数量和占比上升明显，尤其是在研究时段的最后 3 年（2010—2012 年）中，每年发表的媒介分析类文章占比均超过 10%，2010 年和 2012 年甚至接近 20%，2011 年也接近 15%。

第四，在本章的研究时段（共计 17 年）内，《新闻与传播研究》和《国际新闻界》发表的媒介分析类文章所占比例以 2000 年最大，但 2001 年这一比例出现下滑，此后基本呈时而下滑时而上升的趋势。总体来说，进入 21 世纪后《新闻与传播研究》中的媒介分析类文章在该刊文章总数中所占比例除 2003 年为 10% 以外，其余每年均远超过 10%，或者甚至超过 20%；《国际新闻界》自 2001 年起每年占比浮动较大，占比最小的 2005 年仅接近 5%，而占比最大的 2001 年和 2007 年超过了 20%。而《新闻大学》和《新闻记者》在这方面的文章占比最大的年份均出现在自 2001 年起的 12 年间，具体分别为 2003 年和 2010 年。《新闻记者》还曾一度开辟"网络新闻圈"专栏，近年来则推出了"新媒体前沿"专栏；《新闻大学》曾一度设有"网络时代"专栏，近年来该刊设有"新媒体"栏目。这些栏目的开设应和进入 21 世纪以来这两家期刊刊载媒介分析类的文章增多相关。

以上几点中的第一点显示了媒介分析近年来已成为我国新闻传播学专业刊物经常涉及的内容之一。

关于第二点，我们认为，《国际新闻界》刊登的关于媒介分析的文章篇数最多、所占的比例最大,这大约和《国际新闻界》的宗旨及特点有关。这一刊物以"透视环球传媒,追索今昔流变,拓展研究视域,提升学术品位"为其宗旨,具有重视国际传媒业最新动态、重视介绍国外情况的特点。自美国率先提出建设信息高速公路的目标以来,信息高新技术层出不穷,迅速投入应用,全世界范围内信息高速公路建设发展势头猛烈,国际互联网作为新一代的传播媒介迅速崛起并随着互联网技术和移动电信新技术的结合而发展出新一代的互联网即移动互联网,传统的传媒业正面临一场新的社会传播事业结构调整——这一切自 20 世纪 90 年代以来已成为国际传媒业的新动态。而美国和其他一些西方发达国家在信息高速公路建设中、在这场基于数字化技术的传播业新变革中的领先地位,使介绍信息高新技术的应用成为介绍这些国家传媒业近况的一个重要论题。这些显然都促使《国际新闻界》相对较多地刊登以论述信息传播新技术与传媒发展、传媒运作的关系为主以及讨论有关理论的媒介分析文章。此外,自 1997 年以来,《国际新闻界》不时设有关于信息高新技术的应用的栏目,集中刊登有关文章。例如,1997 年第 4 期中有"最新传播技术手段研究专辑"栏目,收有 5 篇文章;1998 年第 4 期中有"新媒体研究专辑"栏目,收有 6 篇媒介分析类文章;1999 年第 3 期中有"网络传播研究专辑"栏目,收有 5 篇关于最新传媒——网络的文章。又如,2000 年第 1、5、6 期,2001 年第 1、2、3 期,2002 年第 1、2、6 期,2003 年第 1、2、3 期,2004 年第 1、2、4 期,2005 年第 3 期和 2006 年第 1、2 期均有"网络时代"栏目。而从 2006 年下半年起,"网络传播研究"作为"网络时代"栏目更名后的栏目,每年都是该刊各期中几乎都会出现的栏目。设有这样的专栏,显然也有利于该刊较多地刊登媒介分析类的文章。

就上述第三点而言,我们认为《新闻记者》刊登媒介分析类文章的篇目数和占比在 1996—2000 年 5 年间同 2001—2012 年 12 年间之间的差异,同该刊的特点以及业界对数字化新媒体的重视程度有关。该刊上的文章体裁不一且相对以短文居多。作为一家面向业界的刊物,相对而言,它所刊登的理论性、学理性探索的学术论文在刊物中所占比重是有限的。它重视传媒业界同人间的体会交流等,大量的文章涉及写作、编辑、摄影等业务方面的体会。在本章研究时段的前期,即

1996—2000年间该刊所刊载的媒介分析类文章在四份刊物中不论是文章篇数还是在刊物文章总数中所占平均比例均位列最后。而随着电脑、网络技术和移动通信技术同网络技术的结合在新闻工作中的日益渗透,随着我国新闻传媒业技术手段更新的过程的进展,以及新媒体传播的一些元素融入了新闻传媒业的传播活动,我国新闻工作者在传播实践中对信息传播高新技术的运用及其影响、数字化新媒体对传统媒体的挑战等,体会日益加深。这在研究时段的前期即有所体现。在被称为我国"传媒上网热之年"的1998年过后的1999—2000年,《新闻记者》上刊登的媒介分析类文章明显增多。而在本章研究时段的后期,即2001—2012年,绝大多数年份该刊登载此类文章的篇数和占比均超过此前的任何一年。尤其引人注目的是,2010年是本章的研究时段内《新闻记者》上媒介分析类文章占比最大的一年,且2010—2012年这3年间,每年此类文章的占比均远超过这些年的平均占比(10.47%),而2010年正是我国移动互联网走进人们的生活并引起传统媒体高度关注之年。例如,我国中央级的传统媒体光明日报集团在这一年发力移动互联网,于11月推出了"光明云媒"。不难推想,传媒业界对新一波互联网即移动互联网的冲击具有"春江水暖鸭先知"的感受,作为以面向业界为主的刊物,《新闻记者》此时刊载的媒介分析类文章的增多,相信与此不无关联。

至于上述四家刊物发表的媒介分析类文章所占比例的走势之间的差异,原因尚有待进一步研究。笔者在此无意妄加猜测。

媒介分析作为传播学研究中的一大部类,其关注焦点同媒介技术的发展及此种发展同人类社会变迁和文明发展史的关系有关,因而这一研究部类发展中的重大突破,不可避免地会同媒介新技术的崛起和对原有事物的挑战、传媒转型等有关。麦克卢汉的媒介理论,正是在互联网迅速崛起时,又从寂寞中走出,重新受到学术界的高度瞩目。从互联网的"成长"过程来看,新的网上传播形式的不时推出,以及新一波移动互联网冲击波的出现,显示出在互联网(作为新生事物)的创新发展仍然处于高度发力期的情况下,其崛起引发的新一轮的传媒技术及其社会影响研究热,尽管有波动和程度上的动态变化,但仍然不会在较短时间内迅速降温。当然,目前,在与之相关的研究论文发表已有二十余年的情况下,新闻传播类刊物已开始逐步对此类文章把关更严,更关注其创新性。

二、学术会议:从占会议议程一席之地到专门聚焦的会议

学术会议也是观察学术界动态的一扇窗户。根据笔者手头掌握的资料,在本章的研究时段内,探讨传播新技术、新媒介等的媒介分析类文章,已成为我国新闻传播学领域学术会议的内容的重要组成部分。1996年,暨南大学新闻系在庆祝成立50周年之际举办了"面向21世纪的新闻与传播"学术研讨会,来自香港地区和内地30多所大学、研究机构和新闻媒介的学者在会上发表的50多篇论文可归为本章中"媒介分析类文章"的,有5篇。这5篇论文绝大部分研究信息高速公路,研究正在迅速崛起的因特网(当时称"国际互联网")。1997年,"全国第五次传播学研讨会"在杭州大学召开,60余名学者以"传播与经济发展"为主题,进行了为期两天的论文宣讲与讨论。会议收到的46篇论文中有6篇论文属于讨论信息传播新技术的"媒介分析类文章"。信息高速公路、电脑互联网络与大众传播发展、社会发展的关系,成了台上台下的热门话题,不但在会场上引发了学者的热烈发言,在会场外的个人交谈中也引发了种种议论。会议结束后,有关论文很快被《新闻大学》《新闻记者》《新闻学争鸣与探索》等刊物登载。

1999年10月至11月,我国新闻传播学界接连举行了三次较大型的学术会议。10月下旬,在上海外国语大学召开了"1999传播学国际学术研讨会"。出席会议的30多位中外学者在会上所宣读的论文中,探讨信息传播新技术与社会的互动的媒介分析类论文有5篇。这一年的10月底至11月初,在南京大学和上海交通大学召开了"第二届两岸传播媒体迈向21世纪学术研讨会",会议收到的40余篇论文中,可归为本章中的"媒介分析类文章"的,有十多篇。紧随其后,这一年的12月7日至9日在复旦大学召开了"第六次全国传播学研讨会"。会上发表的50余篇论文中,有十多篇媒介分析类文章。2000年10月20—21日,在中国人民大学召开了"世界新闻传播100年"学术研讨会,会议收到的近70篇论文中,可归类于"媒介分析"的文章达15篇,超过总数的21%。同年12月13—15日,在上海交通大学召开了"全国第四届科技传播研讨会",会议的主题是网络传播。2001年4月底,在北京广播学院召开了"新世纪网络传播发展国际论坛"。近年来,清华大学、复旦大学、华中科技大学、南京大学、暨南大学等,都曾主持召开关于数字媒体/新媒体/网络传播的学术会议。2008年,始于2004年的"中国网络传播学年会"与"新媒体与新思维论坛(新新论坛)"改为以"中国新媒体传播学年会"为名的合并会议。2008年也正是我国成立中国网络传播学会之年(11月成立,全称为"中国新闻史学会网络传播史分会"),该学会成为此后"中国新媒体传播学年会"的主办方。最近5年(2009—2013年)"中国新媒体传播学年会"各年的主题分别如下:"媒介演变与社会发展"(2009年)、"新媒体·新生活·新世界"(2010年)、"聚焦新闻媒体 体验新世界"(2011年)、"全球化下的社交媒体与数字网络"(2012年,澳门国际会议)和"新媒体·新思维·新世界"(2013年)。最近的两届年会,即2012年和2013年的年会,参会者规模分别达140多人和180多人。在2012年年会期间,为期两天的会议除了主题演讲外,还分中文组和英文组进行,围绕"社交媒体研究""新媒体与政治""新媒体产业研究""微博客传播研究""社交媒体与应用传播""新媒体管理与自律""媒介素养与公共空间""传统媒体转型""新媒体文化研究""网络2.0与政治参与""新媒体与公民社会""新媒体实证研究""新媒体观点""新数字鸿沟"和"社交媒体与文化"等议题,展开了近30场研讨。2013年的年会,在主题演讲后,分别围绕"传统媒体转型研究""新媒体与国际跨文化传播研究""新媒体与舆论研究""新媒体广告研究""新媒体学术与教育研究""社交媒体研究""新媒体实证研究""新媒体品牌与形象传播研究""新媒体发展研究""新媒体与公民社会研究""新媒体与文化研究"等11个主题进行了分组宣讲和研讨。

值得注意的是,自1999年7月在中华全国新闻工作者协会的主持下杭州召开"1999全国新闻媒体网络传播研讨会"以来,我国新闻传媒业界也每年召开网络传播研讨会。"2000年全国新闻媒体网络传播研讨会"于6月在上海召开。2001年6月在青岛召开了"首届中国网络媒体论坛"。此后这种论坛一年一度召开。2002年8月,在苏州召开了"第二届中国网络媒体论坛"。2003年10月在北京召开了"2003中国网络媒体论坛"。2004年11月在江西南昌召开了"第四届中国网络媒体论坛"。该论坛以"营造健康向上的网络环境"为主题。2005年11月在浙江省杭州市召开了第五届"中国网络媒体论坛",其主题是"网络媒体与和谐社会"……到2013年,"中国网络媒体论坛"已召开13届。最近5年,该论坛各年的主题分别为:"同筑安全互联网,共建和谐e世界""转变发展方式,提升传播能力""推动网络媒体新跨越 促进网络文化大繁荣""学习宣传贯彻十八大精神,创新内容建设,增强文化实力"和"网聚正能量,共筑中国梦"。

从以上这些会议的情况来看,网络传播的崛起及其持续发展、新的网络传播形态的不断推出(尤其是社交媒体的迅速流行、发展)、移动互联网的异军突起,使围绕信息传播新技术同传媒发展、社会发展的关系及其有关理论的媒介分析研究,对我国新闻传播学界而言魅力有增无减,在1999年以来的一系列新闻传播学术会议上,媒介分析类文章成了会议内容的一个重头。而"中国新媒体传播学年会"和"中国网络媒体论坛"这样专门聚焦于数字化新媒体研究相关主题的学术会议,更可谓媒介分析研究成果集中交流的场域。

三、书籍:数量上的增多和聚焦点更明确

20世纪90年代后期以来,我国新闻传播学界陆续出版了一批集中阐述信息传播技术与媒介发展进程的关系等方面的媒介分析类著作(本章的梳理不包括我国香港、澳门和台湾地区的学者的作品)。1998年4月,北京警官教育出版社出版了中国社科院新闻所闵大洪著《传播科技纵横》。此书分十五章,阐述了传播科技发展进程中各项重大进步及其对人类社会生活的深刻影响,其中追踪最新信息传播科技及其应用对传媒业的影响和广泛的社会影响的内容,占十章之多;这十章中,尤以探索计算机业及以计算机技术为基础的计算机网络业及其正、负两方面的社会影响的部分占了重头:作者以整整八章的篇幅,对此进行了阐述。书中关于国际互联网的章节,涉及国际互联网的特点和功能、互联网技术发展的利和弊、新老传媒的关系等。

1999年2月,华夏出版社出版了中国社科院新闻所明安香主编的《信息高速公路与大众传播》。该书聚焦于以"信息高速公路"为基础

的信息传播新技术、新媒介对传统的大众传播带来的影响，分十一章对有关问题进行阐述。

书中对媒介发展进程的总结、归纳式研究，对以信息高速公路为基础和核心的传播高新技术同传统的大众传播的关系的分析，对世纪之交我国在信息高新技术、信息产业领域的发展的对策性建议，都反映出课题组对有关问题的深入探索和思考。

如果说在这两本20世纪90年代末期的著作中，新兴的电脑互联网络及其社会影响以及网络与传统传媒的关系构成探讨的一个重点，那么进入新世纪以来我国新闻传播学界则推出了专门聚焦于作为传媒新技术的杰出代表的电脑互联网络的著作。2001年新年伊始，北京广播学院出版社出版了一套"网络传播书系"，第一批分四册，分别以《网络新闻传播概论》《网络基础与Internet应用》《网络新闻实务》与《网络媒体的策划与编辑》为题。通过这些选题，多少可以看出该校围绕网络传播这一课题所设计的问题。2000年5月，复旦大学出版社出版了该校新闻学院张海鹰等撰写的《网络传播概论》。作为"复旦博学"精品教材"新闻与传播"系列教材之一，该书除了论述网络新闻的采写、编辑和网络广告等实务外，还探讨了网络时代的传播环境、网络媒体对传统媒体的挑战以及后者的回应。也是在2001年5月，中国广播电视出版社出版了南京大学新闻系杜骏飞的《网络新闻学》，作为"新闻与传播理论丛书"之一。该书除了就网络新闻（网上新闻）的定义、国际互联网的传媒属性等网络新闻传播的一些基本概念展开讨论，考察网络新闻传播的发展历程和战略分析、网络新闻传播与传统新闻传播的关系，概述网络新闻实务外，还探索性地提出了"泛传播的理论模拟"。目前我国出版的聚焦于因特网和网络传播的著作已达到一定的数量。我国网络传播研究者闵大洪收集整理的"中国网络媒体研究著作书目"收入了1999年至2003年1月的22项，有数十本著作。自那时起，我国学术界又推出了许多研究传播与社会的关系、研究网络传播和网络新媒体的著作，其中包括中国人民大学出版社的"传播与社会系列丛书"、从2003年年底起陆续出版的北京大学出版社的"网络传播丛书"、清华大学出版社的中国网络传播研究系列书籍、人民出版社的"新华新媒体研究系列丛书"……

在此尤其值得一提的是,最近几年来我国出版的聚焦于信息传播技术与媒介发展进程的关系、传播技术及其发展史同人类社会变迁和文明发展史的关系等的媒介分析著作,尤其是聚焦于这些技术同数字化新媒体发展及同社会、社会传播现象的关系的媒介分析著作,与此前相比较,有不少是主题式的,聚焦点更为明确。如广西师范大学出版社2008年出版的《众声喧哗:网络时代的个人表达与公众讨论》、科学出版社2010年出版的《网络传播与云南少数民族文化的现代建构》、复旦大学出版社2011年出版的《强大的弱连接:中国Web 2.0网络使用行为与网民社会资本关系研究》、中国传媒大学出版社2012年出版的《网络迷群与跨国传播》、新华出版社2013年出版的《群体性事件中的网络舆情研究》等,都是主题非常明确、聚焦点集中的专论式著作。

另外非常值得一提的是,我国出版界近年来在推出此类图书时比此前更加关注对国外该领域著作的译介。例如,北京大学出版社2010年出版了加拿大学者文森特·莫斯可(Vincent Mosco)的《数字化崇拜:迷思、权力与赛博空间》的中译本(黄典林译),龙门书局2011年出版了德国学者弗兰克·施尔玛赫(Frank Schirmacher)的《网络至死:如何在喧嚣的互联网时代重获我们的创造力和思维力》的中译本(邱袁炜译),复旦大学出版社2011年出版了美国学者保罗·莱文森(Paul Levinson)的《新新媒介》的中译本(何道宽译),商务印书馆2012年出版了亨利·詹金斯(Henry Jenkins)的《融合文化:新媒体和旧媒体的冲突地带》的中译本(周宪、许钧、杜永明译),中国传媒大学出版社2013年出版了英国学者特希·兰塔能(Terhi Rantanen)的《媒介与全球化》的中译本(章宏译),清华大学出版社2014年出版了荷兰学者简·梵·迪克(J. V. Dijik)的《网络社会:新媒体的社会层面(第2版)》的中译本(蔡静译)……

与论文相比,书籍由于篇幅大得多,论述问题时可以在全面、系统、深度等方面,有较大的发挥余地。如果说近年来我国学术刊物上的媒介分析类论文,各自探讨了有关信息传播新技术同大众传播和社会发展的关系或有关理论的某个或某几个问题的话,那么上述我国学者撰写的著作,则有的对以数字式、多媒体、网络化等为主要特征的最新的信息传播技术、新媒介进行了概括性的探讨(它们中有些还对传播科技的发展与变化加以总体研究,对关于科技、传媒、社会发展的关系的诸多问题进行了探索),有的集中围绕某一主题,多方位、多侧面、多层次地进行了深入探讨。

四、有关网站、网上刊物及重要项目

随着网络社会应用的逐步推广,我国的新闻传播学研究也从世纪之交起即被推上网:1999年下半年,由新浪网、浙江在线和浙江大学新闻与传播学院联合创办的《中国新闻学评论》在网上出现,这是一家没有印刷版的网络刊物,而且是专门有关中国新闻与传播研究的网络刊物。有关媒介新技术、新媒介的研究是该刊物的重要内容之一。该刊的栏目之一"个人频道"下的"大洪视点",集中刊载了中国社会科学院新闻与传播研究所闵大洪先生有关网络等传播新技术、新媒体的论文。《中国新闻学评论》还为年青而对新事物颇为敏感的莘莘学子在网上发表关于网络传播的论文提供了便捷的渠道。2000年5月28日,上海14家主要新闻传媒机构联手创办的东方网正式开通,"网络媒体研究"成为该网站的专题栏目之一。南京的紫金网(2000年开通)设有"网络传播"专栏。2008年我国成立中国网络传播学会(全称为"中国新闻史学会网络传播史分会")后,设立新闻传播院/系/专业的中国各高校的网站上,纷纷开设相关网页,介绍或推出其研究成果,包括本书所论的媒介分析领域的研究成果。而中国社会科学院新闻与传播研究所的网站"新闻与传播研究网"更是专注于我国新闻与传播研究及其动态的网站,其板块包括"媒介研究"与"新媒体"研究,转载许多这方面的学术文章。

上述讨论的都是我国新闻传播学术界在媒介分析研究领域的成果。同样值得一提的,还有这一领域中目前展开的重大项目。据有关论文介绍,国家社科基金项目对当前的信息传播新技术革命这一前沿研究领域极为重视,"1996年以来几乎每一年都有相关课题,如1996年设立项目'多媒体技术与新闻传播'、1998年设立项目'新闻传播手段的数字化:现状透析与发展预测'、1999年设立项目'网络传播新发展及其对策(研究报告)'、2000年设立项目'互联网对信息传播和人们精神文化生活的影响研究'"①。2000年,复旦大学信息与传播研究中心获准成为教育部传播学研究基地,"中国网络传播学"立即成为其重头项目之一。2013年立项的教育部人文社会科学研究基地重大项目中,包括复旦大学信息与传播研究中心的重大项目"交往、媒介、地域:城市社区传播与邻里空间生产",中国传媒大学广播电视研究中心的"媒介融合背景下提高我国广播电视舆论引导能力研究"……这些都显示出我国传播学界围绕着与媒介分析尤其是与网络传播有关的许多问题,正在进行多方面的探索。

第二节 特点和趋势分析

本章第一节的讨论说明,我国新闻传播学界在传播新技术及其特点、传播技术与媒介的发展与更新及其同社会发展的关系领域的研究,已产生了以论文为主兼有书籍的数量可观的成果。本节试图在此基础上探讨这些成果的特点及其折射出的该领域研究的发展趋势。

一、从介绍、描述性内容占重要位置到分析性内容逐渐增加

从介绍、描述性内容在"媒介分析"领域的研究成果中占重要位置,到分析性内容的逐渐增加,可说是我国媒介分析研究的特点与发展之一。如果略加细分,不难发现,第一节中谈到的学术刊物与学术会议上的媒介分析类文章中的大部分,尤其是进入21世纪前的文章,主要是描述性或介绍性的,再加上对有关问题的分析。例如,《新闻与传播研究》刊登的《国内外电子出版物的发展现状与发展趋势》(1996年第1期)、《对亚太地区三家日报电子版的观察与思考》(1997年第3期)、《中文报通过因特网走向世界》(1998年第3期)、《美国数字电视:在权力结构与商业利益之间的曲折发展》(1999年第3期)等;《新闻大学》刊登的《上海六家广电媒体因特网网页比较分析》(1998年第4期)、《试论网上广播的现状与前景》(1999年第1期)、《"强国论坛":新

---

① 参见闵大洪:《网络传播研究亟待加强》,《新闻与传播研究》2000年第1期,第16—18页。

的平台及其前景》(2000年第3期)等;《国际新闻界》刊登的《信息高速公路上的新闻战》(1996年第2期)、《驶上信息高速公路的美国报业》(1996年第3期)、《电子报刊的现状与发展》(1997年第4期)、《数字时代的BBC》(1998年第2期)、《美国记者如何利用E-mail》(1998年第4期)等;《新闻记者》刊登的《一份跨国界的免费出版物——兼谈电子网络》(1996年第1期)、《全球卫星电视的发展现状及影响》(1998年第11期)、《新闻传媒网络化发展新趋势》(1999年第4期)、《记者要学会数字化生存》(1999年第4期)等;"第六次全国传播学研讨会"(1999年12月)论文中的《国际互联网在对外传播中的应用——效果及趋势》《从新闻提供者到公共论坛:"人民日报网络版"个案分析》等。

这类文章的特点是,以小见大,从某些具体实例入手,对最新传播技术渗透到传媒业和人们的生活的现状作描述、介绍,并以此为基础探索一些带有共性的问题。例如,《新闻与传播研究》1997年第3期刊登的《对亚太地区三家日报电子版的观察与思考》一文,对亚太地区三家大型日报——日本的《朝日新闻》、中国台湾地区的《中国时报》和新加坡的《联合早报》进行了概述,并由此切入到电子报纸的发展这一课题,探讨了电子报纸发展的技术基础——因特网,以及与电子报纸的特点有关的电子报纸发展的动因。又如,《新闻大学》1998年冬刊登的《上海六家广电媒体因特网网页比较分析》一文,主要对上海电视台、上海东方电视台、上海有线电视台、上海教育电视台、上海人民广播电台和上海东方广播电台的网页的基本情况及主要内容做介绍,并对这些网页进行比较。在此基础上,文章对广电传媒与网络传播的关系略加探讨,但从全文来看,这一部分所占篇幅颇小。

这类文章有的在介绍和讨论方面范围较宽泛,有的则重点突出。由于偏重情况介绍,此类研究往往在探讨理论问题方面涉入有限,缺乏细化、深入的分析。然而,以介绍、描述性为主的研究自有其作用,对此我们不能忽视。这类研究提供了许多十分有用的新资料,而新资料的积累,正是进一步的深入研究必不可少的基础。尤其值得一提的是,在其中有些研究中,作者提供了或由其本人采用调查、观察、内容分析等方法而得的量化的第一手资料,或通过网上研究、图书资料研究等而获得的来自其他学者的量化的第二手资料。以我国新闻传播学研究传统上重思辨、重定性研究而对定量研究重视不够的情况而论,这种量化资料的提供,对于学术界进一步对有关问题进行思辨式的研究,具有重要的参考作用。唯物辩证法的观点认为,事物的发展变化过程,是一个从量变到质变的过程。从这个意义上来说,把量化作为一种测量工具,作为一种手段,对事物(的质)进行精确量化,有利于对事物、对事物的质的系统的研究和了解,使论点的展开、定性的阐述具有充分的依据。因此,上述提到的那些研究提供的量化数据的积累,对于我国的传播学研究而言,就可说另具一层意义了。

从信息传播技术发展的进程来看,20世纪90年代信息传播新技术发展之迅速,真是创历史之最。在这样的背景下进行的媒介分析研究,客观上需要先从介绍、描述与最新传播技术的应用有关的新情况入手。此外,在信息高速公路建设中,美国、英国、日本等国,走在前面,这些国家的新经验,它们在这方面出现的新情况、新趋势,因其参考价值而值得介绍。这也必然使得我国的传媒研究成果中覆盖这方面的内容,从而提升了介绍、描述性的内容在有关研究成果中的比重。

虽然进入21世纪前我国学术界关于媒介分析的文章多为以描述性或介绍性为主,再加上对有关问题的分析,但也有一些文章是讨论分析性的,如:探讨网络出版物与相关法律法规的《电子网络出版物的法律法规建设》(《新闻与传播研究》1997年第1期),探讨网络时代媒介把关人角色的变化的《从"Gatekeeper"到"Heads-up Displays"》(《新闻与传播研究》1999年第2期)等。此类文章中还有对某一媒介分析理论进行探讨的,如:讨论麦克卢汉媒介理论的论文——《新闻与传播研究》1997年第4期刊登的《麦克卢汉的传播思想》,"第六次全国传播学研讨会"论文《新形势下对麦克卢汉媒介理论的再认识》。这些文章就提升了分析、讨论的比重。

近年来,该研究领域的研究成果与此前相比分析性的内容逐渐增加。试以2011年、2012年《新闻与传播研究》上刊载的属于本书所说的媒介分析类文章为例,其中不少文章都是以一定的理论视角展开分析的,如:《新媒介环境下议程设置理论研究新进路的分析》(2011年第1期)、《移动的自留地:知识青年、新媒介赋权、场景生产与媒介素养——以大学生的新媒介使用实践为观察》(2011年第1期)、《媒介变迁促动下的新闻语言变化分析》(2011年第2期)、《新生代网络流行语的符号学解析》(2011年第2期)、《微博舆论中的意见领袖素描——一种社会网络分析的视角》(2012年第3期)、《网络时代的媒介权力结构与社会利益变迁——以当代中国社会意识形态为视角》(2012年第2期)、《社会关系网络中的信息消费与生产:微博用户行为研究》(2012年第6期)等。

再以同时段《新闻大学》上刊载的属于本书所说的媒介分析类文章为例,其中同样有一系列文章,包括《从多元主体到参与式网络:媒介生产的空间扩散》(2011年第2期)、《媒介"社会责任"的解构与重构》(2011年第3期)、《范式的重塑:社会化媒体时代对功能主义路径的反思》(2012年第2期)、《在线社交网络的社会属性》(2012年第3期)等,显示出重分析与思辨的特点,并且视角较明确、主题较集中。

二、从偏重概括性、综合性的研究到此类研究同聚焦点突出的研究并存

从我们上面梳理的我国传播学界的媒介分析研究成果来看,从偏重概括性、综合性,到以此为特点的研究同聚焦点突出的研究并存,也是一个特征,反映出又一个发展趋势。笔者在对1996—2000年的研究成果的梳理过程中发现,就这一领域的研究而言,学者们在展开问题的过程中往往铺开面甚宽,以概括性、综合性的阐述为主。

这一现象的出现,自有其原因。首先,这同选题有关。不少媒介分析类文章的题目都较宽泛,因此注重概括性、综合性也就在所难免。其次,我国在传播学研究领域起步较晚,在20世纪90年代后期尚处于学科建设的早期,围绕媒介的技术特点、传播技术、媒介的发展更新同大众传播业的发展及整个社会生活的关系等而展开的媒介分析研究,当然更是处于早期。对于早期研究来说,重概括性、综合性正适应了学科建设积累的需要。此外,就书籍而言,我国新闻传播领域的不少书籍似乎往往兼具专著和教材的特色,而且事实上在使用中也扮演了专著与教材的双重角色,对于问题的分析、阐述力求概括周全,与教材要全面概括、传授基本知识的客观需要相吻合。当然,毋庸讳言,概括性、综合性的讨论和分析虽然周全,却不见得有利于独特的、创新理论体系的提出。如果将我国的传媒分析著述同国外著名的传媒分析研究成果如麦克卢汉、英尼斯等人在这一领域的力作相比,我们尚缺乏自成体系的理论。但是,这同我们的研究所走过的历程尚短等有关,我们不必过于苛求。重要的是,我们应该追求在已有研究的基础上,不断有所开拓、进展。

近年来我国媒介分析领域的著述,显示出这种开拓和进展已实实在在地发生了。如前所述,近年来本章所梳理的几家刊物上刊载的媒介分析类文章,不少都重在以一定的理论视角展开分析,并且主题较明确。同时,也出现了不少主题明确、聚焦点集中的专论式著作,前文提到的《众声喧哗:网络时代的个人表达与公众讨论》一书,即是颇具代表性的一例。

三、选题贴近传媒业发展现实、追踪发展动向

从选题内容来看,我国新闻传播学界的媒介分析研究,具有贴近传媒业发展现实、追踪发展动向的特点。电子出版物的兴起与特点,因特网的特征及其对传统大众传媒的挑战,网络传播中的法律法规问题、伦理问题,传媒网站建设,卫星电视,网络时代传媒把关人角色的转变,网络时代受众角色的变化,新、老传媒的关系,计算机(电脑)辅助新闻学,共有媒体(或称社交媒体/社会性媒体)的崛起及其发展对传统媒体的挑战,移动互联网作为新一代互联网的传播特征,移动互联网迅速崛起背景下传统媒体何去何从,等等,成为近年来我国学术界的媒介分析研究一再关注的问题。这些选题,无疑是贴近我国传媒业新发展的现实的,也是追踪全世界信息高速公路建设和数字化媒体的发展动向的。这一特色,大约同媒介分析这一研究领域本身的性质、特征有关。媒介分析本身,是一种考察传播技术的发展同社会变迁的关系的研究,因此,重视对新发展、新变迁的研究就很自然。当年,媒介分析理论家麦克卢汉正是在电视在全世界蓬勃发展的20世纪60年代提出其媒介理论,从而为确立以媒介技术为焦点、以媒介技术史为主线把文明发展史串起来的研究传统,做出关键性贡献的。虽然他的著述涉及了媒介技术发展史上的各个阶段,但是当时的新兴传媒——电视无疑是他的研究突出关注的。关注媒介新技术的特征及

其发展动向,是媒介分析的需要使然。追踪发展动向除了可以指追踪实践方面的发展动向外,还可以指追踪理论——学术研究方面的发展动向。在后一种意义上,我国的传媒分析研究的选题,总体上来说也具有追踪发展动向的特色。当笔者将我国的媒介分析研究中经常关注的问题同国际上的一些新闻与传播学学术刊物——如《传播学杂志》(季刊,由美国国际传播学协会主办)、《新闻与大众传播教育者》(季刊,由美国新闻与大众传播教育学会主办)、《加拿大传播学杂志》等——中近年来发表的论文中同类研究的关注点相比时发现,两者相当吻合。即使国际刊物上的同类研究不少在时间上领先了一步,但是我国的研究也并非远远落后。事实上,我国的传媒分析研究,不少引用了国外学者的一些最新研究成果,有的还参照了网上提供的最新资料。

当然,各国信息高速公路建设的进展不同,各国传媒采纳高新传播科技、实施媒体融合的发展情况不同,各国媒介分析研究的起始时间、发展阶段不同,更为重要的是,各国发展数字化新媒体的社会背景、国情也不同。因此,在这一研究领域中,国际学术界所经常关注的问题与我国学术界的关注热点也一定有所不同。例如,当本书初版的书稿完成之时,对于电子出版在学术性信息传播(scholarly communication)中的应用、对于网络空间中的虚拟社区等,国际学术界常有论及,但在我国学术界现实的媒介分析研究中,似尚未予以重点关注。关于前一问题,彼时在我国新闻传播学术信息沟通中,最主要的手段仍然是印刷传媒,这大约是促使关于电子出版与学术性信息传播的关系成为关注热点的重要因素。关于后一问题,鉴于当时因特网在我国的发展情况,离大多数人感受虚拟社区的存在,还有很大的距离。这影响到网络空间中的虚拟社区研究在我国的现实意义,它当时尚未成为我国媒介分析领域的热门选题,也就很自然。又如,就此次本书修订时所观察到的最新近的相关研究(2013年)而言,在2013年国际传播学协会年会上发表的论文中,仅与社交媒体相关的、论文题目中就提到诸如"社交媒体""脸谱网""推特网""博客"和"YouTube"之类的词语的,就有 180 多篇;①这些论文对社交媒体这一数字化新媒体的关注点和分析视角,是多种多样的,其中之一,即是从"行动主义"的角度分析"脸谱网"和"推特网"等社交媒体在某些"社会运动"中的作用(包括"资源调动"作用、对人群"协调整合"的组织作用、"动员"作用等)。而根据一篇综述论文,我国 2013 年这类研究的主题有"微博舆情、微博事件研究、微博数据挖掘、微博用户研究、意见领袖研究、微博互动研究、微博营销、微博信息发布、微博在企业实践中的应用、微博应用于竞争情报搜集、传统媒体官方微博的研究、微博问政"等。② 我国的微博事件研究,往往从微博的赋权(赋予公众更大的发言权)作用、微博事件的正负效应、微博事件与舆论效应之间的关系研究等角度展开,尽管提到以微博进行社会动员,但往往是在对微博事件进行分类、进行描述时提及,将之作为微博事件的一种,与国际上的关注视角有所不同。

在我国的传媒分析研究中,不但那些围绕传播技术新发展、传媒新发展展开的研究显示出追踪国际上的发展动向的特点,那些探讨媒介分析理论的研究,也是如此。例如,麦克卢汉的媒介理论,本已在达到顶峰后长期陷入低谷,但近年来,在信息传播新技术革命的浪潮席卷全球的新形势下,他的媒介理论再度受到国际学术界的关注,重新引起学术界的探讨。20 世纪 90 年代中期以来,在美国、加拿大等国,关于麦克卢汉及其媒介理论的书籍频频出现:1995 年,加拿大 McGill-Queens 大学出版社出版了朱迪斯·斯坦普斯(Judith Stamps)撰写的《改变对现代性的看法:英尼斯、麦克卢汉和法兰克福学派》;1996 年,加拿大多伦多大学出版社推出了格伦·维尔默特(Glenn Willmott)所著的《麦克卢汉,或逆向的现代主义》;1997 年,美国麻省理工学院出版社出版了保罗·本尼德提(Paul Benedetti)和南希·德哈特(Nancy Dehart)合编的《通过反视镜向前:有关麦克卢汉的看法和麦克卢汉提出的看法》,纽约 Basic Books 出版社出版了特伦斯·戈登(W. Terrence

---

① P. Kerkhof,"Social Media and International Communication Research," 2013, http://acsm-vu.nl/?p=613.
② 周金元等:《国内微博研究综述》,《情报杂志》2013 年第 9 期,第 46—51 页。

Gordon)撰写的《马歇尔·麦克卢汉:进入理解的出口》;1998年,加拿大Black Rose Books出版社出版了保罗·格罗斯威乐(Paul Grosswiler)所著的《方法即讯息:以批判理论重新思考麦克卢汉》;1999年,美国Routledge出版社出版了保罗·莱文森的《数字麦克卢汉:信息化新纪元指南》;2005年,美国Hampton出版社出版了爱德华·瓦克特尔(Edward Wachtel)所著的《麦克卢汉的遗产》;2010年,总部位于瑞士的Peter Lang国际学术出版集团的美国分部出版了罗伯特·洛根(Robert Logan)的著作《理解新媒介:延伸麦克卢汉》……一些广泛阐述信息传播新技术与传播新动向、社会新变迁等的书籍,也纷纷论及麦克卢汉的媒介理论。

以迅速沟通学术新信息为己任的学术会议和学术性刊物,也及时反映了学术界对麦氏及其理论的新兴趣。围绕麦克卢汉的媒介理论,1998年3月,在美国纽约福德汉姆大学(Fordham University)举行了为期两天的题为"麦克卢汉的遗产"的研讨会。来自美国、加拿大和欧洲一些国家的数十位学者,各抒己见,对麦克卢汉的媒介理论的要点和意义,进行探讨,尤其是结合因特网的迅速发展,对麦氏理论中的"冷""热"媒介区分说,按占主导地位的传播手段、媒介技术划分人类文明发展史的阶段的观点等,进行了新的分析。[1] 在麦克卢汉诞生100周年的2011年,在其诞生地加拿大的埃德蒙顿、他度过成长岁月的加拿大温尼伯和他执教34年的多伦多大学所在地多伦多,人们纷纷举办了关于其理论的研讨会。英国的一家文化、电影和数码创作中心The Watershed也在2011年主持了一系列研讨会和特别纪念活动。2011年10月,在德国柏林,举办了关于其媒介思想的国际研讨会。澳大利亚广播公司在脸谱网上推出了集中介绍纪念麦氏百年诞辰活动的"麦克卢汉项目"。在学术性刊物中,《加拿大传播学杂志》20世纪90年代后期以来一再刊登研究麦克卢汉媒介理论以及这一理论的重要源头——英尼斯的媒介理论——的论文。在该刊1998年第1期和第3期刊登的学术论文中,研究麦克卢汉媒介理论和英尼斯媒介理论的

---

[1] 转引自张咏华:《新形势下对麦克卢汉媒介理论的再认识》,《现代传播》2000年第1期,第33—39页。

论文几乎占了半数,其中包括以提出传播的仪式观而著称的詹姆斯·凯里(James Carey)的论文《麦克卢汉:系谱与遗产》。美国《传播学杂志》1998年也刊出题为《时下流行的对麦克卢汉的看法》的评论文章,对美国和加拿大近年来出版的关于麦克卢汉的书籍,进行了一番分析、评论。国际学术界对麦克卢汉媒介理论的新关注还在通过网络媒介进行的学术沟通中反映出来,因特网上出现了众多有关麦克卢汉的网页。

我国学术界在关于媒介分析理论的研究中也注意到了国际学术界的这一动向。在我国20世纪90年代以来的学术刊物和学术会议上,提出应重新认识麦克卢汉学说、认识其作用的论文有之,专门讨论麦克卢汉媒介理论的论文也有之。2011年,国内学界也"呼应世界各地的'麦克卢汉百年诞辰'纪念活动,借以推动大步前进的传播学研究和日新月异的'新媒介'研究"①。

从我国学术界媒介分析研究的现状来看,在理论方面,对我国的学术研究影响较大的恐怕要数麦克卢汉的媒介理论。虽然大多数媒介分析研究的成果似乎并没有直接引用麦克卢汉的著述,但是,我们从一个事实中可以看出,麦克卢汉的理论所提供的思路——从媒介技术的影响的角度考察传播科技与人类文明变迁的关系,影响着这些研究。这一事实就是,这些研究大多数都着重探讨传播新技术对大众传媒业乃至整个社会的影响。

我国近年来新闻传播学领域的学术成果发表、学术讨论等活动表明,在媒介分析方面,我国学术界并非一片空白。我们没有理由妄自菲薄。我国学术界在这方面已经起步,已涌现出相当多的成果,并且还将继续涌现。与此同时,我们也没有理由过高估计我国媒介分析研究的现状。在我国传媒分析研究的前期,存在大量以介绍性、描述性内容为主的成果,其中的分析、讨论偏重综合性、概括性。我们对此可以用"一切存在的,都是合理的"来概括,并且我们在前文中已经指出,在那一阶段,这类研究对发展我国媒介分析研究自有其不可忽视的作

---

① 何道宽:《麦克卢汉研究的三次热潮和三次飞跃》,"变革中的新闻与传播:实践探索与理论构建"研讨会论文,中国社会科学院新闻与传播研究所主办,2013年10月。

用,也符合学科建设积累的需要。但是,一切存在的,又并非"都是合理的"。事出有因的状况,并不总是等于理想的状况;今天能够发挥作用,也不等于将来还能发挥同样程度的作用。以介绍性、描述性内容为主的研究,较易造成同类研究的相互重叠。随着这一领域的研究的增多,研究的这一弱点,将会逐渐显现。好在从最近几年的情况来看,我国媒介分析领域的研究正出现分析性内容逐渐增加的趋势,而且专论式的、主题式的研究也已逐渐出现。概括、周全的讨论和分析,有利于对问题的基本方面的把握,而一旦同类讨论出现得较多,也易给人雷同的感觉。随着时间的推移,我们必然无法满足于这一现状,必然要逐渐把重心转移到宽广的视野和深化、细化的研究方向。笔者相信,只要我们面向未来,追求在现有研究的基础上有所突破,特别是针对大型项目较少、实证性研究偏少、理论深度尚有限、重大的理论突破缺乏的现状有所突破,必将在该领域获得更加具有创新意义和理论深度的成果。而如何在未来的研究中扎扎实实地积累资料,同时努力深入理论探讨,追求理论创新,将是我国新闻与传播学界在发展媒介分析研究的过程中需着力推进和完成的任务。

第八章 我国媒介新发展中数字化技术与社会背景的互动

在互联网和新一代互联网即移动互联网迅速崛起、引发新一轮的传媒竞争之际,研究国外传播学领域著名学者的媒介分析理论,固然有利于我们博采众长,为我们在理论上分析各种传媒及其发展提供启示与参考,然而同样不能忽视的是对变动着的社会传播环境中的传媒运作实践之考察。理论来源于实践。正是当年传媒业的蓬勃发展,为传播学者的理论研究,提供了取之不尽、用之不竭的源泉。麦克卢汉、威廉斯、梅罗维兹和贝尼格等学者,当年正是通过洞察传媒业的发展进程提出了各自的传媒理论。这些观点、视角不一的理论,凝聚着这些学者的睿智,至今仍可为我们进行传媒分析提供启迪。然而,这些理论毕竟都是以透视西方文明中的传媒业运作为基础的。中国传播学界要使自己的研究能为数字化时代新形势下我国传媒业的运作实践及我国传媒业在新世纪的发展策略提供指导,必须认真考察我国社会文化背景下的传媒实践,尤其是我国传媒业面对"互联网星系"的挑战采用的新实践。而基于数字化技术的多姿多彩的网上传播形式迅速发展的现实,无疑已为我们联系传媒新实践的研究提供了条件和广阔的空间。代表现时最先进的信息传播新技术的因特网和移动互联网已成为社会传播环境中一道新的风景线,这一现实不但构成了对传统大众传媒的挑战,而且已构成对传统的传播学理论中许多观点的挑战,因为这些理论大多来自对传统的大众传播实践的研究。面对这样的现实,我们认为,获自实证研究的信息,对于传媒分析尤显重要。

有鉴于此,本章作为本书的最后一章,拟以在我国当前的社会背景下,中国传媒业如何面对信息传播新技术为研究焦点。在本书初版时,笔者曾为此于1998—1999年上半年进行了一项探讨信息传播新技术,尤其是因特网技术和我国的大众传播之间的关系之研究,研究时段为此前五年。研究方法以访谈传媒界人士(及实地考察)和到我国传媒网站上进行浏览观察为主,以研读有关文献资料(包括网上资料)为辅。这项研究考察了中国大众传媒当时面对信息高新技术带来的挑战和机遇所做出的反应,探讨这种反应对中国大众传播的影响(以及由此导致的范围更为宽广的社会影响),并分析除了技术之外推动我国传媒业采纳新技术的主要因素。此次修订本书时,笔者于2014年4—7月再次展开了对我国若干传媒单位的有关人士的访谈。此外,本章中除了提供对于上述第一手研究的总结及有关数据、事实外,还包含一些二手数据和材料。

第一节 我国传媒业新近发展概况介绍

近年来,我国传媒事业迅速发展。伴随着改革开放以来我国政治经济文化的发展,传媒业在改革创新中不断取得新成绩。由于本书聚焦于媒介分析这一研究范畴,聚焦于对传播技术神话的解读,这里尤其想强调指出的是,顺应国际上信息传播数字化的新潮流,我国传媒业积极采纳以电脑技术、电脑联网技术和数字化通信新技术为突出代表的信息传播新技术,构成了我国传媒业发展中的一个突出现象。

一、改革开放较早时期我国传媒业发展一瞥:增量发展为明显特点

改革开放以来,我国的传媒事业发展显著。在2008年中国改革开放30年之际,曾有资深媒体人士对伴随着改革开放中国传媒走过的30年历程进行了一番研究,将这一时期中国传媒发展过程中的主题词归纳为"谋变、谋新、谋大、谋强"[①]。尽管自那时起又过了一些年

---

① 胡建红:《中国传媒30年之变与不变》,《传媒》2008年第11期,第26—29页。

头,但可说这些主题词对概括我国传媒业近年的发展依然基本有效,尤其是"谋变"之说可以说依然是非常清晰的一条主线。然而,由于这些主题词具有极为丰富的内涵,具体到不同的时间段,我国传媒业的发展除了具有这些共性外,还自有不同的特点。在中国进入改革开放的较早时期(笔者这里指的是1978年至90年代中期),媒体规模增大或者说增量是传媒业的变化发展的直观、突出的表现。一些关于媒体的数量式规模的数据,可以说明这一点,见表8.1。

表8.1　1978—1997年中国大众传媒数量[①]

时间 (年份)	报纸			广播		电视	
	种数	期发行数 (份)	总印数 (份)	电台数	收音机数 (台)	电视 台数	电视机数 (台)
1978年	186	4300万	128亿	93	750万	32	300万
1991年	1600	1亿5000万	213亿	724	2亿5000万	543	2亿7000万
1997年	2163	1亿8000万	392亿	1244	5亿	880	3亿

由于"文化大革命"期间我国传媒业严重受挫,在改革开放起步的1978年,我国媒体的数量甚少,当时我国报纸种数仅为186,无线电广播电台数仅为93,而电视台的数量,更是仅为32。1978年12月中国共产党十一届三中全会的召开,标志着中国进入了改革开放的新时期,各个领域出现了蓬勃发展的态势,新闻传媒领域当然也不例外。此后10年之内,报纸跃升为1000多种(1080种[②],1987年数据),广播电台增至278座[1986年年底数据,获自《中国新闻年鉴(1987)》,中国社会科学出版社1987年版],电视台的数量更是翻了10多倍,跃升至400多座(1988年9月数据[③])。到20世纪90年代初,媒体数量再次有了大幅度的增长。这种以增量或扩规模为特点的发展形式,此后数年也依然保持。当然,这种增量型的变化也不仅限于最表象、最直观的媒体数量的增加。它还表现为传媒业功能的拓展——从仅突出强

---

①　张国良:《二十世纪九十年代以来中国大众传媒状况的变化》,"第二届两岸传播媒体迈向21世纪学术研讨会"论文,1999年10月29日—11月4日,南京大学—上海交通大学。
②　转引自张咏华编著:《大众传播学》,上海:上海外语教育出版社1992年版,第94页。
③　转引自上书,第124页。

第八章 我国媒介新发展中数字化技术与社会背景的互动

调宣传/意识形态功能到在重视宣传功能的同时也重视信息功能、娱乐功能、社会整合功能和服务功能等，还表现为版面、种类、栏目、内容范畴的拓展、新增以及细分。在版面、栏目、内容范畴方面，《人民日报》于1980年推出了名为《今日谈》的小型言论版，1985年又推出了《每周论坛》（后改名为《人民论坛》）。《新民晚报》于1986年即实施了改革开放后的第一次扩版，由原来的6版扩大为8版，在原有4个新闻版和两个《夜光杯》版面外增设了11个专版，即《市场之窗》《东西南北》《读者之声》《博闻》《康健园》《读书乐》《家事》《科学馆》《天下事》《娱乐》《长稿》（后改名为《五色长廊》）等。1992年，"《广州日报》扩至12版，《文汇报》《福建日报》《黑龙江日报》扩至8版，直接带动280多家报纸在随后的两年里相继扩版"①。1993年，中央电视台开播时长为45分钟的杂志类新闻栏目《东方时空》。在种类的拓展和新增、细分方面，1980年，解放日报社创办了综合性的文摘报《报刊文摘》。又如，伴随着经济改革中证券交易现象的出现，《上海证券报》于1991年诞生。经济类报纸在那段时间的蓬勃发展在种类的细分上得到了充分反映。据有关文章介绍，1994年中国有214种经济类报纸，具体包括：综合经济类报纸60种；商贸物资类报纸53种；产业经济类报纸22种；财税金融类报纸20种；市场信息类报纸38种；中外投资经济类报纸16种；国际经济类报纸5种。② 此外，尽管我们也许可以说相对而言的变"大"是那段时间我国传媒发展最明显的特点，但这并不意味着这一领域的发展缺乏其他方面的变迁。事实上，表述形式和管理、经济运营等方面的传媒变革，也在我国改革开放后不久即逐步彰显。在表述形式上，"一句话新闻""信息窗"等突出短小精悍这一特点的报道形式，深度报道、系列报道等重视报道深度、广度的形式纷纷出现。就管理、经济运营模式的变革而言，我国扬起改革开放的风帆后，《人民日报》等数家报纸于1978年年底率先实行"事业单位，企业化管理"的模式，我国的传媒管理体制改革由此拉开了序幕。到我国正式提出建立社

---

① 董宽：《纪念改革开放30周年特稿 在改革的年代里成长进步》，《新闻三昧》2008年1—2合刊，第7页。
② 参见朱志珍：《改革开放以来经济报纸发展概述》，《大学图书情报学刊》1994年第2期，第22—23页。

会主义市场经济体制的目标的1992年,当中国报业协会在江西举行全国报社经营管理经验交流会时,"报业经济"的说法已在会上提出,这被认为是这一概念"第一次公开在带有浓厚官方色彩的会议上得到承认"①。与此相连,在改革开放前被认为与"商品""产业""市场"无缘的传媒业,其产业属性、其产品的商品属性逐渐得到承认,其面向市场的运营方向也逐渐明晰。有关管理部门的一些政策性文献反映了这一历程。例如,1988年3月新闻出版署、国家工商行政管理局颁布了《关于报社、期刊社、出版社开展有偿服务和经营活动的暂行办法》,明确了报社、期刊社、出版社可以兼营广告,可以向社会提供有偿服务,为报业等确立了多种经营的方针。又如,国家广播电视部于1983年召开了第十一次全国广播电视工作会议,会上提出了"以新闻改革为突破口,开展多种经营"的方针;1987年,国家科委将"新闻事业"和"广电事业"纳入"中国信息商品化产业"序列,由此可见国家对其产业属性的认可;1992年6月,中共中央和国务院发布了《关于加快发展第三产业的决定》,把广播电视业归属第三产业。随后,在1993年,国务院发布《关于加快发展第三产业的决定》,把"报刊经营管理"正式列入第三产业。② 可以看出,至此,伴随着我国社会主义市场经济发展目标的确立,我国传媒业在运营、经营方面自负盈亏,走向市场的路径已经很明确。

二、20世纪90年代中期后我国传媒业发展一瞥:向强调优质高效和集约化发展

进入20世纪90年代中期后,我国报业和广电业在经济发展、科技进步等因素的推动下,进入了新的发展阶段。在这一阶段,媒体走向集团化发展和积极采纳信息传播高新技术可说是我国传媒业发展变化内涵中的重头戏,后一点充分展示出科技因素与我国传媒业发展的关联。鉴于本书的聚焦点与传媒技术的发展紧密相关,在这里尤其值得一提的是,20世纪90年代中期,伴随着世界范围内建设信息高速公

---

① 董宽:《纪念改革开放30周年特稿 在改革的年代里成长进步》,《新闻三昧》2008年1—2合刊,第7页。
② 参见《建国六十年中国传媒发展大事一览》,《传媒》2009年第10期,第29—35页。

路的热潮以及国际互联网/因特网的发展在我国进入开放性的商用化阶段(1995年),我国传媒业的许多"谋新"之举,都与以因特网技术为代表的数字化信息传播高新技术有关。

在这一新的发展阶段,在国家传媒政策的指引下,我国报业"由规模数量型向优质高效型转移,由粗放型向集约型转移"[①]。自1996年起,我国传媒业界陆续组建了广州日报报业集团、光明日报报业集团、经济日报报业集团、南方日报报业集团、羊城晚报报业集团和文汇—新民联合报业集团等报业集团。到2002年年底,我国已成立了39家报业集团。[②] 就技术方面来说,获益于我国报业经济效益的提高和广告收入的增多,报业的技术设施得到更新。据《中国新闻年鉴(1997)》提供的材料,1996年全国绝大多数报社都已采用了激光照排和胶版印刷等先进技术,不少报社实现了微机联网,将编采手段推向现代化。[③] 1998年以来,我国报业开始采用电脑直接制版技术。《羊城晚报》于1998年5月领先一步采用了电脑直接制版技术(CTP技术)。《北京日报》尾随其后,于翌年10月引进了这一技术。此后,《湖北日报》、上海《文化报》《新民晚报》《浙江日报》等在2000年先后采用了这一技术。至21世纪初期,电脑直接制版技术已逐步向全国推广。[④] 报纸的编辑过程走向计算机化,传稿走向网络化……而我国媒体上网建立网站的实践,也在这一阶段起步并迅速发展。到20世纪末的1999年,我国建立独立域名的新闻机构已达700多家。[⑤]

在这一新的发展阶段,广播业努力提高广播人口覆盖率,并增加投入,改进技术设施,提高各级广播机构的节目制作能力。如:广播电影电视部展开了与欧共体合作的国家重大产业科研项目——数字音频广播(DAB)项目,于1996年建成DAB实验室。1996年12月15

[①] 《中国新闻年鉴(1997)》,北京:中国新闻年鉴杂志社1997年版,第37页。
[②] 周鸿铎等:《传媒集团运行机制》,北京:经济管理出版社2005年版,第1页。
[③] 《中国新闻年鉴(1997)》,北京:中国新闻年鉴杂志社1997年版,第37页。
[④] 王振铎:《中国报业技术发展综述》,宋建武主编:《中国报业年鉴(2004)》,北京:中华工商联合出版社2005年版,第683—688页。
[⑤] 转引自闵大洪:《中国网络媒体的发展》,http://www.cjr.sina.com.cn,访问时间:2000年9月2日。

日,DAB广东先导网开播,这是亚太地区第一个 DAB 先导网。[①]《中国广播电视年鉴(1998)》提供的数据表明,当时我国广播的覆盖率已达85.8%。到 2003 年年底,我国广播的覆盖率已达到 93.56%。电视业也努力扩大其覆盖面,通过一批大中型骨干发射台、转播台改扩建工程,加上节目上(卫)星的进展,全国电视覆盖率大大提高。根据《中国广播电视年鉴(1998)》提供的数据,当时我国电视覆盖率已达87.4%。到 2003 年年底,我国电视的覆盖率已达到 94.82%。[②] 此外,自 1999 年起,广电传媒也迈开了集团化发展的步伐。1999 年 6 月,无锡广播电视集团挂牌成立;2000 年 12 月,湖南广播影视集团成立;2001 年,上海文化广播影视集团、北京广播影视集团等相继成立,中国广播影视集团也在 2001 年 12 月挂牌成立。[③] 另外,随着投入的增多及设备的改善,如兴建或改造广播电视制作中心、采用电脑播控技术等,我国电视机构的节目制作能力大幅度提升。有线电视业努力进行有线电视网更新改造和多功能开发,网络结构由早期的同轴电缆网逐渐转换为光缆、电缆混合网,信息传输方式从模拟单向传输逐渐过渡为数字双向传输。有线电视的功用从 20 世纪 90 年代后期起已从传输电视节目拓展到还可以开通会议电视、数据通信及实现电脑联网。在1997 年 4 月于深圳举行的国家信息化工作会议上,有线电视网、公用通信网、电子计算机网(电脑网络)被列为三大国家信息网络。[④] 世纪之交时,我国正着手建立依托数字化传输等高新技术手段的电子点播网络,并开始进行网络电视方面的探索。一些城市进行的有线电视网的双向改造在 20 世纪末已取得显著成果,其中包括上海双通道有线电视开通工作中的显著进展。

在世界范围内信息高速公路建设的推动下,随着我国的互联网建设的迅速发展,我国传媒机构自 20 世纪 90 年代中期起纷纷上网,相继

[①] 《中国新闻年鉴(1997)》,北京:中国新闻年鉴杂志社 1997 年版,第 37 页。
[②] 关于广播和电视的覆盖率的数据,分别引自《中国广播电视年鉴(1998)》,北京:北京广播学院出版社 1998 年版和《中国广播电视年鉴(2004)》,北京:中国广播电视年鉴社 2004年版。
[③] 周鸿铎等:《传媒集团运行机制》,北京:经济管理出版社 2005 年版,第 1 页。
[④] 《中国新闻年鉴(1997)》,北京:中国新闻年鉴杂志社 1997 年版,第 47 页。

出现了报刊网站和广播电视网站。自 1995 年《中国贸易报》率先登上因特网发布网络版以来,经过这些年的发展,新闻网站已成为我国新闻传播业中一股不容忽视的信息力量。根据我国网络传播研究者闵大洪 2004 年在"第四届中国网络媒体论坛"上的介绍,中国网络媒体经过数年的发展,尤其是自 2000 年以来的快速发展,已经形成完整的布局。从中央到地方,有三个梯次/层次:中央重点新闻网站、省级重点新闻网站和中心城市(指省会城市和计划单列市城市)新闻网站。大量的媒体网站和专业新闻网站,更是构成规模可观的网络新闻传播矩阵。①

可以看出,我国传媒业发展的着力点从那段时间起已从增量逐渐转向质量提升和竞争力提升。

近年来,伴随着我国改革开放的深入,我国传媒业作为范畴更为广泛的文化业的一部分,其发展又迈上了新台阶。近年来,我国传媒业的发展变化,更突出创新,更突出"做强",并且是具有全球化视野的"做强"。可以说,我国传媒业正在通过多方面的改革创新,打造自身转型的"升级版"。在主管部门有关政策和纲领性文件的引领下,我国的文化体制改革于 2003 年拉开序幕。2003 年 6 月,中央召开文化体制改革试点工作会议,确定北京、上海、广东、浙江等九个省、直辖市为综合性试点地区。在试点工作展开几年后,2006 年 1 月 28 日至 30 日,中央召开全国文化体制改革工作会议,提出了文化体制改革试点工作扩展至全国有条件的地区的精神,由此启动了文化体制改革向全国推广……目前,大力推进作为文化业一部分的传媒业的发展、通过改革创新打造强大的传媒业正处在进行时。

表 8.2 展示的是 2001 年至 2013 年的中国大众传媒数量。将表 8.2 同表 8.1 做一简单比较就可看出,近年来中国媒体的数量已不像改革开放较早时期那样呈现快速增长的态势。

---

① http://it.china.com.cn/market/mtlt/410341.htm.

表 8.2 2001—2013 年中国大众传媒数量[①]

年份	种数	期发行数（份）	总印数（份）	电台数	电视台数	广播电视台*
2001 年	2111	18130.48 万	351.06 亿	304	354	1272
2002 年	2137	18721.12 万	367.83 亿	303	358	37＋1375（县级；转播）
2003 年	2119	19072.42 万	383.12 亿	308	363	37＋1441（县级；转播）
2004 年	1931	19549 万	412.6 亿	282	314	1913
2005 年	1938	19703 万	424.5 亿	273	302	1932
2006 年	1938	20545 万	438.0 亿	267	296	1935
2007 年	1943	21155 万	442.9 亿	263	287	1993
2008 年	1937	20837 万	439.1 亿	257	277	2069
2009 年	1939	21438 万	452.1 亿	251	272	2087
2010 年	1928	21517 万	467.4 亿	227	247	2120
2011 年	1918	22762 万	482.3 亿	197	213	2153
2012 年	1931	19549 万	412.6 亿	169	183	2185
2013 年				153	166	2207

*广播电视台是指那些广播和电视合在一起的广电传媒机构，一般为地、县级。

媒体数量上的持平和减少并非暗示我国传媒业发展的停滞不前，而是由于在新形势下中国传媒业已转而着力于质量提升、竞争力提升，以及转型升级做强自身。可以说，近年来我国传媒业的发展，凸显的主要是对质的突破的尝试，深化改革、创新转型和重组整合堪称我国传媒业近年来发展进程的主线。"转企改制""两分开"（时政类报刊实行编辑业务和发行经营业务分开）、"制播分离""跨界发展"（跨地域、跨媒体、跨行业发展）、"媒体融合"/"全媒体"等是这段时间以来频

---

① 表 8.2 中的数据，关于报业的，2001 年至 2003 年的数据获自中国新闻年鉴社出版的《中国新闻年鉴》(2002)(2003)(2004)，2004 年至 2013 年的数据获自中国统计出版社出版的《中国统计年鉴》(2005)(2006)(2007)(2008)(2009)(2010)(2011)(2012)(2013)；关于广播电视的，获自中国广播电视年鉴出版社 2002—2013 年出版的《中国广播电视年鉴》。

频出现的传媒业相关热词。不论是报业还是广电业,都在深化改革的路上前行。在管理和运营上,近年来体制机制改革在传媒业中深入展开,体现为报业的"转企改制""两分开";广电业由"制播分离"切入"转企改制"。目前,这种改革还在继续深化,带来结构、资源上的进一步重组整合,形成了新一轮的深化了的集团化改革。以上海为例,2013年10月8日,由解放日报报业集团和上海文汇新民联合报业集团合并组建的上海报业集团宣告成立,其旗下拥有30多种报刊、两家出版社,并且还有一系列具有新闻登载资质的网站、近20个App应用及超过50个微信公众账号,大量涉及新媒体业务。其"战略发展方向被概括为'三新一高'——新技术的运用、新媒体的发展、新领域的拓展、高水平的服务保障"[1]。上海报业集团成立后,整合资源优势很快就在其新媒体战略中得到了显现:2014年7月22日,该集团旗下《东方早报》团队打造的"澎湃新闻"客户端正式上线。据有关文章介绍,这一客户端迅速因锐利的观点、深入的调查、有分量的文章而走红。[2] 继上海报业的集团化在整合方面的突破后,上海广电业也在集团化改革的深入中展开大动作。被称为"大文广"的上海文化广播影视集团和被称为"小文广"的(上海广播电视台全资子公司)东方传媒集团有限公司实行整合,改制建立新文广集团——上海文化广播影视集团有限公司,于2014年3月31日正式挂牌。新的文广集团成立后,紧锣密鼓地实施新一轮改革,在保持上海广播电视台事业体制不变的基础上,对旗下的经营性资产进行全面整合。

在技术创新方面,进入新世纪以来我国传媒业积极采纳数字化新技术。如果说当年发布网络版是最新潮流,那么,今天这些早已不再新奇,媒体官方微博、微信公共账号、客户端、二维码应用、云端阅读服务等成为近年来传统媒体进行媒体融合/"全媒体"传播的新方式、新平台。例如,从上海报业和上海广电业新一轮的集团化改革实例中可以看出,近年来我国传媒业的新发展深化了体制机制改革创新的内

---

[1] 邱曙东:《"澎湃新闻"正式上线 上海报业集团借新媒体谋裂变》,《中国新闻出版报》2014年7月31日。
[2] 同上。

涵,也深化了技术创新的内涵;体制机制、管理运营方式向多元化经营的、符合现代企业制度要求的媒体集团转型与技术上的数字化转型交织在一起。

三、理论的研究尝试

事实证明,我国改革开放以来,尤其是 20 世纪 90 年代中期以来传媒业的发展,与信息传播新技术的应用分不开。因此,我国社会文化背景下的信息传播新技术与大众传播的关系,理应成为我国传媒研究分析的重要的应用性论题。有鉴于此,笔者曾在为本书初版准备书稿而进行的研究过程中展开了一项媒介发展、传播新技术的影响及社会背景之相互作用的研究,立足于我国现实,以我国若干城市为例。此次在修订的过程中,又尽力在一定程度上延续了同类研究。展开这项研究的目的有二。其一,通过对数字化信息传播高新技术与我国大众传播之间的关系略加探讨,奉上自己对于我国传媒在面对数字化浪潮带来的挑战和机遇时的应对情况、采用信息传播高新技术在大众传媒运作中的影响,以及影响这一采纳过程的社会环境中的动力因素等问题之零星思考,以期引起学术界对于我国传媒业紧跟数字化、网络化的世界潮流迅速发展的现象予以更多关注,引发更为成熟的思考、探索与论述。其二,尝试将有关媒介分析的理论研究与现时我国传媒业的实践相联系。

根据上述研究目的,笔者选择了强调传媒社会历史背景的宽广的思考框架,而不是仅限于奉行某一种理论。在研究方法上,考虑到来自实证研究的信息的重要性,本项研究中力求使用带有实证色彩的方法。为此,笔者选择访谈传媒界人士(及实地观察)和访问传媒网站为采集信息的主要方法。但是,本项研究中并未排除文献研究法,也加以利用,以便通过对有关文献(包括网上资料)的研究,吸收其他学者的有关研究成果,并从中获得有助于解释通过访谈法和网上观察法收集到的资料数据之信息。

传播学中关于传媒技术和传播发展的理论,可谓丰富多彩。而人们首先想到的理论家往往是麦克卢汉。确实,麦克卢汉将新媒介/技术视为文化进程中的决定性动力的理论,当时对学术界与普通公众均具吸引力。在学术界,不少学者对以传媒内容为焦点的研究久居传播学研究主导地位的现象感到不满和厌倦,他们从麦克卢汉的理论中,找到了一种新的研究思路,即从媒介技术而不是从媒介内容中去探视传媒的影响。

但是,如前所述,麦克卢汉及其理论似一阵旋风刮过之后,很快受到了一些学者的批评。例如,著名美国传播学者凯里和威廉斯。

20 世纪 90 年代以来,麦克卢汉的媒介理论进入新一轮的熠熠生辉阶段。

我们可发现许多学者在并非讨论和评价麦克卢汉的场合所表达的有关信息传播技术的观点。例如,在 20 世纪 80 年代后期,世界闻名的美国传播学大师施拉姆评论说,"显然人类传播中正发生某种崭新的事情……名称并不重要,重要的问题在于:人类传播中每次主要的发展都由信息传播技术中的一种主要的新发展而起始"[①]。施拉姆是在信息传播技术的发展剧烈加速时发出这一评论的。他对麦氏的理论是持批评态度的,但他的这番话显然肯定了传播技术在推进传播发展中的重要性。又如,斯蒂文森(Robert Stevenson)1994 年在其著作《21 世纪的世界传播》中提出,"技术是信息革命之母"[②],也肯定了技术在传播活动发展进程中的重要性。

当然,每种自成体系、自成一家之言的理论都自有其关注焦点而不必面面俱到,诚如梅罗维兹在总结媒介研究的不同视角、思路时所指出的,学术界就解释媒介作用形成了基于不同视角、思路的叙事,这些提供了对于"传媒对我们或为我们做了什么"的不同解答方式,每种叙事"至少在其宽广的维度上"是"真实正确的",但又"显然是不完整的"。[③] 传播新技术的重要性在当下社会中的凸显,并不意味着麦克卢汉的理论所展示的"技术学派"的视角是媒介分析中完整的、唯一的理

[①] Frank Biocca, "Communication Research in the Design of Communication Interfaces and Systems," in *Journal of Communication*, Autumn, Vol. 43, No. 4, 1993, pp. 59 – 63.

[②] Robert Stevenson, *Global Communication in the Twenty-first Century*, New York: Longman, 1994, p. 317.

[③] 参见 Joshua Meyrowitz, "Power, Pleasure, Patterns: Intersecting Narratives of Media Influence," in *Journal of Communication*, Vol. 58, No. 4, 2008, pp. 641 – 663。

论视角。本书中讨论到的多种理论视角，尽管难免挂一漏万，但至少说明媒介分析领域的研究者智慧，已生产出丰富多彩的、各有其洞见的理论视角。

面对媒介分析领域的理论现状，笔者感到，就笔者展开这项关于媒介发展、传播新技术的影响及其与社会背景的相互作用的研究之目的来说，麦克卢汉的理论和威廉斯的理论尤其具有代表性——它们代表着研究信息传播技术与传播发展进程及与整个文化发展进程的关系之两种考察角度截然不同的思路。按照麦氏的思路，在解释人类社会发展时，技术即使不占据全部位置也占据中心位置。虽然在以往的历史条件下麦克卢汉的理论受到的"唯技术决定论"的批评未必不无偏颇，但从总体上来看，麦克卢汉的理论的确大谈传播技术对社会变迁的影响而并未反过来问一下诸如社会决策、经济力量等社会因素是如何影响传播技术的发展和应用过程的。也就是说，在传播技术与社会变迁的关系这一问题上，麦克卢汉的理论似乎倾向于将媒介技术视为一贯是变迁的动因。他的理论对于唤起人们对各种媒介技术的特点以及在社会中占支配地位的媒介技术的效果之关注，功不可没，而且他对这些问题的分析显示了深刻的洞察力。然而，对于研究范围更为宽广的社会环境来说（媒介技术在宽广的社会环境中一方面充当引起变化的角色，另一方面同政治、经济、文化等产生互动并受后者的影响），他的理论却不足以提供充分的解释。例如，他的理论无法帮助我们解释：虽然印刷术的发明在中国远远早于在世界上的其他任何地方，但是为什么这一技术却并未在中国被广泛应用？说到底，技术不能解释复杂的人类历史进程中的一切。

在威廉斯的著作中，我们发现的是一种试图在关注技术与文化形式时保持平衡的研究思路。威廉斯的理论在涉及决定论问题时十分审慎，并且强调的不是传播技术本身而是传播技术的社会应用以及应用过程中涉及的社会决策。威廉斯的理论有助于我们认识信息传播技术和人类传播发展进程的关系中被麦克卢汉的理论所忽视的那一部分：技术应用背后的社会因素。当前传播技术正经历重大发展，所以技术发展的重要性很容易成为人们关注的中心，而问题的另一方面则有可能得不到足够的关注。出于这一考虑，我们在不否认麦氏的深远洞察的同时,感到有必要在本研究中吸收威廉斯的理论中的有用成分。因而,我们在展开这一针对我国当下传媒现实与社会背景的关系的研究时,理论的主要来源是麦克卢汉和威廉斯的理论。

四、研究问题、研究点和对传媒机构的选择

在本书初版中展开的那项研究涉及的问题主要可归纳为如下几条:

(1) 传媒机构是否正在积极地采纳信息传播新技术,以此作为适应变动着的传播环境的对策?它们是否已开始提供网上信息服务?如果正在积极提供的话,是何时开始提供的?

(2) 传媒从业人员对于传媒机构所采纳的新技术的利用率如何?例如,他们是否经常使用电脑数据库?

(3) 在过去五年中,传媒机构采纳信息传播新技术较快的时期是何时?促使它们这样做的主要原因有哪些?

(4) 受众对已上网的传媒机构所提供的网上信息服务的访问情况如何?受众对这些网上信息服务的反馈如何?

(5) 传媒业界人士是否认为运用卫星技术、电脑技术、网络技术等信息传播新技术有助于传媒机构赢得更多的受众及扩大社会影响?

(6) 传媒业界人士是否认为传媒机构提供网上信息服务会对传媒机构之间以及传媒机构与其他单位的联系、关系产生影响?如果会,将会如何产生?

(7) 传媒业界人士如何看待传媒机构的传统作用同传媒网站提供的网上信息服务之间的关系?是否认为因特网的挑战会导致传统的大众传媒的消失?

(8) 传媒业界人士认为传媒机构采纳因特网技术将会对其运作实践产生什么影响?

此次本书修订时展开的后续研究所涉及的问题大致如下:

(1) 在媒体机构纷纷着手打造"全媒体"(或者说进行"媒体融合")的当下,被访者所在的媒体机构想必也是如此。该机构在着手"媒体融合"/"全媒体"建设方面已经展开了哪些工作?下一步计划展开哪些工作?

（2）该媒体机构最近五年来在采纳数字化传播技术时有哪些新进展？（例如：推出官方微博或微信公共账号、手机报/手机音频/手机视频，更新非线性编辑系统，推出云阅读、客服端等。）

（3）他们认为推动其所在媒体机构不断采纳数字化传播新技术的主要原因有哪些？

（4）该媒体机构是否与新媒体网络平台合作提供增值服务？如果是，合作提供的增值服务主要有哪些？

（5）该媒体机构现已建立哪些网（包括移动互联网）上内容发布平台？受众对这些平台的评价如何？

（6）过去五年中，该媒体机构在采纳数字化传播技术、向媒体融合（或者说"全媒体"）迈进方面进展最快的是哪年？主要原因是什么？

（7）他们如何看待其所在媒体机构的新媒体业务同传统的媒体业务之间的关系？

（8）就经济运作模式来说，他们的新媒体业务经济效益如何？这种业务的经济收益的主要来源是什么？

（9）该媒体机构在转型过程中，在移动互联网的大背景下，是否在计划孵化一些新媒体的"拳头产品"？他们认为这些产品将如何与其他媒体的新媒体产品相区别，从而占据市场优势？

（10）该媒体机构如何搭建新媒体团队？

鉴于城市的代表性和独特性，本书初版时选定了五个城市为研究点。按采访时间顺序排列，它们是：上海、广州、深圳、北京和杭州。北京、上海、广州作为中国的重要城市，成为研究点的理由显而易见。深圳作为改革开放以来迅速崛起的沿海城市，杭州作为著名旅游城市，也各自有其重要性。

由于时间等方面的限制，在研究点中还有必要做进一步的选择，即选定一些传媒机构作为采访对象。这项选择以如下原则为指导：力求将不同种类的媒介机构包括进去。既有印刷传媒机构，又有电子传媒机构；既包括晨报，又包括晚报；既有面向一般公众的综合性报刊，又有以特定的受众群体为主要传播对象的报刊（如《浙江青年报》）……

十余年后修订此书时，数字化信息传播高新技术及其应用有了许多新发展。因而笔者勉力延续当初的研究思路,再度展开了对若干传媒机构的人士的访谈。受制于时间、当初立项的项目阶段早已过去等原因,新版未能完整地再度以上述五个城市为研究点,而只是在有限的条件下以上海为主,兼顾首都北京和毗邻上海的杭州,对这些区域的若干传媒机构的相关人士展开了访谈。

第二节 我国传媒业面对的数字化带来的挑战和机遇

在世纪之交所展开的访谈中,笔者在选定作为研究点的城市中,根据实际情况,分别使用面访法和邮寄问卷法两种不同的方式。与此相应的是,问题的设计也使用了两种不同的方式。在当面访谈中,所有的问题均是开放式问题,以便被访者做出有深度的回答。在以邮寄问卷法展开的访问中,除了在研究早期对上海的《文汇报》进行的访问外,问卷设计均采用了开放式和封闭式问题相结合的方式。

鉴于当时在实施传媒访谈时在上海同在其他研究点所使用的访谈方式与提问的问题类型不同,下面拟将在上海的访谈结果的发现同在其他研究点的访谈结果的发现分开描述。

在修订本书时展开的延续研究中,笔者基本上采用的是电邮问卷访问的方式,唯有对新的文广集团东方广播中心路军副主任的访谈采用了面访的方式。主要采用开放式的问题,仅穿插个别封闭式问题。对延续研究中展开的访谈结果的发现,将全部放在一起讨论。

一、对世纪之交传媒人士的访谈的发现:上海

本项研究访谈了五家上海的传媒机构:上海人民广播电台、上海电视台、上海东方电视台、《文汇报》和《新民晚报》。除了对《文汇报》的访问采用的是邮寄问卷法外,对其余几家上海传媒机构的访谈均为面对面访谈。访谈发现,上海的传媒机构自 20 世纪 90 年代起积极地采用了信息传播新技术。卫星技术的采用在上海传媒中开始得较早,上海人民广播电台、上海电视台和上海东方电视台这三家上海广电传媒机构均在笔者 1998 年前去访谈时已使用卫星技术多年。1998 年上海在采用卫星技术方面又有新进展——建立了卫星电视频道,于 1998

年10月初开始运作。此外,卫星技术以其迅速传递信息的高效能,也为上海的报刊机构所运用。例如,《新民晚报》采用卫星技术,向该报分布于海内外的16个分印点传输版面。卫星传版使该报省去了在各地建中心站的巨大投资,同时保证各分印点及时收到版面。① 电脑技术在上海传媒机构中也已得到广泛应用。上海人民广播电台使用电脑工作室(Audio Work Station),实现了采访、制作、编排、播出的电脑化运作。在"数字化存储、数字化传输、电子化交换"原则的指引下,上海人民广播电台在其传输系统中运用光纤技术,采用一种自愈式光纤环网,将广播节目从播控中心传输到发射台,该光纤环网可同时传送数字化节目和模拟节目。② 上海东方电视台已采用了多种电脑技术,尤其是多媒体技术,包括非线性编辑技术、虚拟技术、三维技术和动画技术等。通过对电脑技术的特殊利用,东方电视台实现了非线性编辑,将节目录入电脑硬盘,并通过电脑系统进行播出,使修改和编辑节目十分简便、迅捷,并且必要时可很容易地反复修改和编辑。上海电视台早在20世纪80年代就尝试运用电脑,但由于当时电脑技术尚不够成熟,而且上海电视台的员工尚缺乏电脑方面的技术训练,当初的尝试成效不大。然而20世纪90年代中后期,随着电脑技术的迅速发展,上海电视台再度采用电脑技术,并很快取得了很大进展。例如,其新闻部约于1995年开始使用电脑技术进行写稿和查询,其广告部和财务部20世纪90年代后期也已采用电脑技术进行数据处理。在上海的报刊机构中,在新闻工作流程中使用电脑技术的实践更早一些。据1994年第12期《新闻记者》介绍,在较早提倡记者使用电脑写作的文汇报社,至1994年12月,记者家庭电脑拥有率已达50%。在1998年的访谈中,《文汇报》已在工作流程中使用电脑内部网络技术,实现了工作流程电脑化,使记者的稿件实现了由电脑输入→部主任在电脑上审核→编辑进行电脑拼版→车间上版面。③ 《新民晚报》于1996年建

---

① 《新民晚报》计算机技术中心副主任薛晓逊接受笔者访问时答笔者问,1998年4月8日。

② 上海市广播电影电视局技术中心广播技术部副主任诸冶伦在接受笔者访问时答笔者问,1998年3月31日。

③ 《文汇报》计算机中心工程师周虹书面答笔者邮寄问卷中的问题,1998年3月。

立了"家庭发稿系统",为每个记者家庭配备了电脑,记者可在家中通过电话和调制解调器将其电脑与报社的电脑网络连通,将稿件发送至报社。《新民晚报》规定,隔天新闻必须在清晨7时半前传到报社的网上,编辑修改后直接上版面,省略了录入、校对两个环节。①

上海的传媒机构20世纪中后期以来纷纷建立电子数据库,并因而使其工作获益。上海东方电视台建成数据库(笔者访问时数据库所储存的尚仅限于文本数据)后,使用率很高。《文汇报》于笔者访谈之日数年前即已建立数据库,后来,数据库的内容有很大扩展,在1998年3月笔者进行访问时,数据库已不仅覆盖该报本报的资料,还包含《人民日报》《光明日报》《解放日报》等十余家新闻传播机构的资料。至1998年,《新民晚报》建立数据库已有五年的历史,已在发挥方便资料检索和有助于报社的高效管理之作用。

1998年对于上海传媒而言堪称"上网热"之年。五家被访的上海新闻机构均在1998年开始迈出上网的步伐。《文汇报》于1998年1月26日开始推出网络版,并迅速赢得了公众的兴趣。当时的数据表明,每天平均有近千人上网访问。与该报印刷版相比,《文汇报》网络版提供了优秀的检索服务,读者只要键入指令,很快就能找到自己感兴趣的资料。此外,相较于外省市不能及时拿到印刷版《文汇报》这一点,网络版清楚地显示出自己的优势:据该报计算机中心周虹女士当时介绍,只要连通上海热线,每天上午10时后就能从网上收到《文汇报》的全部内容。《文汇报》科技版还另有单独的网点,由《文汇报》科技部和Shanghai InfoService Tower Net 联合建立,除了提供该报"科技文摘"的内容外,还充分利用电脑技术的互动性特点,邀请网上读者通过电子邮件发送反馈信息并开展网上调查。《新民晚报》于1998年12月正式推出其网络版。上海东方电视台1998年迈出上网的步伐后,初时通过《上海之窗》将其"东视经济新闻"搬上网,数月后又建立了自己的网站,网址为http://www.otv.sh.cn。上海电视台也于1998年建立了自己的网站,当时即计划不仅将其节目内容的文本形式搬上网,而

---

① 《新民晚报》计算机技术中心副主任薛晓逊接受笔者访问时答笔者问,1998年4月8日。

且要做到部分内容有图像、声音；尤其力求节目预告集文字、图像、声音于一体。上海人民广播电台于1998年春节期间首次进行上网尝试，将其新春特别节目通过"上海之窗"网站推上网。

随着上海传媒机构采纳电脑和网络技术的进程的发展，对于新闻从业人员的电脑操作技术培训在上海媒介机构中引起了高度重视。例如，当笔者访问新民晚报社时，一批编辑正在接受电脑技术培训；当笔者访问上海电视台时，该台正计划在其员工中广泛开展电脑操作技术方面的培训。尽管上海传媒机构在提供网上信息服务方面当时尚处于发展初期，但是它们均认识到电脑互联网络在促进其工作方面具有很大的潜力，并且相信采用互联网络技术有利于扩大传媒的社会影响力。《文汇报》计算机中心工程师周虹女士提到《文汇报》上网后，E-mail技术的运用使读者反馈瞬间即能传向报社，使报社感觉与读者的距离被"大大拉近"。其科技版的记者和编辑尤感上网使其工作获益，因为上网后信息更多、更新，从而有利于该报更好地发挥其信息功能。

关于传媒采纳信息传播新技术的过程的进展，对于《文汇报》而言，1997年可说是进展显著的一年。对于上海人民广播电台而言，自1996年该台迁入设备一新的广播大厦后，启用了崭新的"电脑工作站"，面貌焕然一新。上海东方电视台1995年在采纳新技术方面迈上了一个新台阶。对于《新民晚报》来说，1997年和1998年，该报在信息传播新技术的采用方面进展迅速。在上海电视台，1998年该台不仅加快了电脑化的步伐，而且开始了其上网的规划和实践。关于推动传媒在采纳新技术方面加快步伐的原因，被访者再三提到"跟上世界潮流，与国际接轨""竞争的推动"（或"竞争机制的引入"）"希望抓住发展机遇"。也有人提到技术因素本身，即一些最新信息技术的走向成熟和进入应用阶段。

所有五家被访的上海传媒机构的访谈对象均认为因特网对传统传媒是一种挑战。上海东方电视台的徐济众指出非线性编辑对传统的传媒是一种挑战，因为非线性编辑具有很多优势。上海电视台高华认为网络的挑战主要来自其传播信息异常迅速，信息流通不受版面/空间的限制，信息量几乎可以做到无限大。这些访谈对象均对传统的大众传媒的前景持乐观态度。《文汇报》和《新民晚报》的访谈对象认为印刷版和网络版将会相辅相成。对广电传媒来说,上海电视台高华的回答可说有代表性地显示了广电传媒机构的乐观态度。他认为,从当时的情况来看,该台的观众来自不同的地区,这些不同的地区经济等各方面的条件不同,观众接收电视节目的主要方式也会不同,传统的电视播出和网络电视将可共存,服务于不同地区的不同受众群体。他提到了电视台的重新定位问题,觉得要"强调地方性特色,加强对于周边地区的报道,并增加报道的深度"①。

为了迎接信息传播高新技术的挑战,上海传媒机构当时纷纷准备进一步加强对新技术的应用。例如,上海电视台计划加快办公自动化进程,并在提供网上信息服务时强调查询方便、信息量大、向网络电视方向发展。《文汇报》准备进一步对报纸的资料做二次加工,将有用的、值得保存的信息数据输入数据库。②

二、世纪之交访谈的发现:北京、广州、深圳和杭州

在北京、广州、深圳和杭州通过邮寄问卷法共访问了17家传媒单位。其中,北京四家——中央电视台、《经济日报》《中华新闻报》和《解放军报》;广州四家——广东人民广播电台、广东电视台、《南方日报》和《羊城晚报》;深圳两家——深圳电视台和《深圳特区报》;另外七家传媒单位中,坐落在杭州的确切而言是五家,在杭州的访谈对象中包括来自浙江省其他市两家机构的两位人士。杭州的访谈对象来自如下传媒机构:浙江电视台、杭州西湖明珠台、《浙江日报》《杭州日报》《浙江青年报》、宁波电视台和《上虞日报》。访谈发现,被访的传媒单位中除了3家外,其余14家当时均已采用卫星技术,但起始的时间各不相同,其中最早的是深圳电视台,该台于1985年起即开始使用卫星技术,最迟的是《上虞日报》,于1997年开始使用卫星技术。它们采纳卫星技术的起始时间相差12年。印刷传媒使用卫星技术的用途为版

---

① 上海电视台高华接受笔者访问时答笔者问,1998年4月11日。
② 笔者在论文《上海传媒面对信息高速公路带来的挑战和机遇》中也曾使用有关上海的访谈之信息。见俞旭、郭中实、黄煜主编:《新闻传播与社会变迁》,北京:中华书局1999年版,第115—138页。

面传输(卫星传版至报纸的印刷点)和接收新华社新闻稿和图片。所有被访的传媒单位当时均已采用电脑技术,其中当时走在最前列的是深圳电视台,于1984年即已开始采用电脑技术,开始采用的时间最晚的是宁波电视台——1996年,两者相差12年。这些传媒机构使用电脑技术的用途概括而言大致有如下几点:(1)文字处理(写稿、改稿、编辑、排版、电脑字幕等);(2)电脑激光照排;(3)扫描;(4)管理——信息存储与资料管理/磁带管理、节目与行政管理;(5)建立内部网络,进行稿件和图片的传输等;(6)三维动画;(7)非线性编辑、特技剪辑等;(8)联网查询;(9)播出;等等。关于电脑数据库,被访的传媒单位中,除了两家当时尚未建立,来自一家传媒机构的访谈对象答"不清楚"外,其他14家传媒单位均已建立电脑数据库。就起始时间来说,《南方日报》《经济日报》和《解放军报》均属于领先一步者,它们都于1989年起开始建立电脑数据库。最晚的是《浙江青年报》,1999年。最早的和最迟的起始时间相差10年。在传媒工作人员对电脑数据库的利用情况方面,来自六家传媒单位(占已设立电脑数据库的被访传媒单位的43%)的访谈对象选择了以"利用率较高"作答,两家传媒单位的访谈对象选择了"利用率很高",三家传媒单位的访谈对象认为"利用率较低",两家传媒单位的访谈对象认为"尚可",还有一家认为其单位的电脑数据库"利用率很低"。被访传媒单位除两家尚未上网外,其余均已开始上网,提供网上信息服务,上网起始时间以1998年居多,但也有的从1996年或1997年开始提供网上信息服务。这些传媒单位的网上信息服务的访问人次,有每日6000、8000人次的,也有每日1万、1.6万的。关于受众对这些传媒的评价,有的访谈对象认为"评价较高",有的认为"评价很高",但也有的认为"评价一般"或"尚可"。填写"不清楚"的有好几位。关于其传媒机构的网上信息服务同以往传统的信息服务相比有何特色,被访对象的回答不少都较笼统。归纳说来,他们的回答指出了如下几点特色:(1)传播面扩大;(2)具有可视性、可保留性;(3)具有互动性;(4)信息发布快,时效性强;(5)能反复查阅有关内容。

所有17家传媒机构的被访者对于"是否认为运用这些信息传播新技术有助于赢得更多的受众及扩大影响",都选择了肯定的回答。

此外，大多数被访者认为提供网上信息服务会对传媒机构与其他传媒机构及其他单位的联系和关系产生影响，但也有传媒机构的被访者对此或未予回答，或回答说目前影响不大。至于这种影响如何产生，被访者的回答涉及：优质的网上信息服务有助于增加受众对传媒机构的信任；网上查询等为同行业及其他单位提供服务，有助于加强联系；刺激彼此的生存环境；通过网络，增添一条联系途径；等等。

关于此前五年中在采纳信息传播新技术方面步子迈得较大的时间，被访者填写1994年、1995年、1996年、1997年、1998年的均有，但较多的被访者感到1998年是他们的传媒机构在这方面进步较大的时候。就推进这一过程的主要原因而言，在可供选择的回答中，17家被访传媒单位中将"媒介间竞争的需要"选入答案的最多，有11家。选择"希望跟上国际潮流"的，有10家。"抓住机遇谋求本台/本报新发展的愿望"被8家传媒机构的访谈对象选中。"经济实力许可"被5家传媒机构的访谈对象选中。有3家传媒机构的访谈对象将"上级指示"列为原因之一。此外，来自广东人民广播电台的回答还补充写有"网络化、数字化是广播未来发展的基础，为此作准备"；来自浙江电视台的回答还补充写有"提高工作效率，便于管理"。

被访对象绝大部分当时都已感到因特网构成了对传统的大众传媒的挑战，只有一人未填答，还有两人认为当时这种挑战尚未显现。关于这种挑战表现在哪些方面，有的认为挑战在于（网络电视的）清晰度、选择性及专业性。有的认为挑战在于网络加快了新闻传播的速度，而且交互式访问方式加强了与受众的联系与沟通，个性化的阅读更具竞争力。有的认为挑战来自于网络版报纸的特点："分类更清晰，阅读更方便，检索更简捷，内容更丰富"。有的认为挑战表现为新媒体将会大幅度占有广告市场的份额。有的认为挑战在于：网上传播技术含量高。这些传媒机构都准备积极应对因特网的挑战。有的准备借助新媒体拓展广播的功能和服务，有的准备积极建设网络版，使之与印刷版共同存在，并肩发展。这些传媒机构的访谈对象除个别人外，大多数并不认为来自因特网的挑战会导致传统传媒的消失。关于自己所在的传媒机构在探索进一步运用信息传播高新技术方面是否有或正在制订新的计划，被访对象中除个别人未填写回答外，都做出了肯定的回答。当时尚未做到单位中人手一台电脑的,准备为采编人员每人配备一台电脑,并着手进行这方面的培训。正在建设新的广播大楼的,计划使大楼的技术系统以网络和数字化为基础。有的传媒单位计划全面实现电脑化。有的准备建设智能检索系统。一家电视台准备"尝试与网络媒体合作,建立互动式网络频道"……

三、2014 年 4—7 月访谈的发现

2014 年笔者展开的围绕同一议题的传媒人士访谈,分别来自如下传媒机构:上海文广集团广播中心、上海文广集团"五星体育"、上海报业集团《第一财经日报》、上海报业集团《新闻晨报》、上海报业集团《外滩画报》;北京的中央电视台(体育频道);在杭州访谈的传媒机构的人士,一位来自一家温岭广播电台,另两位来自杭州电视台新闻频道和杭州电视台明珠频道。

如果说在世纪之交,加盟网络、建立网站、成立数据库等是传媒采纳信息高新技术的新实践,那么,今天这些已不再是新事物。移动终端的使用,客户端的开发,对社交媒体平台、二维码技术的应用等,才是今天我国传媒着力实施新媒体战略的体现。2014 年笔者展开的传媒人士访谈发现:访谈对象所在的所有传媒机构,近年来均在积极进行媒介融合或者说"全媒体"建设。被访的传媒人士所在传媒单位都对网络化趋势和终端的移动化极为重视,近年来均在继续积极采纳最新数字化信息传播技术,均已推出官方微信(微信公共账号,而且往往有多个而不是一个)、官方微博,并在开发客户端(App 产品)。例如,中央电视台体育频道在报道 2011 年深圳大运会(第 26 届世界大学生夏季运动会)期间就尝试使用过 3G 直播技术;从 2012 年起先后开通了频道官方微博(10 月)、频道官方微信(12 月)及体育新闻的微博和微信。该频道还推出了移动客户端,在 2014 年自主开发运营了索契冬奥会客户端(App 产品)。在笔者今年 5 月对该频道总监江和平先生进行电邮访谈时,该频道还计划 6 月对其官方微信进行升级改版,以力争将其打造成"目前拥有最大订阅用户的微信媒体"[①]。该频

---

① 根据 2014 年 5 月 14 日对中央电视台体育频道总监江和平先生的电邮访谈。

道还在推广、研发新媒体新产品方面与信息产业的机构、网站等合作，如与新浪微博合作，与电视观众互动，推广体育频道的节目和官方微博，与微软、百度、360等合作，推广App产品等。①

又如，上海的《第一财经日报》通过网站改版、开发客户端（App）、推出官方微博和一系列微信公共账号，加大了数字化转型的力度，并计划通过组织结构和绩效考核上的措施，"改变原来晚上做版、第二天见报的流程和架构"，形成"适合全天候在网上呈现既鲜活又有深度的文章的支撑"②。再如，上海的《外滩画报》近年来着力于官方一级平台产品、垂直内容细分产品这两大类数字化媒体的融合，在官方一级平台产品层面，除了早已建立自身的网站外，还建设有外滩Daily客户端（App）、外滩画报微信、外滩画报微博。在垂直内容细分产品层面，主要以微信公共账号的形式，建立了"外滩时尚""外滩教育""美丽天使""设计酒店"等公共账号。该刊还计划开发移动端时尚文艺生活入口（官方一级），并进一步开发更多的垂直内容细化类产品。③

再如，上海文广集团广播中心不仅建立了各频率/频道的网站群，还推出了官方微博和官方微信，并且开发了上线使用的数个客服端，其中包括"上海新闻广播""浦江之声""直通990""第一财经广播CBN RADIO""动感101频率App"等。④

重视新媒体团队建设，是此番重新展开的对传媒人士的访谈的又一发现。例如，上海《外滩画报》按事业部形式，独立设立了新媒体团队，"比如维护官方平台的新媒体编辑部、时尚事业部（杂志、新媒体打通）、外滩教育事业部（只做外滩教育）"⑤等。又如，中央电视台体育频道在2010年就成立了新媒体业务组，目前正计划在今后"按照公司化、市场化的发展思路，壮大队伍、吸引人才，加速发展新媒体"⑥。

与世纪之交时展开的访谈相比，此次访谈中所有访谈对象对数字

---

① 根据2014年5月14日对中央电视台体育频道总监江和平先生的电邮访谈。
② 根据2014年7月底对《第一财经日报》陈姗姗女士的电邮访谈。
③ 根据2014年7月20日对《外滩画报》主编田建东先生的电邮访谈。
④ 根据2014年7月18日对上海文广集团东方广播中心副主任路军先生的面访。
⑤ 根据2014年7月20日对《外滩画报》主编田建东先生的电邮访谈。
⑥ 根据2014年5月14日对中央电视台体育频道总监江和平先生的电邮访谈。

化传播新技术及基于此的数字化新媒体的挑战均有更为深切的感受，对应对挑战的紧迫性感受也更深。这无疑同这些年数字化信息传播高新技术的不断发展、成熟及网（包括移动互联网）上传播新形式的不断推出和完善有关，同与此紧密相连的受众对信息接收平台的选择中的变化有关，也同媒体市场的变迁有关。

在此次访谈的展开过程中，就传媒机构的新媒体业务同传统的媒体业务之间的关系，访谈对象基本上均认为二者可取长补短，优势互补；对于传媒机构的传统业务的优势，访谈对象谈到的有"资源""品牌"和"内容制作"，对新媒体业务的优势，访谈对象谈到的有"时效""多变的形式"和"互联网思维"。但个别访谈对象感到这两者之间的关系尚"比较碎片化"，换言之尚未形成有机的联系。中央电视台体育频道总监江和平先生和上海文广集团东方广播中心副主任路军先生分别就二者如何融合和联动表达了看法。江和平先生认为，二者"必须在业务的各个环节充分融合，形成全媒体的全流程业务线，才能互相促进，融合发展"①。路军先生指出，"理想上两者的关系应该是联动。目前传统的业务可以从三个方面为推出新媒体业务提供支撑：（1）导流量支撑；（2）品牌宣传支撑；（3）经营方面的支持（通过打包整合营销，获得广告）"②。上海《外滩画报》的主编田建东先生则从传媒的新媒体业务对传统业务的"延续性"和"突破性"两个方面阐述了对二者关系的看法。这些来自传媒实践第一线的看法，值得研究界高度重视。

关于传媒机构近年来不断采纳数字化传播新技术的主要原因，新一轮的访谈中被访者提到的因素有"（市场）竞争""生存压力""基层广播人（传媒人）的责任感"、传媒信息使用者"需求的改变"和信息接收"习惯的改变"、传媒机构面对的传播对象从以往的"受众"变为数字化时代的"用户"的转变等。江和平先生的回答，从三个方面阐述了该单位不断采纳数字化传播新技术的动因："（1）受众需求的改变和媒体传播技术的发展促使体育频道必须顺应潮流，与时俱进；（2）体育电视传

---

① 根据2014年5月14日对中央电视台体育频道总监江和平先生的电邮访谈。
② 根据2014年7月18日对上海文广集团东方广播中心副主任路军先生的面访。

播生态的变化对电视发展理念和传播手段提出新的要求,双向互动式的传播成为主流;(3)新媒体的广阔市场前景与体育频道的资源和内容制作优势的结合,必然会给体育频道带来新的增长空间。"[1]

对于最近五年来访谈对象所在的传媒机构在采纳数字化传播技术、向媒体融合(或者说"全媒体")迈进方面进展最快的年份,被访者有的回答是 2013 年,有的回答是 2014 年。由此多少可以看出,2013 年以来,我国传媒似乎进入了新一波的数字化新技术采纳热潮。关于这一年这方面进展最快的主要原因,访谈对象几乎一致提到的是市场竞争的压力(及由此带来的冲击),由此可见自世纪之交以来,数字化新媒体在其不断发展的进程中,在导致信息使用者的市场分流及广告分流中的能量已为我国传媒机构切实感觉到。即使是"尚未受到来自数字化新媒体的威胁"的上海文广集团东方广播中心,也从发展战略的角度,看到了与青少年一代收听习惯的变化紧密相连的数字化新媒体带来的挑战和向移动互联网领域拓展的必要性。而江和平先生则从"中央政策鼓励,频道高度重视,又逢体育大年"[2]三个方面,诠释了体育频道 2014 年向媒体融合迈进进展最快的原因。

四、互联网渗透率、媒体融合等的综合数据和资料

诚如著名美国传播学家罗杰斯所指出的那样,互动的电脑网络的价值随着用户人数的增多而提升。就网络应用于大众传播的功能而言,用户人数显然更重要。传媒建立网站的正式努力据说起始于 1994 年,而在那一年,世界范围内因特网用户的规模已甚大——登记上网用户数已达 300 万。以进行网络传播调研著称的欧洲 NUA 公司提供的数据表明,随着因特网的迅速发展,其用户数到 1999 年 7 月已增加至 1.79 亿。[3] 按地区分布的数据如表 8.3 所示:

---

[1] 根据 2014 年 5 月 14 日对中央电视台体育频道总监江和平先生的电邮访谈。
[2] 同上。
[3] http://www.nua.ie, Aug. 1999.

表 8.3　世界各地区因特网用户数及占比(1999 年 7 月)

地区	因特网用户数	在全世界因特网用户总数中所占百分比
非洲	1440000	0.64%
亚太地区	26970000	15.07%
欧洲	42690000	23.85%
中东	880000	0.49%
加拿大和美国	102030000	57%
拉丁美洲	5290000	2.96%

(根据 NUA 公司提供的数据整理，NUA 公司网址:http://www.nua.ie)

在不到五年的时间内，世界范围内因特网用户数的增长，竟超过 59 倍，这是因特网迅速发展的有力佐证。自那时起，因特网用户规模、用户数继续大幅度增加。同样由 NUA 公司提供的数据表明，到 2002 年 5 月，世界范围内因特网用户数已增至 5.8078 亿，按地区分布的数据见表 8.4：

表 8.4　世界各地区因特网用户数及占比(2002 年 5 月)

地区	因特网用户数	在全世界因特网用户总数中所占百分比
非洲	6310000	1.09%
亚太地区	167860000	28.9%
欧洲	185830000	32%
中东	5120000	0.88%
加拿大和美国	182670000	31.45%
拉丁美洲	32990000	5.68%

(根据 NUA 公司提供的数据整理)

在我国，在这两个时间段因特网用户数也迅速增长。1994 年，我国网络登记用户数仅为 300。至 1999 年 7 月，网络用户数已超过 400 万。截至 2002 年 6 月底，我国网络用户数已增至约 4580 万。[①] 互联网产业发展之快，通过三个数目的比较可以窥见一斑。

---

①　中国互联网络信息中心:《中国互联网络发展状况统计报告(1999/7)》《中国互联网络发展状况统计报告(2002/7)》,http://www.cnnic.com.cn。

此后,因特网用户数不论是在我国还是在全世界都继续攀升。从最近几年的情况看,因特网的用户规模在世界上的地区分布已发生较大变化,亚洲的因特网用户在全世界用户总数中所占百分比的提升尤其值得关注。根据数字化战略咨询公司(Digital Strategy Consulting)提供的数据,到2012年6月,全世界因特网用户数已经跃升至24亿,按地区分布的数据见表8.5:

表 8.5 世界各地区因特网用户数及占比(2012 年 6 月)

地区	因特网用户数	在全世界因特网用户总数中所占百分比
非洲	167000000	7.0%
亚洲	1100000000	44.8%
欧洲	519000000	21.6%
中东	90000000	3.7%
北美	274000000	11.4%
拉丁美洲	255000000	10.6%
大洋洲/澳大利亚	24300000	1.0%

(根据数字化战略咨询公司提供的数据整理,其网址为:http://www.digital-strategyconsulting.com/intelligence)

在我国,进入21世纪后网民数的增长更加惊人。中国互联网络信息中心发布的统计报告显示,截至2012年6月底,中国拥有5.38亿网民,[①]已成为世界上用户规模最大的国家。最近两年,互联网使用在我国进一步普及,根据中国互联网络信息中心发布的最新统计报告,截至2014年6月,我国网民规模达6.32亿,较2013年年底增加1442万人。互联网普及率为46.9%,较2013年年底提升了1.1个百分点。[②]

而在网民数量不断攀升的过程中,就最近几年而言,特别值得关注的是手机终端上网用户的急剧增多,它显示了移动互联网迅速崛起的态势。国际电信联盟的数据表明:截至2012年9月,全球移动互联

---

① 中国互联网络信息中心:《中国互联网络发展状况统计报告(2012/7)》,http://www.cnnic.com.cn。
② 同上。

网用户数已达 15 亿。我国中国互联网络信息中心发布的数据表明，截至 2014 年 6 月，我国手机网民规模已达 5.27 亿，较 2013 年年底增加 2699 万人。报告还显示，我国手机上网比例首超传统 PC 上网比例，后来居上的移动互联网在我国正在带动互联网整体发展。[1]

因特网的惊人发展表明：20 世纪 90 年代以来，互联网（包括移动互联网）已迅速发展成为联通全世界用户的一种新的传播系统，成为传媒星空中夺目的"互联网星系"。于是，为了谋求同这一新兴的传播体系并肩发展，而不致在社会信息传播市场激烈的竞争中失去自己的立足之地，世界范围的传统传媒机构纷纷向网上进军。欧洲一家因特网调研公司所提供的数据显示，在 1994 年年底，全世界共有 78 家报纸发布网络版。至 1998 年年底，世界范围的网络版报纸已发展到 4925 家。[2] 这一数字同 1994 年年底的数目相比，增长了 62 倍多！广电传媒建立网站的进程发展也很快。以美国为例，1999 年已有 800 多家电视台、1000 多家广播电台提供网上信息服务。[3] 在我国，媒介上网的进程从 20 世纪 90 年代中后期起迅速发展。中国互联网络信息中心公布的数据表明，至 1998 年年底，已有 127 家报纸上网。中国社会科学院新闻研究所闵大洪先生在"1999 全国新闻媒体网络传播研讨会"上提供的数据显示：当时网络版报纸的数量已达 270 家；此外，还有约 100 家广电机构已建立网站；两家通讯社——新华社和中新社，当时也已上网。[4] 虽然与全国当时的传媒机构总数——2160 家报纸、1200 家广播电台、980 电视台和 1200 家有线电视台——相比[5]，当时已上网建立网站的传媒机构所占的比例并不大，但是也并非微不足道。而且，由于这些机构中包括一些全国最权威的新闻机构（如 1997 年 1 月建立网站的《人民日报》、同年 11 月建立网站的新华社、同年 12 月建立网站的《光明日报》等），它们的上网实践对其他传媒单位可以起到示范和影

---

[1] 中国互联网络信息中心：《中国互联网络发展状况统计报告（2012/7）》，http://www.cnnic.com.cn。

[2] http://www.nua.ie, Dec. 15, 1998.

[3] 胡正荣：《产业整合与跨世纪变革——美国广播电视业的发展走向》，《国际新闻界》1999 年第 4 期。

[4] http://www.zjonline.com.cn, 1999 年 7 月。

[5] 同上。

响作用。此外,正像许多有关"传播与发展"的研究所显示的那样,创新事物的早期采纳者可能对迟缓的采纳者的决策产生重要影响。事实表明,1998年确是中国传媒机构建立网站的火热之年。传媒业界人士越来越清楚地认识到:上网已成为世界潮流。当《中华新闻报》《新闻战线》和《中国记者》于1998年联合评出当年新闻界十件大事时,新闻传媒上网的迅速发展被选为其中之一。① 至1999年年底前,我国建立独立域名的传媒机构已达700多家。②

此后,世界范围内的传媒机构和我国传统传媒机构涉足网络传播,与不断涌现的网上传播新形式、新形态相融合的脚步始终未停。在这一过程中,传媒在线传播经历了网站改版、扩展,建立门户网站,业内外合作,国际合作等一系列发展。传媒网站的运作成为常态,传媒在其网站建设中通过与电子商务公司、电子游戏开发公司等的合作,介入了同实体世界的交易。以因特网的发源地美国为例,1995年就出现了《波士顿环球报》率先创建的地区性新闻网站Boston.com,它几乎连接了波士顿地区的所有传媒公司,其中包括6家电视台、12家广播台和8家杂志社,一站"网"尽60多家"伙伴"。③ 随后几年中又有不少其他美国媒体卷入新闻门户网站建设。传媒机构同相关行业的公司联手共建网站的现象,在美国传媒上网的实践起始后也很快出现:1996年(美国)全国广播公司就和微软公司联手创建 MSNBC.com网站;美国时代华纳公司所属的各家杂志社,较早就联手建立了网点Pathfinder;还有《纽约时报》和美国广播公司(ABC)联盟,《华盛顿邮报》公司同(美国)全国广播公司联合……而以"考克斯互动媒介"命名的网站(www.coxenterprises.com)更是由美国老牌的考克斯报业集团与考克斯通信公司、考克斯电视公司、考克斯广播公司、Manheim拍卖公司联合创办,曾设7个站点,其中包括提供汽车贸易、二手车买卖的专门信息服务和电子商务服务的"汽车贸易""Manheim拍卖"和

---

① 《1998新闻界十件大事》,《新闻战线》1992年第2期,第9—10页。
② 闵大洪:《中国网络媒体的发展》,转引自张咏华:《中外网络新闻业比较》,北京:清华大学出版社2004年版,第92页。
③ David Carlson, "Media Giants Create Web Gateways," http://www.ajr.org, 1999年9月。

"Manheim互动"这3个站点。①

在我国,传媒加盟互联网后很快开始拓展网上内容和业务,没几年就开始改版和进一步拓展网上业务。通过在世纪之交的年月对许多传媒网站的访问观察,笔者发现,其中有些网站确已办出创意、特色。《人民日报》的网站尤其值得一提。作为全国最具权威性、发行量最大的综合性日报,《人民日报》于1997年1月建立网站,将其所办的七家报纸和五家杂志推上网。观察《人民日报》网站的主页,笔者当时发现:它不但提供人民日报社所办的报纸、杂志的印刷版的内容,而且经常开展"金报网上调查"活动,并推出"报刊寻航""(实用)信息导航""政府上网""资料库"等网上特色信息服务,还提供针对不同受众群体的分类信息内容,并提供通向其他"知名站点"的链接。此外,该网站还推出"专题报道"专辑,每一专辑都集中了关于某一专题的连续报道,为用户研究时事提供了极大的方便。用户还可以在这一网站上读到中、英文版的《邓小平文选》。富有特色的内容服务和不断改进的网页,在20世纪末已为《人民日报》网站赢得了大量受众。1999年的有关数据表明,它已成为国内信息量最大的中文站点,日访问量高达220万次。② 2000年,一些中央级的传媒网站纷纷改版改名,其中包括《人民日报》的网站(由"人民日报网络版"改称"人民网")和新华社的网站(由"新华通讯社网站"改称"新华网")。也是在2000年,出现了地域内多家传媒机构联手创建大型网站的新现象,如北京出现了由《北京日报》《北京青年报》《北京晚报》、北京人民广播电台、北京电视台等9家主要市属新闻媒体与北京四海华仁国际文化传播中心及一家信息技术公司共同发起和创办的千龙新闻网,上海出现了十家主要传媒机构——解放日报社、文汇新民报业集团、上海人民广播电台、上海电视台、东方广播电台、东方电视台、上海有线电视台、《青年报》《劳动报》和上海电视台联手创建的东方网,天津出现了由天津人民广播电台、天津电视台、《天津广播电视报》《今晚报》《天津日报》联手建立的北方网。这些新闻门户网站的共同特点是依托当地多家媒体的新闻资源,

---

① 转引自张咏华:《中外网络新闻业比较》,北京:清华大学出版社2004年版,第78页。
② 转引自上书,第24页。

因而内容较丰富。关于传媒上网进程中传媒机构同相关行业的单位跨界合作,举例来说,广州日报报业集团创办的大洋网,曾在世纪之交和广东音像城及大洋物流配送合办"大洋音像超市"和"大洋商城"两个频道。① 近年来,这方面的合作态势尤其显著。以中央电视台体育频道为例,现已与新浪合作推出该频道的官方微博,与腾讯合作推出其官方微信账号。再以上海的新民网为例,其战略合作伙伴中就有中卫普信(中卫普信宽带通信有限公司)。

目前,传统传媒的数字化转型进程正在向纵深发展。以传媒加盟社交媒体微博为例,根据《人民日报》2013年12月12日报道,截至2013年11月底,在我国超过13亿的微博账号总量中,媒体机构在新浪、腾讯平台上的(公共)账号就超过3.7万个。目前伴随着移动互联网的迅速崛起和移动终端上微信的盛行,推出官方微信账号/客户端的做法已开始在我国传媒网站中兴起和迅速发展。如前所述,笔者此次更新本书内容时的访谈对象媒体,均已积极推出官方微信账号。

第三节 讨论:传媒转型的推动因素和转型的复杂性分析

本章研究中的两次访谈结果和通过其他两种方法获得的信息都表明:伴随着传播新技术革命的滚滚浪潮的袭来以及互联网和移动互联网的迅速崛起,中国的各种传媒机构都在积极采用数字化信息传播新技术,都在直面传媒格局变迁的挑战,力求通过实施媒体融合/"全媒体"战略,拓展自身的生存空间。自20世纪90年代中后期以来,我国传媒业便处于数字化转型的过程中,期间既经历了"传媒上网热",也经历了新一轮媒体融合热。根据访谈对象的回答,推动这一进程的因素包括:媒介间竞争的需要或者说市场竞争的压力、希望跟上国际潮流、抓住机遇谋求传媒新发展的愿望、政策鼓励和基层的积极性、传媒人对于媒介信息使用者的信息接收行为的变化之认识等。本章的这一节,将以宽广的社会学视角,讨论这些因素。在此基础上,我们试

---

① 转引自张咏华:《中外网络新闻业比较》,北京:清华大学出版社2004年版,第94页。

图分析传媒转型的复杂性。

一、传媒竞争/市场竞争

不论是世纪之交时笔者展开的传媒人士访谈的结果，还是 2014 年笔者展开的新一轮传媒人士访谈的结果，均说明传媒竞争/市场竞争在推动中国传媒多年来持续采纳信息传播新技术进程中的重要作用。在世纪之交的访谈中，访谈对象中约有三分之二将"媒介间竞争的需要"选为推动因素之一。对于一个"大锅饭"曾是重要社会现象的国家来说，在很长时期内竞争是个很少被人想到的概念，而且当时媒介机构被视为机关，所以并不需要竞争。改革开放以来，传媒机构逐渐走向市场，实行产业化管理与运作，情况起了很大变化。因此，在中国的具体背景下，媒介竞争的概念不应仅从表面上去看待，而应在深层次上去看待，将它与改革开放以来的社会发展联系起来。1992 年，我国正式提出了建立社会主义市场经济体制的目标。正是由于确立了这一目标，我国引进了市场经济的一个重要特点——竞争机制。从宽广的社会学视角来审视，传媒竞争的出现，与目前我国传媒正在社会主义市场经济体制下运作有关，与传媒走向市场有关。在世纪之交的访谈中，约三分之二的访谈对象将媒介间竞争的需要视为采纳信息传播新技术的原因之一。这一事实显示，竞争机制正在起到推动传媒业运作与发展的作用。在新一轮访谈中，"竞争"带来的压力同样是访谈对象提到较多的采纳数字化传媒新技术的推动因素。值得一提的是，访谈对象使用了"市场竞争""生存压力"等字眼，这也许说明经过这些年走向市场的实践，我国传媒机构的市场意识已得到强化。而基于信息传播高新技术的数字化新媒体的发展，已经因造成传媒信息使用者/消费者分流而切实给传统传媒的生存状态带来挑战和压力，成为争夺传媒市场这一"蛋糕"的"竞争者"。归根结底，传媒领域的竞争像其他领域的竞争一样，缘起于中国在社会主义市场经济体制下进行发展的总体努力。因此，我们可以把它视为经济体制由计划经济向社会主义市场经济转型过程中所内含的社会过程。在这个意义上，传媒竞争或者说传媒领域的市场竞争是在我国整个社会经济运作的转型背景下发生的；数字化信息传播高新技术的逐渐成熟与我国传媒业界求新谋变,以求新形势下的新发展之意图相结合,是传媒乐于采纳数字化传播高新技术、实施媒体融合/"全媒体"战略的重要原因。

二、跟上国际潮流的期待

"希望跟上国际潮流"与"媒介间竞争的需要"一样,在世纪之交的访谈中被约三分之二的访谈对象列为促使其传媒机构在采纳信息传播新技术方面步子迈得较大的原因之一。这折射出传媒界对当时建设信息高速公路的国际潮流的重视。从更宽广的角度来说,它还显示出人们对吸收国外在科技和其他方面的成果持有一种开放的心态。如果离开了改革开放的深入,这样的心态显然无法产生。在我国过去闭关自守的岁月里,国际潮流往往不被注意。但我国目前开放程度日益加深,"同国际接轨""跟上国际潮流""让世界了解中国,让中国了解世界"已成流行提法,不但频频出现在传媒内容中,而且已融入普通公众的日常用语。这些词句体现出人们意识到包括传媒领域在内的各个领域的国际潮流和国际惯例的重要性。在新一轮访谈中,访谈对象并未在回答同样的问题时将"希望跟上国际潮流"写入主要原因。造成这一差异的原因,除了新一轮访谈采用的基本上都是开放式问题之外,笔者感到更重要的是:已在对外开放的大背景下运作了三十多年的中国媒体机构,关注国际潮流已成常态,而且在此次访谈对象的媒体所在地,在采纳数字化信息最新技术方面,可以说与国际水平已经同步。

值得注意的是,从世纪之交展开的传媒人士访谈结果来看,上网符合跟上建设信息高速公路的国际潮流之需要,这一意识在上海和杭州的传媒机构的访谈对象中比在其他研究点的传媒机构的访谈对象中更为强烈。原因何在,需要另行研究方能找到答案。但鉴于在几个研究点中,上海受到国外影响的历史较长,而杭州则离上海很近,有时被人们称作上海的"后花园",也许一个可能的解释是:上海传媒界与杭州传媒界对于跟上国际潮流的强烈意识,同上海的历史背景和杭州邻近上海的地理环境有一定的联系。

我国传媒网站发展的历程表明,我国在这方面正迅速跟随国际潮流。如前所述,世界范围内开始正式出现报刊网站是在1994年。在我国,网络版报刊则起始于1995年,仅仅迟了一年。而将有线电视和因特网相结合的设想则较之更新。(美国最大的广电网络之一美国全国广播公司与电脑软件业巨头微软公司联手建立的MSNBC是体现这一思想的突出例子。)而这一创新很快引起我国的重视和研究。如前所述,20世纪末,我国已着手建立依托数字化传输等高科技手段的电子点播网络,开通双通道有线电视。21世纪初,我国提出了"三网合一"的发展战略,后又进一步提出"三网融合"的发展战略。此后十多年来,在国家有关政策和管理部门的推动下,传媒界努力展开种种尝试。传媒试水网络电视在世纪之交的兴起,竞相申请IPTV牌照以推出IPTV业务的做法在21世纪第一个十年的风生水起,广电和电信业务的双向试点等的展开,即是这方面实践的实例。伴随着智能移动通信技术的发展,2008年,我国又提出了中国下一代广播电视网(NGB)的概念,可说是开启了三网融合的新一轮努力。中国下一代广播电视网"是以有线电视数字化和移动多媒体广播(CMMB)的成果为基础,以自主创新的'高性能宽带信息网核心技术'为支撑,构建的三网融合、有线无线相结合、全程全网的下一代广播电视网络"[①]。随后,2009年,由科技部、广电总局和上海市政府签署合作协议,中国下一代广播电视网上海示范网建设工作启动。当NGB的试点工作由上海启程时,跨地域合作成为其中的一道风景线:上海文广与江苏有线和合肥有线达成"下一代广播电视网"战略合作协议;与深圳的两家电子、网络公司就NGB试点工程签署合作协议,以共同推进这项工作。

近年来,智能终端的崛起使向来作为内容制造产业的传媒业感到了将自身的内容纳入新的终端市场的迫切性,从而出现了推出适应数字化新终端平台的业务,以及竞相切入新终端市场的现象。著名国际传媒机构英国的BBC和美国的NBC、康卡斯特等近年来在这方面积极尝试,可作为实例:BBC 2013年和脸谱网旗下的图片分享应用instagram合作推出短讯视频新闻服务insterfax,2014年又推出iWonder这一能在智能手机、平板电脑和电脑三种数字化终端上运行的数

[①] 沈奕霏等:《中国三网融合的发展现状与前景》,《信息科技》2012年第1期(上),第182页。

字化深度学习内容品牌;美国 NBC 2013 年收购了进行社交化手机视频直播的 Stringwire 网站;康卡斯特公司作为美国最大的有线电视运营商,2012 年推出 AnyPlay 抢占 IPTV 市场,2014 年推出依托在线云技术的 Xfinity TV App,抢占移动终端。在抢滩数字化新终端过程中,我国的传媒机构动作同样迅速:"中国国际广播电台旗下的国广控股整体收购中华网,打造国际传播的'中华云平台'。百视通对风行网实现控股以后,将进一步深化台网融合,并在媒体运行机制上将电视台和网站打通"……①

可以说,在采纳数字化信息传播高新技术、实现媒体融合方面,我国并不落后于国际潮流。这一点显然离不开对外开放的社会大环境。

三、抓住机遇谋求传媒新发展的愿望

在世纪之交展开的传媒人士访谈中,"抓住机遇谋求本报/本台新发展的愿望"被 50% 的访谈对象选为促使其传媒机构在采纳信息传播新技术方面步子迈得较大的原因之一。这说明许多传媒机构对于采纳信息传播高新技术,尤其是因特网技术同传统的大众传媒的发展之间的关系,看法颇为乐观。在 2014 年展开的新一轮传媒人士访谈中,问卷设计基本上采用的是开放式问题,访谈对象的表述和遣词造句等也各不相同,但他们以不同的方式,表达了传媒人谋求在数字化传播技术不断发展、网上(包括电脑网络和移动互联网)传播新形式不断推出的新形势下谋求传媒生存和发展之道、回应公众对信息传播的新需求的愿望和责任感。例如,上海《外滩画报》的访谈对象把"在新的技术传播市场中有自己的一席之地"作为推动该杂志不断采纳数字化新技术的一个主要因素;中央电视台体育频道的访谈对象谈到,"新媒体的广阔市场前景与体育频道的资源和内容制作优势的结合,必然会给体育频道带来新的增长空间";上海文广集团东方广播中心的访谈对象将"基层广播人的责任感"视为推动其机构推出新媒体战略的一个动因。笔者认为,我国于 1995 年提出了科教兴国的发展战略,这些年

---

① 国家新闻出版广电总局发展研究中心:《中国广播电影电视发展报告(2014)》,北京:社会科学文献出版社 2014 年版,第 232 页。

来,国家十分强调这一发展战略,强调科技创新的重要性;人们可能因此十分关注科技创新事物对其他领域的发展之推动作用。因此,传媒人士倾向于认为电脑互联网络和新一代互联网即移动互联网给媒介的新发展,带来了新的机遇。尽管最初他们也许并不都很清楚新机遇具体何在,但这并不妨碍他们对于采纳最新信息传播技术同其工作的关系持乐观态度。他们倾向于认为传媒传统的功能、作用与其新型的网上业务可以相辅相成而不是相互冲突。今天,尽管形形色色的网上传播新渠道、新方式,正在分流信息使用者、消费者市场,传媒人士也感受到了数字化新技术及新媒体带来的挑战,但是与此同时,伴随着传媒界改变流程、推出多种平台(如多种社交媒体平台)、参与终端市场竞争等实践的发展,传媒人士依然倾向于认为挑战与机遇并存,倾向于认为其资源和内容制作优势可以被用于开发基于数字化新技术应用的新市场(当下迅速崛起的是移动终端应用),使自身在变化了的媒介生态格局中牢牢占有一席之地,赢得新的发展。

从世界范围内传媒加盟互联网的发展过程来看,不论是在世纪之交还是在今天,他们的判断确有其道理,但今天的状况与世纪之交时又有所不同。世纪之交时,一些成功的新闻网站就其受众规模而言已经产生了广泛影响。根据一家专门对用户访问最为频繁的网站的情况进行调查的研究公司 Media Metrix 于 1998 年 12 月提供的数据,一些最大的传媒网站当月的受众数量已逾百万,有些甚至超过 500 万。

对于建立这些传媒网站的传媒机构来说,网站上的服务当时无疑为其拓展生存空间开辟了新天地。我国的传媒机构将上网看作谋求自身新发展的机遇,无疑是有道理的。那么,今天的情形又如何呢?让我们看一下专门根据网站访问量和网页浏览量发布网站世界排名的 Alexa 公司(1996 年成立,1999 年起成为亚马逊公司的子公司)提供的网站排名信息(上网时间:2014 年 11 月 5 日):我国进入世界综合排名前 100 名的有 14 家,但其中属于新闻媒体网站的仅有光明网、人民网和新华网 3 家,其余均为社交媒体网站、电子商务网站以及提供综合搜索、信息服务的门户网站等,排名依次为:百度、淘宝、QQ、新浪(中国)、新浪微博、hao123(导航)网、搜狐、阿里巴巴、网易、腾讯旗下的搜搜网、支付宝网站和百度旗下的搜狗网。中国台湾地区的 Pixnet.net 网站（台湾地区最大的社群网站及内容创作平台）也进入了世界网站排名前 100 名。国外的情况也类似，在 Alexa 公司网站上可以看到，进入世界综合排名前 100 名的新闻传媒网站仅有 ESPN 网站、BBC 网站、CNN 网站和《纽约时报》网站。而且，进入前 100 名的新闻传媒网站，不论是我国的还是国外的，排名均不太靠前。进入排名前 10 名的，主要是门户网站和社交网站（有我国的百度和 QQ 网站），但我国的电商网站淘宝网也位列其中。当然，由于网站类别不同，简单地将新闻传媒网站的排名同其他类别的网站相比并不可取，尤其是电商网站。但我们多少可以看出，伴随着基于数字化高新技术的应用的数字化传播新形态、新媒体的出现，门户类网站、社交网站这些提供大量信息内容（包括新闻类信息内容）的网站，分流了信息使用者/消费者，带来了巨大的挑战。

因此，当下我国传媒在相信其资源和内容制作优势在数字化时代仍有用武之地的同时，是在更为实实在在地感受应对挑战的迫切性的情况下积极采取媒体融合/"全媒体"战略的，也是在对传媒生态格局的变化和信息使用者/消费者市场的动态具有切身感受的情况下积极采取这种战略的。传媒业界追求将其资源和内容制作优势同数字化新终端、新平台的市场触角相结合，不仅反映出积极乐观的态度和愿望，也反映出其通过努力革新其流程等找到新的增长点的勇气，更是传媒转型期传统媒介不甘无所作为、坐以待毙而是遵循传媒世界的共存法则进行调适的必然行动。

四、政策鼓励和基层的积极性

政策鼓励和基层的积极性，是我国传媒持续采纳数字化信息传播新技术、实施"全媒体"战略的重要推动因素。但在第一轮传媒人士访谈中，访谈对象中将"上级指示"选为促使其传媒机构在采纳信息传播新技术方面步子迈得较大的原因之一的仅有三人。传媒机构在上网方面的努力似乎表明：基层单位的积极性在传媒对数字化新技术的采纳中起到了至关重要的作用。尽管如此，这并不能说明决策的作用、政策环境的作用不直接。恰恰相反，笔者感到有必要强调指出政府的政策策略的重要性。政策策略是决定任何社会经济发展的关键因素，不管这种发展发生在哪个领域,因为社会经济发展是以目标为导向的过程,它不断涉及决策。事实上,我国关于大力提高电视覆盖率的决策,是我国电视节目上星的重要动力。我国有线电视业 20 世纪 90 年代后期以来在通过技术更新进行多功能开发、综合利用方面的进展,我国广电业近年来建设以高性能宽带信息网核心技术为支撑的新一代广播电视网的努力,也同国家将有线电视网视为信息化基础设施建设的重要组成部分分不开,同 21 世纪初国家推出"三网合一"的发展战略和"三网融合"的发展战略分不开。我国传媒向上网迈步的实践,是我国近年来建设信息高速公路、推进信息化进程的努力的组成部分。这种努力反映了党和政府对这一问题的重视。许多事实都可证明这一点。1998 年,我国成立了信息产业部。这一事实本身说明政府对信息产业极为重视。1998 年 4 月 7 日,科学技术部在北京发布了《科学技术白皮书第七号——中国科学技术政策指南》这一为此后数年国家的科技发展提供指导的政策性文献。这一科学技术白皮书把电子工业描述成支柱产业之一,并要求全国科技机构促进支柱产业的发展,把它作为需进一步重视的重要任务之一。[①] 这些年来,我国在有关政策的指引下,持续努力改进信息基础设施,发展信息产业,建立互联网和移动互联网。1999 年,我国已建成以光缆线为主并辅以多种通信传输手段(微波、卫星、电话、移动电话、数字化通信、多媒体通信等网络)的电信网络。这些电信网络已遍布全国各地的城市和城镇。在互联网建设方面,我国 1999 年已建成四大骨干网络:中国科技网(CSTNET)、公共/公用计算机互联网(CHINANET)、中国教育与研究网(CERNET)和中国金桥网(CHINABNG)。[②] 1999 年,我国在信息化进程中又采取了新的重大举措——政府机构上网。随着这一工程的展开,政府机构纷纷建立起网点,我国电子政务的实践开始发展。当时《人民日报》网站提供的链接中即包括通往"政府上网"的链接,进入后,可见到网页上列有上网的政府机构名称。目前,中国的电子政

---

① *China Daily*,April 8,1998。

② "Sharing Scientific Information—A Chinese Perspective," http://www.nua.ie,July 1999。

务建设已有了很大发展。各级政府及其各职能部门纷纷建立了网站。有关研究发现,在2013年,据不完全统计,"以政府名义注册的网站已超过2万个"①。而根据新华网2014年8月14日发布的信息,由联合国经济和社会事务部与中国国家行政学院日前发布的《2014联合国电子政务调查报告》显示,中国电子政务发展排名第70位,比前一次调查上升了8位。

  进入21世纪后,国家继续推进信息化进程。近年来,我国政府先后发布了《2006—2020年国家信息化发展战略》(2006)、《"十二五"国家战略性新兴产业发展规划》(2012)、《物联网"十二五"发展规划》(2012)和《"宽带中国"战略及实施方案》等一系列纲领性文献,对大力推进我国信息化进程做出了部署,新一代信息技术产业被提到了国家战略性新兴产业的高度,明确提出要"把握信息技术升级换代和产业融合发展机遇,加快建设宽带、融合、安全、泛在的下一代信息网络,突破超高速光纤与无线通信、物联网、云计算、数字虚拟、先进半导体和新型显示等新一代信息技术,推进信息技术创新、新兴应用拓展和网络建设的互动结合,创新产业组织模式,提高新型装备保障水平,培育新兴服务业态,增强国际竞争能力,带动我国信息产业实现由大到强的转变。'十二五'期间,新一代信息技术产业销售收入年均增长20%以上"②。在政策鼓励下,我国互联网骨干网在21世纪第一个十年已发展了九个:中国科技网、公共/公用计算机互联网、中国教育与研究网、中国金桥网、中国联通计算机互联网(UNINET)、中国网通公用互联网(CNCNET)、中国移动互联网(CMNET)、中国长城网(CGWNET)和中国国际经济贸易互联网(CIETNET)。目前,随着电信业的产业调整等,截至2014年6月,中国国际出口带宽数为3776909Mbps,分布情况为:③

中国电信:2428803

中国联通:922875

---

① 曾信祥:《关于推进中国电子政务建设的战略思考》,《电子政务》2013年第4期。
② 《"十二五"国家战略性新兴产业发展规划》,http://www.gov.cn/zwgk/2012-07/20/content_2187770.htm。
③ 参见中国互联网络信息中心:《中国互联网络发展状况统计报告(2014/7)》,http://www.cnnic.com.cn。

中国移动：337629

中国教育和科研计算机网：65000

中国科技网：22600

中国国际经济贸易互联网：2。

当下，互联网(包括移动互联网)应用已渗透到我国的政治、经济、文化和社会领域的各行各业。依托于移动互联网、云计算、大数据等先进信息技术的发展，近年来，我国展开了智能化城市/"智慧城市"建设的探索和实践，"一些城市，如上海、深圳、南京、武汉、成都、杭州、宁波、佛山、昆山等相继推出了'智慧城市'发展战略"[①]。

国家发展信息化的战略决策，政府有关部门的有关纲领性文献，为我国传媒投入信息化发展的大潮流、持续采纳数字化信息传播高新技术、展开媒体融合/"全媒体"探索与实践，提供了政策环境。事实证明，我国传媒业的数字化新媒体业务，是在传媒界基层的积极性、责任感与政府大力支持、推动的合力下，发展起来的。

以上讨论说明，信息高新技术的力量和魅力固然会促使大众传媒关注这些技术，但是，推动传媒持续采纳新技术的却有多种因素，而且这一过程置身于广阔的社会环境之中。单因论的解释，不论是以技术为唯一动因的解释，还是以其他任何单一因素为唯一动因的解释，都是失之偏颇的。

五、经济实力的关联度问题

经济实力的支撑，或者说经济实力许可，在笔者想象中，似乎对于任何被问到采纳信息传播新技术的推动因素这一问题的访谈对象，都可成为一个现成的回答。毕竟，传媒的任何发展都离不开经济实力。而传媒对于信息传播高新技术的采用尤其牵涉到数目巨大的投资。因此，当笔者在世纪之交的第一轮传媒人士访谈中发现仅有不到三分之一的访谈对象选择了这一原因时，深感意外。这究竟是由于当初问卷设计中的问题表述影响了回答，还是由于有些访谈对象对于技术采

[①] 王益明等：《中国智慧城市建设的现状与发展趋势——第七届中国电子政务高峰论坛综述》，《电子政务》2013年第8期。

纳的过程耗资多少不甚清楚？或者由于其他原因？这仍需研究。而在2014年展开的新一轮调研中，问卷设计采用的是开放式问题。问卷中的一道题让访谈对象就"过去5年中，贵广播台在采纳数字化传播技术、向媒体融合（或者说'全媒体'）迈进方面进展最快的是哪年？你觉得这一年这方面进展最快的主要原因是什么？"，给出自己的回答。访谈结果也发现，访谈对象并没有提到"经济实力"。只有一家传媒机构的访谈对象谈到了开展某项新媒体业务时因有无收益问题而造成的徘徊。就两度访谈的时间点而言，"最近5年"这个时间段中，被访问的传媒机构也许始终都有采纳最新技术的经济实力，第一轮访谈的问卷中"过去5年中步子迈得较大……"所隐含的比较，有可能使访谈对象觉得"经济实力许可"与问题关系不大而不选，而第二轮访谈中"进展最快"所隐含的比较，有可能使访谈对象没有往"经济实力"方面考虑。如果确是这样，那么就属于问题的表述影响了回答。

六、数字化时代传统传媒何去何从需要更多、更深刻的研究

传统传媒上网、上"云端"、上智能移动终端等将数字化信息新技术收为己用的实践，均是传统媒体面对数字化新媒体的冲击态势及后者在媒体世界立足渐稳已成大势所趋的局面，不甘坐以待毙而是奋起探索与后者同存共发展之路的行动。这一行动是一个不断调适、追求最佳路径的过程。

尽管我国在1999年已有350多家传媒机构上网，而且这一数字后来又不断增长，但从一系列事实来看，当时多数传媒网站似尚未产生重大影响。如果我们将这些传媒网站的访问人数同这些传媒机构传统的信息服务的受众数相比，总体说来，这些网站的访问人数还是很小的数字。以《文汇报》为例，1998年3月对该报进行访谈的结果发现，当时平均每天约有1000名读者在网上阅读其网络版。将这一数字同该报印刷版为数近50万的发行量相比，显得很小。又如《南方日报》平均每天访问人次达6000多，但同其印刷版的发行量80多万相比，又是一个甚小的数目。当然从创新事物扩散的规律这一角度来说，这些小数字是很重要的小数字。然而，受众数目甚小毕竟意味着目前我国传媒网站总体来说影响规模尚小。同国际上那些月受众量

逾百万的大型传媒网站相比,我国传媒网站总体而言所吸引的用户数尚少,尚称不上已产生广泛影响。此外,1998年年底,一些传媒机构或网站开展评选当年国内十大网站的活动,条件为受用户欢迎程度及网站的访问人次等。在新闻传媒网站中,虽然《人民日报》网站入选《互联网周刊》评出的十大网站,《电脑报》名列由中国互联网络信息中心评出的十大网站之中,但是传媒网站入选的比例实在很小。当然,此类评选活动要保证科学性很不容易,但是,这些评选活动多少反映出我国传媒网站总体说来在当时尚未形成重大的影响力。

而目前我国新闻传媒网站进入Alexa公司的网站世界综合排名前100名的,如前所述,仅有光明网、人民网和新华网3家,而社交网站、电商网站和门户网站进入世界综合排名前100名的倒是要多一些。Alexa公司的网站提供的网站分类世界排名前100名中(上网时间:2014年11月5日),我国新闻传媒(包括印刷传媒和广电传媒)网站没有一家进入,而世界前100名的新闻类网站中,一半以上均是国外(尤其是美国)传统新闻媒体建立的网站,如再加上并非此类媒体建立但与之渊源颇深的网站(如提供来自多家传统新闻媒体的简要新闻的网站),则这一比例会更大。这多少折射出我国传媒业在数字化媒体业务中距离"做强"、我国新闻传媒网站距离在世界上助推其母体新闻传媒的影响力还有较长的路要走。尽管笔者受制于客观条件无从判断Alexa公司的网站排名的科学性,但其排名在业内和研究界似乎权威性颇强。这一点值得引起高度重视。

当下,网络(包括电脑互联网和移动互联网)正成为国际上新闻竞争、文化竞争的阵地之一。我国传媒网站应加强自身的建设,注意在网络阵地的竞争中发挥作用。目前,由于云技术、大数据等信息新技术的推出,测量新闻传媒推出的数字化新媒体业务的受欢迎程度,并且通过进行数据比较,寻找受欢迎程度最高的内容生产方式等,已远比以往更为便捷。笔者认为,我国传媒机构通过运用这些新技术以创新的测定方法展开应用性研究,参照测量、研究结果不断调适其适合媒体融合的内容生产,当能有助于我国传媒业提升其在新一轮传媒竞争中的生命力、传播力,也有助于提升在世界范围内的影响力。

与此同时,应当看到,传媒融合的过程是复杂的,其背后,不论从宏观上还是从中观、微观上来说均交织着多种因素的影响。从表象上来看,数字化信息传播新科技带来的增加人类交流/传播活动的机会之可能性,当然是吸引传统媒体持续采纳此类新科技的直接的触发因素。透过这一表象,背后有政治(政策)、经济、文化因素交织而成的社会大背景施加的宏观影响。在中观层面上来说,传媒机构作为施行传媒融合战略的实践主体,在追求发展、追求找到新增长点的目标驱动下竞相推出传媒融合战略,这些机构的这种有意图的行动,也是传媒融合过程中的一个重要动力因素。但这种战略能否实现传媒机构的意图、目标,牵涉到社会公众对其传媒融合战略下的种种新媒体业务的欢迎程度,也与在数字化平台上推出信息服务的其他社会力量的行动及其成功程度相关联。如果我们把基于数字化技术的种种新平台比作舞台,那么,在这一舞台上"登台献艺"者,来自各行各业而并非仅是新闻传媒机构,还有不少先于新闻传媒机构登上这一舞台的。这些也是对传媒融合过程产生影响的因素。更有微观层面上的传媒人士的工作流程、工作习惯和公众成员个人的心理因素等对这一过程的影响。

  因此,传媒融合,决非采纳了数字化信息高新技术就可万事大吉。传媒领域的现实,说明传媒融合,并非简单地采纳新技术就能如愿。根据皮尤研究中心(Pew Research Center)一项关于新闻业的最新调研,在美国,"2013年和2014年早期在许多方面给新闻行业带来了长期未见的活力程度。尽管过去数年的挑战仍在继续而且新的挑战正在出现,但这一年度(该行业)的活动开创了一种新的对于新闻业未来的乐观感或者说希望"[1]。但是,值得引起传统传媒机构警醒的是,"大举进入新闻舞台的数字化玩家已激增,带来了技术,也带来了新的钱源并吸引走了新闻领域的顶尖人才",普利策奖得主马克·斯库弗斯(Mark Schoofs)成为 BuzzFeed 的新闻部成员之一,《纽约时报》原助理主编吉姆·罗伯茨(Jim Roberts)被 Mashable 吸引过去成为后者的内容主管,《华盛顿邮报》的解释性新闻得力干将埃兹拉·克莱恩(Ezra

---

[1] Amy Mitchell, et al., "State of the News Media 2014: Overview," www.pewresearch.org,2014年3月发布。

Clein)离开该报加盟 Vox 媒体,仅是皮尤研究中心的调研报告中列举的传统传媒顶尖人才被进入新闻舞台的数字化玩家挖走的若干例子。根据这一调研报告,在这一年度中,更多的证据表明提供新闻是社交媒体与移动设备激增这一过程的组成部分;脸谱网用户的半数均从该网站获取新闻,"尽管他们上该网站并非为了寻找新闻"。根据该调研报告总结出的美国新闻业的若干发展趋势,有一系列现象尤其值得媒介分析领域的研究者关注:

第一,美国的经验发现,数字化新闻媒体的员工队伍和海外业务、外语业务在扩张,而传统主流媒体却在紧缩全球新闻报道。据上述报告提供的信息,美国有 30 家最大的仅有数字版的新闻机构提供了大约 3000 个工作岗位,而且投资领域之一即国际/全球新闻报道;一些此类机构纷纷拓展延伸其海外办事处、增强外语使用的多样性,这发生在传统主流媒体正在紧缩全球新闻报道之时。

第二,在美国,尽管有新的钱源进入新闻业,但迄今流入新闻传播业的新的钱流也许更多地是激励报道和传播到达受众的新方式,而并非建立一个新的可持续的收入结构。这非常值得新闻机构关注和探究。从新方式的角度来说,新闻"讲述故事"的新方式既带来指望,又带来挑战。美国 2013 年新闻业扩张的一个领域是网上视频新闻。数字化视频捆绑的广告收入 2013 年比 2012 年增加了 44%,并有望继续增加。而社交媒体和移动媒体的发展在把消费者带入内容生产过程的同时,也改变了这一过程的动力学。根据皮尤中心新近发布的调研数据,美国半数的社交网络用户分享和转帖新闻报道、影像和视频,而近半数(46%)的社交网络用户讨论社交网站上的新闻议题或事件。而且,伴随着移动传播技术的更广泛的应用,公民正在有关诸如波士顿爆炸和"乌克兰暴动"之类的新闻事件中扮演更加重要的目击者的角色……数据显示,在从脸谱网获得新闻信息的人中,仅有约三分之一的人跟踪新闻机构或新闻工作者个人对之的报道。他们大多数是在其社交网站的朋友中分享新闻报道。而根据皮尤中心有关排名最前的新闻网站流量的调查,很少有脸谱网的访问者最后直接访问一家新闻网站。

可见,对于新闻提供商来说,不论是从吸引受众方面来说还是从建立一个独立生存发展的收入基础方面来说,依靠一项单独的数字化策略是不够的。

第三,美国的地方性电视台易主事件频发,而地方新闻媒体领域所有权变迁的结果是所有权更加集中。从2013年美国的情况来看,几乎有300家地方性电视台以80亿美元的价格易主;与2012年相比,售出的电视台增幅达205%,价值上升367%,大的传媒所有者变得更大。皮尤中心的报告指出,如果所有悬而未决的电视台出售都如期完成的话,Sinclair Broadcasting一家广电公司就将在77个地方市场拥有167家电视台,涉及美国人口的40%。[①]

美国最新的新闻业变迁现实说明,数字化时代传统新闻媒体何去何从的问题,传媒融合或者说"全媒体"的问题,是非常复杂的。数字化技术本身的发展,依然在突飞猛进,数字化传播新方式依然在不断涌现,尤其是移动互联网崛起带来的各种新应用程序正在不断推出,数字化传播的许多现象仍处于不断变化之中而尚未定型;传统媒体的应对策略、方式也仍然处于不断调适的过程之中而尚未定型。为了深刻把握数字化背景下传媒业的发展脉络,对数字化时代传统新闻媒体何去何从以及传媒融合或者说"全媒体"传播的最佳方略的问题做出理性回答,需要更多、更深入的研究。更何况,传媒行业的发展又由整个社会的发展趋势所形塑,与社会其他方面的发展交织在一起。当然,中国有自己的国情,也有自己独特的传媒与传媒管理体制。但是,就数字化传播技术及数字化新媒体形态给传统新闻业带来的挑战,以及数字化时代的新闻传媒何去何从而言,作为互联网及网络新闻传播兴起的发源地的美国的经验,还是很有参考价值的。

不断发展的数字化技术提供了拓展人类传播实践的各种可能性。如何实现这些可能性?以何种形式实现这种可能性?这些年来新涌现的数字化内容供应商在探索,传统媒体机构也在探索。不断采纳数字化信息传播高新技术,实施媒介融合或者说"全媒体"战略,正是后者的探索实践的集中体现。学界也在联系传媒新实践进行持续研究。

---

① Amy Mitchell, et al., "State of the News Media 2014: Overview," www.pewresearch.org,2014年3月发布。

传统媒体的上述探索是否能使转型中的传统媒体如愿以偿,有效应对数字化新媒体的挑战并找到新的增长点?其答案的来源,唯有实践。而学界要对有关问题做出准确判断,也唯有持续考察传统媒体的上述探索实践过程及其结果。

结束语　网络化—移动化背景下的传媒转型：进一步深入研究的迫切性

从某种意义上来说，传播史上的每一新时期都是由某种（些）关键性的信息传播技术创新之社会应用所开创的。而与大众传播事业息息相关的传播学科的成长，也和媒介技术的发展与更新，有着不解之缘。大众传播的初创离不开与当时社会其他方面的进步相伴随的印刷术的广泛应用。而以传播技术的重大突破为技术基础的大众传媒业的诞生，是促发传播学科孕育与兴起的重要因素。大众传播进入到广电传播主导的时期，也依托于一系列电子传播技术的广泛社会应用。广电传媒，尤其是电视当年作为新传媒的蓬勃发展，也促发了学界对于电视媒介乃至各种媒介的特征和媒介技术的社会影响的理论思考，著名的媒介理论家麦克卢汉的媒介理论，正是问世于电视媒介在全世界迅速发展的20世纪60年代。而今，放眼全球，电脑技术、电脑联网技术以及互联网技术与智能移动通信的结合，显然成了逐步开创"互联网星系"时期的关键性数字化信息技术创新。"转型"已成为反映传媒生态乃至社会进程的关键词。就传媒生态而言，当年奠定了坚固地位的报刊与广电传媒，而今正受到形形色色基于数字化技术的网络化—移动化的新媒体的挑战。脸谱网、推特、微博、微信等社交媒体，已迅速崛起为人们获取与分享信息的重要平台、消费信息的重要渠道；传统传媒为应对数字化新媒体剧烈的冲击，化危机为机遇，正纷纷采用这些基于数字化新媒体技术的新平台。而从社会进程的角度来说，依据社会经济的产业结构来划分，数字化信息传播高新技术的广泛社会应用已使社会由工业社会迈向信息化社会，其主要特征包括社会信息传播产业成为支柱产业、信息成为社会生产的重要资源。在这样一个社会传播领域变化剧烈的时期，与当下数字化信息传播技术创新的社会应用相关的各种社会现象，自然而然引发了传播学领域新的研究、新的探索。

在数字化信息传播高新技术及其社会应用日新月异、社会的信息化进程不断前行、传媒业变迁深刻的今天，从理论的高度深刻理解媒介技术及其发展史同人类社会变迁和文明发展史的关系，倍显重要。有鉴于此，本书八章的阐述，将大部分篇幅放在探讨若干世界知名的不同时期的学术大家对于传媒发展与社会变迁提出的自成一家之言的有关理论、观点上。笔者相信，英尼斯、麦克卢汉、威廉斯、梅罗维兹、贝尼格、希勒、卡斯特尔这些理论家对有关问题的充满睿智的阐述，为学界从理论的高度理解当下发生的传媒转型，提供了多元的视角。对于我国研究界的媒介分析及其成果，本书也以一章的篇幅进行了梳理和考察。

面对我国新闻传播实践正处于变化显著的转型期的现实，本书还在最后一章中结合传播实践提出的新课题，采用以传媒人士访谈为主并辅以对获自文献研究的综合数据和资料进行研究的方法，展开探讨，以期了解我国新闻传媒业的新发展过程中数字化技术的影响与社会背景的互动。这一章以第二手资料入手展示改革开放以来不同阶段我国传媒发展的状况，继而通过主要获自传媒人士访谈的第一手资料，透视我国传媒业面对数字化带来的挑战和机遇展开的媒介融合、转型的实践，并在此基础上将访谈结果同社会背景联系起来分析传媒转型的推动因素，同时结合国际上的有关资料探析转型的复杂性。

放眼我国传媒业界近年来的种种媒介融合/"全媒体"新举措，可断言我国传媒业处于传媒转型进行时已成事实。然而，对于传媒转型这个过程而言，新技术的推动力固然不可小觑，而背后的其他因素与之的交织，也不可忽视。以我国而言，改革开放以来国家对于信息化建设的高度重视及一系列推进其进程的政策,既推进了传媒转型所必需的信息基础设施的设立,又为传媒实施媒介融合、进行转型,提供了政策环境。建设社会主义市场经济目标的提出,把市场竞争机制引入了各行各业的运作,走向市场的我国媒体,逐渐具有日益强烈的竞争意识,媒介间竞争的需要、竞争带来的压力,被视为推动采纳信息传播新技术的原因之一;而当前发展势头迅猛的数字化新媒体已造成传媒信息使用者/消费者的分流,从而令传统媒体切实感到这些新的市场主体带来了新的市场压力。这种压力,也化为促使我国传统媒体利用基于数字化新媒体技术的新平台的一个动力。然而,应当看到,在以数字化新传媒技术为基础的开放的新平台上参与媒体市场竞争的,不仅仅有传统媒体,还有信息行业的其他运作者,如小米、优酷、车语传媒公司、上海麦克风文化传媒公司之类的民营公司。尽管我国传统媒体有着国家所赋予的特殊地位的优势,然而民营新媒体的运作者则有其在市场上的开放度和灵活性方面的优势。对于前者而言,来自国家赋予的优势也带来了在资金运作等方面的管理严格性和极强的责任性;而后者则可自筹资金,在对风投资金的运用和允许试错方面具有决策自主性。这些均会对媒介融合过程产生影响。过去在计划经济下作为宣传机构受到重视的新闻传媒单位,在改革开放后的今天在作为宣传机构发挥舆论导向作用的同时也作为市场主体在市场经济的风浪中经受考验,自然会对当下"大众自传播"的趋势、对信息传播市场上正在出现的主体多样化趋势,敏感捕捉。同时在对外开放的背景下,我国传统媒体自然也会高度关注国际上信息传播数字化的新潮流、传统传媒拥抱数字化的转型潮流,这种潮流,也会构成我国传统媒体应对数字化新媒体的冲击中的一个参照因素。

从当下的情况来看,移动互联网的崛起,为网络传播的发展注入了新的活力。兼具连接性和移动性特点的移动互联网,使网络连接可以无时、无处不在,持续不断,从而使网络传播跃上了一个新台阶,使众多的"大众自传播"的主体分外活跃,也使传统媒体在采纳数字化传播新技术的过程中、在实施媒体融合战略的过程中,高度重视移动终端上的平台。在崭新的数字化传播市场上,不论是传播主体还是信息使用者/消费者,都开始明显青睐移动互联网媒体,这一点,已经在众多传统媒体和数字化新媒体公司竞相进入这一市场以及移动媒体用户的几何级增长中,得到反映。

移动互联网的吸引力,无疑同其移动性分不开。而移动性/流动性对人类社会的吸引力,并非始于当下的数字化时代。可以说,人类对移动、流动的需求和愿望,古已有之。在古代,人类就出于生存、发展和交往的需要而利用步行或马匹、骆驼等牲口代步而实现从一地向另一地的出行、移动/流动。到了现代社会,流动性/移动性更是成为现代性的特征之一。而流动性赖以形成、发展的技术层面的物质文明基础则在现代社会的不同阶段有所不同。在现代社会史上,第一次工业革命带来了蒸汽机车、汽船等交通运输工具的发明,推动了现代交通运输基础设施建设,使长途运输更加快捷,从而推进了地区间的联系。可以说在那个阶段,现代交通运输基础设施和交通工具技术,是流动性/移动性的技术层面的物质文明基础。第二次工业革命中电力的广泛应用,加速了现代交通运输基础设施建设和交通工具的进一步创新,飞机等新的交通工具的发明以及电信手段的发明,更新了流动性/移动性的技术层面的物质文明基础,使移动性对于人类社会而言不仅意味着现实世界的物理上的出行加速,而且意味着符号世界的连接、共享意义上的迅速移动/流动。

而今,数字化科技革命为人类社会的流动性/移动性奠定了新的物质文明基础,加大了符号世界的连接、共享意义上的迅速移动/流动在当代社会的移动性中的比重。人们只要移动终端在手,就可以随时随地在移动网络的流动空间翱翔,不必进行物理上的出行即可实现与远方的瞬时交往、互动。在这个意义上来说,移动互联网在实现人类对移动、流动的需求和愿望中的优势是不言而喻的。传统媒体积极采纳移动互联网技术,正是迈出了使自己的传播内容搭载滚滚向前的移动互联网列车,随时随地到达用户的重要一步。然而,在可供用户选择的信息源几乎无限多元的"大众自传播"时代,用户对信息源的选择,而不是传统媒体的主观愿望,才是决定转型中的传媒在新的社会传播生态中生存和发展状况的关键。不论是从互联网发展的历史来看,还是从当前的现状来看,传统媒体应对数字化带来的挑战并非只要采用了数字化传播新技术、采取了媒介融合策略就可万事大吉。在互联网走向商业化民用后,曾经出现过"互联网泡沫"破裂阶段一些本已建立网站的机构(包括媒体机构)因不堪网站"烧钱"的经济重负而从网上退出的情况。而从媒体领域的现状来看,尽管中外传统媒体均已纷纷采纳数字化高新技术,推出客户端,并在一系列网上平台推出其内容,但印刷媒体受到严重冲击、广告收入下滑,传统媒体的顶尖人才被数字化新媒体挖走的"新闻",时不时从美国等国传出。在我国,虽然传统媒体的资源等优势依然明显,但用户市场分流、人才流失等的苗头,也并非没有出现。可见,传媒转型是个复杂的过程;网络化—移动化背景下如何有效实现传媒转型的问题,迫切需要深入研究。笔者修订本书,旨在"抛砖引玉",引来研究界推出更多、更成熟的相关成果。更期待研究界的成果积累,为深刻理解"互联网星系"中的传播规律,理解网络化—移动化背景下的传媒转型,提供扎实的认知基础。

主要参考文献

英文文献

Ball-Rokeach, Sandra and Reardon, Kathleen, "Monologue, Dialogue, and Telelog: Comparing an Emergent Form of Communication with Traditional Forms," in Hawkins, Robert P., et al. (eds.), *Advancing Communication Science: Merging Mass and Interpersonal Processes*, Newbury Park, California: Sage, 1998, pp. 135 – 161.

Baran, Stanley J. & Davis, Dennis K, *Mass Communication Theory: Foundations, Ferment and Future*, Belmont, California: Wadsworth Publishing Company, 1995.

Beniger, James R., *The Control Revolution: Technological and Economic Origins of the Information Society*, Massachusetts: Harvard University Press, 1986.

Beniger, James R., "Personalization of Mass Media and the Growth of Pseudo-community," in *Communication Research*, Vol. 14(3), 1987, pp. 352 – 37.

Beniger, James R., "Information Society and Global Science," in *Annals of the American Academy of Political and Social Science*, Vol. 495: (1), 1988, pp. 14 – 28.

Beniger, James R., "Information and Communication: The New Convergence," in *Communication Research*, Vol. 15(2), 1988, pp. 198 – 218.

Biocca, Frank, "Communication Research in the Design of Communication Interfaces and Systems," in *Journal of Communication*, Vol. 43 (4), 1993, pp. 59 – 63.

Boli, John, "Book Review of *End of Millennium*," in *American Journal of Sociology*, Vol. 104(6), May 1999, pp. 1843 – 1844.

Carey, James W., "Harold Adams Innis and Marshall McLuhan," in Rosental, Raymond (ed.), *McLuhan Pro and Con*, Harmondsworth: Penguin, 1969.

Carlson, David, "Media Giants Create Web Gateways," 1999, http://www.ajr.org.

Castells, Manuel, *The Information Age: Economy, Society and Culture*, Vol. 1, *The Rise of the Network Society*, Oxford, UK: Wiley-Blackwel, 2010.

Castells, Manuel, *The Information Age: Economy, Society and Culture*, Vol. 2, *The Power of Identity*, Oxford, UK: Wiley-Blackwell, 2010.

Castells, Manuel, *The Information Age: Economy, Society and Culture*, Vol. 3, *End of Millennium*, Oxford, UK: Wiley-Blackwell, 2010.

Chesebro, James W., "A Media Perspective: One Point of View," in *Communication Quarterly*, Vol. 34(2), 1986.

Cooper, Thomas, "Book Review of *The Legacy of McLuhan*," in *Journal of Communication*, Vol. 56(4), 2006, pp. 427 – 436.

DeFleur, Melvin L., and Ball-Rokeach, Sandra J., *Theories of Mass Communication*, New York: Longman, 1982.

Dewey, John, *Democracy and Education*, New York: Macmillian Co., 1916.

Dizard, Wilson P. Jr., *The Coming Information Age: An Overview of Technology, Economics, and Politics*, New York: Longman, 1989.

Grosswiler, Paul, "The Dialectical Methods of Marshall McLuhan, Maxims, and Critical Theory," in *Canadian Journal of Communication*, Vol., 21(1), 1996.

Hacker, Kenneth L. and Goss, Blaine, "Electronic Mail Management: Issues of Policy Formation for Organizations," 1995. (Presented at the 45th Annual Conference of the International Communication Association, Albuquerque, New Mexico.)

Hall, Stuart, "Encoding/Decoding" (An extract from CCCS Stencilled Paper No. 7: "Encoding and Decoding in Television Discourse"), in Stuart Hall et al. (eds.), *Culture, Media, Language: Working Papers in Cultural Studies*,

1972—79, London: Hutchinson & Co. Ltd., 1980, pp. 128-138.

Innis, Harold, A., *Empire and Communications*, Oxford: Oxford University Press, 1950.

Kerkhof, Peter, "Social Media and International Communication Research," 2013, http://acsm-vu.nl/?p=613>.

Keshishian, Flora, "A Media Perspective: A Second Point of View," in *Communication Quarterly*, Vol. 34(2), 1986.

McLuhan, Marshall, *The Gutenberg Galaxy: The Making of Typographic Man*, London: Routledge, 1962.

McLuhan, Marshall, *Understanding Media: The Extensions of Man*, New York: New American Library, Inc., 1964.

Melody, William H., *Culture, Communication, and Dependency*, New Jersey: Ablex Publishing Corporation, 1982.

Melucci, Alberto, "Book Review of *The Rise of the Network Society*," in *American Journal of Sociology*, Vol. 10(2), Sept. 1997, pp. 521-523.

Meyrowitz, Joshua, *No Sense of Place: The Impact of Electronic Media on Social Behavior*, New York: Oxford University Press, Inc., 1985.

Meyrowitz, J. and Maguire, J., "Media, Place, and Multiculturalism," in *Society*, Vol. 30(5), 1993, pp. 41-48.

Meyrowitz, Joshua, "Understandings of Media," in *Et Cetera*, Vol. 56(1), 1999, pp. 44-52.

Meyrowitz, Joshua, "Pleasure, Patterns: Intersecting Narratives of Media Influence," in *Journal of Communication*, Vol. 58(4), 2008, pp. 641-663.

Miller, David, *George Herbert Mead: Self, Language and the World*, Chicago: University of Chicago Press, 1980.

Mitchell, Amy, et al., "State of the News Media 2014: Overview," www.pewresearch.org.

Newcomb, Horace (ed.), *Television: the Critical View*, New York: Oxford University Press, Inc., 1994.

Oosterhoff, R. "Meyrowitz, McLuhan, Medium Theory and Me," 2001, http://list.msu.edu/archives/aejmc.html.

Peters, John Durham, *Speaking into the Air: The History of the Idea of Communication*, Chicago: The University of Chicago Press, 1999.

Roberts, Joanne, "Theory, Technology and Cultural Power: An Interview with Manuel Castells," in *Journal of Theoretical Humanities*, Vol. 4(2), 1999, pp. 33 - 39.

Schewe, Douglas H., "McLuhan's Rhetorical Devices in Understanding Media," in *Journal of Aesthetic Education*, Vol. 5(3), July 1971, pp. 159 - 168.

Schiller, Dan, *Digital Capitalism*, Massachusetts: MIT Press, 2000.

Schramm, Wilbur and Porter, William E., *Men, Women, Messages and Media*, New York: Harper & Row Publishers, Inc., 1982.

Shrum, W., Wutnow, R. & Beniger, James, "The Organization of Technology in Advanced Industrial Society: A Hypothesis on Technical Systems," in *Social Forces*, Vol. 64(1), 1985, pp. 46 - 63.

Stevenson, Nicholas, *Understanding Media Cultures*, California: Sage Publications, 1995.

Stevenson, Robert, *Global Communication in the Twenty-first Century*, New York: Longman, 1994.

Tilly, Charles, "Book Review of *The Power of Identity*," in *American Journal of Sociology*, Vol. 10(6), May 1998, pp. 1730 - 1732.

Turner, G., *British Cultural Studies: An Introduction*, New York: Routledge, 1990.

Wasser, Fredrick, "Current Views of McLuhan," in *Journal of Communication*, Vol. 48(3), Sept. 1998, pp. 146 - 152.

Williams, Raymond, *Culture and Society: 1780—1950*, New York: Columbia University Press, 1960.

Williams, Raymond, *Communications*, Baltimore: Penguin Books, 1962.

Williams, Raymond, *Communications*, London: Penguin, 1970.

Williams, Raymond, *Television: Technology and Cultural Form*, London: Wm. Collins & Co. Ltd., 1974.

Williams, Raymond, *The Long Revolution*, London: Penguin, 1975.

Zhang, Yonghua, "New Information Technologies and Mass Communication in Shanghai," in *Media Asia*, Vol. 20 (1), 1999.

Journal of Communication. Vol. 47(3)-Vol. 55(4), 1997—2005.

http://www.nua.ie,1998—1999年。

中文文献

陈红梅:《因特网与报纸传媒的新角色》,《新闻与传播研究》1999年第3期。

陈力丹:《论网络传播的自由与控制》,《新闻与传播研究》1999年第3期。

陈卫星:《麦克卢汉的传播思想》,《新闻与传播研究》1997年第4期。

董宽:《纪念改革开放30周年特稿 在改革的年代里成长进步》,《新闻三昧》2008年1-2合刊。

高宪春:《新媒介环境下议程设置理论研究新进路的分析》,《新闻与传播研究》2011年第1期。

国家新闻出版广电总局发展研究中心:《中国广播电影电视发展报告(2014)》,北京:社会科学文献出版社2014年版。

何道宽:《麦克卢汉的昨天、今天和明天:纪念麦克卢汉百年诞辰》,《国际新闻界》2007年第7期,第6—12页。

何道宽:《麦克卢汉研究的三次热潮和三次飞跃》,"变革中的新闻与传播:实践探索与理论构建"研讨会论文(中国社会科学院新闻与传播研究所主办,2013年10月)。

胡建红:《中国传媒30年之变与不变》,《传媒》2008年第11期。

胡泳:《众声喧哗:网络时代的个人表达与公众讨论》,桂林:广西师范大学出版社2008年版。

胡正荣:《产业整合与跨世纪变革——美国广播电视业的发展走向》,《国际新闻界》1999年第4期。

金惠敏:《20世纪西方美学的四个问题》,《文学评论》2009年第3期。

李纯武、寿纪瑜等编著:《简明世界通史》,北京:人民教育出版社1981年版。

李曼琳:《国际妇女运动与女权主义的历史演进及其启示》,《云南师范大学学报(哲学社会科学版)》2006年第38卷第4期,第50—55页。

梁洪浩编著:《外国新闻事业百题问答》,北京:中国新闻出版社1988年版。

梁颐:《媒介环境学者与"技术决定论"关系辨析》,《新闻界》2013年第19期。

陆晔、赵月枝:《美国数字电视:在权力结构与商业利益之间的曲折发展》,《新闻与传播研究》1999年第3期。

闵大洪:《传播科技纵横》,北京:警官教育出版社1998年版。

闵大洪:《网络传播研究亟待加强》,《新闻与传播研究》2000年第1期。

明安香主编:《信息高速公路与大众传播》,北京:华夏出版社1999年版。

彭伟步:《新闻INTERNET成为我国第四大新闻媒介还为时尚早》,《新闻与传播研究》1999年第3期。

秦麟征:《后工业社会理论和信息社会》,沈阳:辽宁人民出版社1986年版。

沈奕霏等:《中国三网融合的发展现状与前景》,《信息科技》2012年第1期(上)。

舒开智:《雷蒙德·威廉斯文化唯物主义理论研究》,北京:学苑出版社2011年版。

孙五三:《质疑数字化——席勒的〈数字资本主义〉读后》,《国际新闻界》2000年第6期,第59—63页。

唐润华:《因特网对新闻传播的影响》,《新闻与传播研究》1999年第3期。

屠忠俊:《网络多媒体传播——媒介进化史上新的里程碑》,《新闻大学》1999年春季号。

王益明等:《中国智慧城市建设的现状与发展趋势——第七届中国电子政务高峰论坛综述》,《电子政务》2013年第8期。

王振铎:《中国报业技术发展综述》,见宋建武主编:《中国报业年鉴(2004)》,中华工商联合出版社2005年版,第683—688页。

吴玉荣:《信息技术革命与苏联解体——兼论曼纽尔·卡斯特解读苏联解体的新视角》,《中共中央党校学报》2003年第4期,第49—54页。

谢俊贵:《当代社会变迁之技术逻辑——卡斯特尔网络社会理论评述》,《学术界》2002年第4期。

熊澄宇、张铮:《在线社交网络的社会属性》,《新闻大学》2012年第3期。

阳敏:《给市民社会一个生长的空间:专访西班牙著名社会学家曼纽尔·卡斯特》,《南风窗》2015年第2期。

俞旭、郭中实、黄煜主编:《新闻传播与社会变迁》,北京:中华书局1999年版。

曾信祥:《关于推进中国电子政务建设的战略思考》,《电子政务》2013年第4期。

张国良:《现代大众传播学》,成都:四川人民出版社1998年版。

张国良:《二十世纪九十年代以来中国大众传媒状况的变化》("第二届两岸传播媒体迈向21世纪学术研讨会"论文,1999年10月29日—11月4日,南京大学—上海交通大学)。

张昆编著:《简明世界新闻通史》,武汉:武汉大学出版社1994年版。

张明新:《社会关系网络中的信息消费与生产:微博用户行为研究》,《新闻与传播研究》2012年第6期。

张咏华编著:《大众传播学》,上海:上海外语教育出版社1992年版。

张咏华:《试论威廉斯的大众传播的文化社会学理论》,《现代传播》1997年第6期。

张咏华:《大众传播社会学》,上海:上海外语教育出版社1998年版。

张咏华:《新形势下对麦克卢汉理论的再认识》,《现代传播》2000年第1期。

张咏华:《有意图的社会行动对互联网社会应用的影响》,《中国网络传播研究》2008年第2卷第1辑。

张咏华:《中外网络新闻业比较》,北京:清华大学出版社2004年版。

张允若、高宁远:《外国新闻事业史新编》,成都:四川人民出版社1996年版。

张允若主编:《外国新闻事业史》,武汉:武汉大学出版社2000年版。

中国互联网络信息中心:《中国互联网络发展状况统计报告》(1999/7)、(2002/7)、(2012/7)、(2014/7)。

周鸿铎等:《传媒集团运行机制》,北京:经济管理出版社2005年版。

周金元等:《国内微博研究综述》,《情报杂志》2013年第9期。

朱志珍:《改革开放以来经济报纸发展概述》,《大学图书情报学刊》1994年第2期。

《国际新闻界》,1996—2012年。

《新闻大学》,1996—2012年。

《新闻记者》,1996—2012年。

《新闻与传播研究》,1996—2012年。

《中国广播电视年鉴(1998)》,北京:北京广播学院出版社1998年版;《中国广播电视年鉴》(2002)、(2003)、(2004)、(2005)、(2006)、(2007)、(2008)、(2009)、(2010)、(2011)、(2012)、(2013),北京:中国广播电视年鉴社。

《中国统计年鉴》(2005)、(2006)、(2007)、(2008)、(2009)、(2010)、(2011)、(2012)、(2013),北京:中国统计出版社。

《中国新闻年鉴(1997)》,北京:中国新闻年鉴杂志社1997年版。

《中国新闻年鉴》(2002)、(2003)、(2004),北京:中国新闻年鉴社。

〔美〕阿尔文·托夫勒:《第三次浪潮》,朱志焱等译,北京:新华出版社1996年版。

〔美〕保罗·莱文森:《数字麦克卢汉:信息化新纪元指南》,何道宽译,北京:社会科学文献出版社2001年版。

〔美〕丹·希勒:《数字资本主义》,杨立平译,南昌:江西人民出版社2001年版。

〔美〕丹尼尔·贝尔:《后工业社会》(简明本),彭强编译,北京:科学普及出版社 1985 年版。

〔美〕丹尼尔·杰·切特罗姆:《传播媒介与美国人的思想》,曹静生等译,北京:中国广播电视出版社 1991 年出版。

〔英〕雷蒙德·威廉斯:《文化与社会》,吴松江、张文定译,北京:北京大学出版社 1991 年版。

〔英〕雷蒙德·威廉斯:《电视:科技与文化形式》,冯建三译,台北:台北远流出版公司 1994 年版。

〔美〕玛格丽特·波洛玛:《当代社会学理论》,孙立本译,北京:华夏出版社 1989 年版。

《马克思恩格斯选集》第二卷,北京:人民出版社 1985 年版。

〔加〕马歇尔·麦克卢汉:《谷登堡星汉璀璨:印刷文明的诞生》,杨晨光译,北京:北京理工大学出版社 2014 年版。

〔德〕麦克斯·霍克海默:《批判理论》,李小兵等译,重庆:重庆出版社 1989 年版。

〔美〕曼纽尔·卡斯特:《网络社会的崛起》,夏铸九、王志弘等译,北京:社会科学文献出版社 2000 年版。

〔美〕曼纽尔·卡斯特:《认同的力量》,夏铸九、黄丽玲等译,北京:社会科学文献出版社 2003 年版。

〔美〕曼纽尔·卡斯特:《千年终结》,夏铸九、王志弘等译,北京:社会科学文献出版社 2005 年版。

〔美〕托马斯·库恩:《科学革命的结构》,金吾伦、胡新和译,北京:北京大学出版社 2003 年版。

〔美〕威尔伯·施拉姆、威廉·波特:《传播学概论》,李启等译,北京:新华出版社 1984 年版。

〔加〕文森特·莫斯可:《数字化崇拜、迷思、权力与赛博空间》,黄典林译,北京:北京大学出版社 2010 年版。

〔美〕约翰·奈斯比特、娜娜·奈斯比特、道戈拉斯·菲利普:《高科技·高思维:科技与人性意义的追寻》,尹萍译,北京:新华出版社 2000 年版。

索　引

A

奥格登（查尔斯·奥格登）（Charles K. Ogedn）　17

B

把关人　20,44,71,232,234
鲍尔-洛基奇（桑德拉·鲍尔-洛基奇）（Sandra Ball-Rokeach）　42,135,154—156,158—163,166,168,169
报业经济　244,245
贝尔（丹尼尔·贝尔）（Daniel Bell）　27—30
贝尼格（詹姆斯·贝尼格）（James Beniger）　135
布鲁默（赫伯特·布鲁默）（Herbert Blumer）　19

C

传播模式　86,198
传播型式　110
垂直型的（科层制的）　188,189
垂直整合　189,190

D

大数据　41,280,282
大众自传播　4,196,289,290
带宽　279
第三产业　244
第三次浪潮　30,31
第四媒体/第四媒介　34
低俗文化/低级文化　87
点对点传播　44
点对面传播　44
"电子对话"（"Telelog"）　42,155,156,158,161—169
电子政务　278—280
杜威（约翰·杜威）（John Dewey）　16
对抗式的　102
多媒体　27,42,64,134,197,198,201,228,229,256,274,278

E

二维码　249,262

F

封闭式问题　255

风险投资　45,178

负功能　46

赋权　232,236

G

盖洛普（乔治·盖洛普）(George Gallup)　151

高雅文化　87

戈尔丁（彼得·戈尔丁）(Peter Golding)　104

戈夫曼（欧文·戈夫曼）(Irving Goffman)　108

公共领域　39,127

谷登堡（约翰尼斯·谷登堡）(Johannes Gutenberg)　11

国际潮流　261,271,273,275

H

海德格尔（马丁·海德格尔）(Martin Heidegger)　18

黑客　46

后工业社会　27—30,32

互联网思维　264

"互联网星系"（"Internet Galaxy"）　5, 33,34,45,71,179,180,192,193, 197,207,240,268,287,291

霍尔（斯图尔特·霍尔）(Stuart Hall)　88

霍尔堡国际纪念奖（Holberg International Memorial Prize）　5

霍夫兰（卡尔·霍夫兰）(Carl Hovland)　16

霍金斯（罗伯特·霍金斯）(Robert P. Hawkins)　155

霍克海默（马克斯·霍克海默）(Max Horkheimer)　18

J

即时性　201

交互性的（互动的）　39,114,184,188, 191,193,195,200,204,224,265

解除管制　176,187,188

金属活字印刷术　11

聚合　4,88,145,173,184

K

卡迈克尔（斯托克利·卡迈克尔）(Stokely Carmichael)　116

卡斯特尔（曼纽尔·卡斯特尔）(Manuel Castells)（又译卡斯特）　2

开放式问题　255,273,275,281

凯里（詹姆斯·凯里）(James Carey)　238

客户端　168,249,262,263,271,291

柯立芝（卡尔文·柯立芝）(Calvin Coolidge)　150

控制革命　135—138,141—145,147— 149,151—154

库利（查尔斯·库利）(Charles H. Cooley)　16

L

拉斯韦尔（哈罗德·拉斯韦尔）(Harold

Lasswell) 16
拉扎斯菲尔德（保罗·拉扎斯菲尔德）（Paul Lazarsfeld） 16
冷媒介 41,43,65—67,78
理查兹（艾弗·理查兹）(Ivor A. Richards) 17
李普曼（沃尔特·李普曼）(Walter Lippmann) 17
廉价报（便士报） 12,13,148
流动空间 199—202,290
卢卡奇（吉奥吉·卢卡奇）(György Lukacs) 17
卢因（库尔特·卢因）(Kurt Lewin)（又译勒温） 16
录音传送（录音留言） 43
罗杰斯（埃弗雷特·罗杰斯）(Everett Rogers) 72

M

麦克卢汉（马歇尔·麦克卢汉）(Marshall MacLuhan)（又译麦克鲁汉） 3
媒介分析 1—8,25,26,33,36—39,43,44,70,107,131—133,135,154,170,178,180,181,213—224,226,228—230,232—236,238—241,250—252,284,288
媒介素养（媒介应用能力） 41,83,225,232
媒介系统依赖论 155,160,161
梅罗维兹（乔舒亚·梅罗维兹）(Joshua Meyrowitz) 108
媒体融合 168,235,248,249,253,254,265,271,273,275,277,280—282,289
米德（乔治·米德）(George H. Mead) 19
默多克（格雷厄姆·默多克）(Graham Murdock) 104
默示知识/隐性知识 191

N

奈斯比特（约翰·奈斯比特）(John Naisbitt) 30

P

帕克（罗伯特·帕克）(Robert E. Park) 16
偏向性（偏颇） 51—54,56—58,67,72,77,110,111,131,252,280

Q

强纽带 195
权力结构 53,68,71,72,230,233

R

热媒介 41,43,65—67,78
人际传播 3,4,42,44,72,124,155,156,158—167,169,195
认同 39,44,67,158,166,191,202—206,211
融合 4,38,45,52,90,98,99,104,123,174,184,196,208,228,230,262—264,269,274,275,278,279,282,283,285,288—290
弱纽带 195

S

社会意向　81,90—93,96,106,107

社交媒体　4,34,37,38,40,42—45,125,162,169,225,226,234—236,262,271,276,284,287

施拉姆（威尔伯·施拉姆）(Wilbur Schramm)（又译宣伟伯）　16

实体社区　195

数字化鸿沟（数字化差异）　36,41,176

斯蒂文森（罗伯特·斯蒂文森）(Robert Stevenson)　251

T

弹性化生产　188

《听众》(The Listener)　88

同时性　162,201

托夫勒（阿尔文·托夫勒）(Alvin Toffler)　30

W

微博　125,168,196,221,225,233,236,249,254,262,263,271,276,287

微信　4,75,125,168,196,249,254,262,263,271,287

唯技术决定论　75—78,88,89,95,98,106,108,131,252

威廉斯（雷蒙德·威廉斯）(Raymond Williams)　80

维纳（诺伯特·维纳）(Norbert Wiener)　138

乌托邦　172

物质文化/物器文化　2,182

X

希勒（丹·希勒）(Dan Schiller)　170

显性知识　191

香农（克劳德·香农）(Claude Shannon)　20

象征互动论　19

协商式的　102

信息高速公路　1,34,35,73,75,213,222,224,226,227,231,232,234,235,244,246,259,273,278

信息基础设施　34,278,289

信息技术范式　183,184,199

虚拟社区　195,235

Y

移动通信　2,4,7,34,37,44,45,105,162,169,190,223,274,287

移动终端　2,34,42,125,187,205,262,271,275,276,281,289,290

因特网（国际互联网）　2—4,34,36—38,41,44—46,48,49,72,97,122,161,170—179,187,190,194—196,208,222,224,226,227,230,231,234,235,237,238,240,241,245,247,253,258,261,265—269,274,275

引起最少反对的节目编排　118

英尼斯（哈罗德·英尼斯）(Harold Innis)　3

云计算　279,280

303

Z

占主导地位的（占支配地位的） 10，
　　13，24，28，52—55，62，67，72，74，
　　75，110，137，192，200，203，204，
　　237，252

正功能 46
政治经济学 51，52，57，68，104，170，
　　171，173，175，178，187，207
知识经济 32，65，71，73，105，106
自动记录仪 151
组织传播 4

后　记

在《媒介分析：传播技术神话的解读》初版与读者见面10年过后的2012年冬天，面对数字化信息传播新技术发展的态势有增无减的现实状况，我萌生了修订这一专著、重出新版的念头。这一想法，在北京大学出版社的大力支持下得以付诸实施。自启动对此书的修订以来，经过两年左右的努力，今天终于告一段落。

自本书2002年初版以来，数字化信息技术继续日新月异，其渗透到人类社会生活各个领域的动态过程之特征，已经更加清楚地凸显。互联网的功能已进一步拓展，移动终端上网现象异军突起、后来居上，使网络传播的发展登上了一个新台阶。种种数字化传播新形式在互联网（包括移动互联网）平台上不断涌现，尽管难免使人产生应接不暇之感，却又提示人们：变动与转型是当今传播行业发展，乃至社会发展的关键词。当众多的"大众自传播"的主体在社交媒体平台上分外活跃之时，传统媒体也在对数字化信息传播高新技术的采纳中迈出了新的步伐：想当初此书初版与读者见面时，我国传媒技术层面发展的最新潮流是传媒上网发布网络版；而在今天，则是推出媒体官方微博和微信公共账号、客户端、二维码应用、云端阅读服务……传统媒体纷纷亮出了进行"媒体融合"、展开"全媒体"传播的口号。传媒新实践为媒介分析的发展提供了活生生的新素材。正是这些新实践，触发了我修订此书的灵感。

与此同时，自本书初版以来，国内外传媒分析领域的学术研究，也出现了许多新的成果,追踪学界的有关研究动态,尽可能梳理和探讨有代表性的新成果,使《媒介分析:传播技术神话的解读》通过增添新内容做到在学术上更加充实,也是令修订本书的想法一经在我头脑中产生便挥之不去的重要原因。尽管高校工作的时间压力日益增大,教学之余的专著修订不得不在断断续续的状态下进行,我还是坚持将之进行到了最后完成阶段——或者,更确切地说,是进行到了告一段落阶段:互联网(包括移动互联网)的发展远未定型,在其平台上的创新传播形式仍在不断出现,已经出现的也处于动态的演变之中,基于数字化传播技术的新媒体同原有的传统大众媒体之间的关系,也处于动态的调适过程中。在这样的情况下,一本有关媒介分析这一研究领域的书,其修订只能说是暂时画一句号而称不上是最后结束。

在出此书初版时,我曾定下如下目标:力求对传播学界在媒介分析领域中的研究成果做较全面的考察与分析,并在博采众长的基础上,联系我国的媒介实践进行探讨,提出自己的观点;在梳理学术界研究成果的过程中,注意国内、国外研究成果并重,并努力反映最新成果;在结合我国的媒介实践进行讨论,重视研究方法和文献研究外,还将尽力深入媒介了解情况,收集第一手资料,据此展开论述。此次推出新版,这一宗旨不变。但我深知,不论是在当初几年的撰写过程中,还是在最近两年的修订过程中,我虽然确曾为实现这一目标而尽了自己的最大努力,但由于自身学识的限制,加上资料、时间、精力等方面的限制,不论是初版还是新版,本书都有不少缺陷。客观条件的限制固然存在,但这不能成为我不感抱愧的理由。在此,敬请学术界前辈、师长、同行、朋友及各位读者不吝赐教。

本书初版的推出,离不开许多老师和同行的指点、帮助和支持;第二版的推出,同样离不开学界前辈、同行和朋友的支持和帮助。在此,我谨向他(她)表示衷心的感谢!在写作本书初版的过程中,以提出建议、提供资料和接受访谈等形式提供指点、支持和帮助的老师和同行主要有:张国良教授、吴文虎教授、魏永征教授、黄旦教授、王怡红副研究员(现为研究员)、丁未副教授(现为教授)、中央电视台江和平先生、《中国日报》张平先生、《杭州日报》何如旦主任、《新民晚报》薛晓逊老师和裘正义老师、上海电视台高华先生、上海广电局技术中心广播技术部诸冶伦先生和《文汇报》周虹老师等。

　　此次本书修订过程中,我再度开展传媒人士访谈的计划得以实施,离不开如下传媒机构被访人士的支持:上海文广集团广播中心、上海文广集团"五星体育"、上海报业集团《第一财经日报》、上海报业集团《新闻晨报》、上海报业集团《外滩画报》、中央电视台体育频道、杭州电视台新闻频道、杭州电视台明珠频道和温岭广播电台。在此,谨向他们,尤其是中央电视台体育频道的江和平先生、上海报业集团《外滩画报》的田建东先生和上海文广集团广播中心的路军先生,表示由衷的谢意! 此外,在本书修订的过程中,我还得到了浙江传媒学院曾海芳女士和上海《外滩画报》柯文浩先生(已调离)的帮助,在此一并致谢!

　　我也要向本书中所征引的所有著述的作者,致以由衷的感谢! 感谢他们的研究成果,为本书的研究提供了文献资料基础。此外,在收集和统计学术刊物上有关论文的过程中,先后有几位硕士研究生和博士研究生帮助做了部分资料收集工作和文献数字统计工作,他(她)们是:已毕业的胡兴旺、胡冯彬和现在在读的贾楠、朱文博等。在此,我也要向他(她)们致谢!

　　多年来我所获得的学术上的指导与帮助,除了直接有关本书的具体写作的,还有许多有关我的研究方向、研究思路等的,它们来自新闻传播学界和外语界的许多师长和朋友。在此,我特别想专门一提的有(以姓氏笔画为序):复旦大学丁淦林教授、童兵教授,暨南大学吴文虎教授,北京外国语大学胡文仲教授,上海社会科学院魏永征教授,上海交通大学张国良教授等。我谨向他们和多年来所有关心我学术上的成长的师长,道一声发自肺腑的"谢谢"并致以深深的敬意(恕不一一致谢)。如果没有学术界师长的关心、指导、鼓励和帮助,没有同行和朋友以他(她)们自身的研究与成果给我以鞭策,恐怕我可能会由于学术研究之路的崎岖而畏难不前,或会在商业大潮的冲击下告别学术研究,或因心浮气躁、急功近利而不愿先是在一本专著的撰写上付出长达五六年的心血和辛劳,后又在继续积累新资料的基础上重新付出两年的辛勤劳动去修订。

　　当初本书推出第一版时,在撰写过程中,我曾获美国洛克菲勒基金会的资助前往意大利Como地区的Bellagio研究与会议中心开展客席研究，在此期间我与国外学者的交流起到了开阔眼界的作用，而能有一段时间集中用于研究，使本书的撰写大有进展。在此，谨一并向洛克菲勒基金会和Bellagio研究与会议中心深致谢意。

　　本书第二版完稿之际，我十分感念从我上小学时起教过我的所有老师对我的教诲，尤其深深怀念大学本科时期的老师、云南师范大学的刘钦教授和硕士研究生时期的导师、上海外国语大学的钱维藩教授，前者在我奠定英语基本功的过程中给予了我最大的帮助，后者则是引导我步入新闻与传播学领域的第一位老师。我也要感谢我的家庭对我的学术追求的支持，离开了这种支持，潜心于学即使不是完全不可能，也必将是难上加难。

　　本书第二版的出版，得到北京大学出版社的大力支持，谨向出版社和为第二版的编辑出版付出辛勤劳动的责编致以诚挚的感谢！

张咏华
2015年12月30日于上海